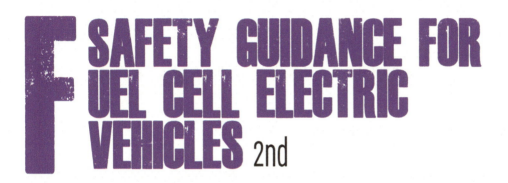

SAFETY GUIDANCE FOR FUEL CELL ELECTRIC VEHICLES 2nd

燃料电池电动汽车安全指南

第2版

李建威 高雷 戴海峰／等 编著

机械工业出版社

CHINA MACHINE PRESS

本书聚焦燃料电池电动汽车设计以及应用中的安全问题，从整车、系统、部件等不同层面展开，由浅入深地介绍了燃料电池电动汽车设计与运行过程中需要考虑的安全风险和可行的防护措施，帮助读者理解燃料电池电动汽车安全问题的特殊性，以及如何提高整车全生命周期安全水平。具体来说，本书介绍了燃料电池电动汽车的发展现状、整车及关键部件安全、安全测评技术、氢安全风险监测技术以及日常使用的安全问题，重点阐述了燃料电池电动汽车安全标准、设计规范、风险监测技术、日常维护及其基础设施安全性。

本书适合燃料电池电动汽车相关的开发者、使用者和科研工作者阅读参考。

图书在版编目（CIP）数据

燃料电池电动汽车安全指南 / 李建威等编著.
2版. -- 北京：机械工业出版社, 2024. 11. -- (氢能
与燃料电池技术及应用系列). -- ISBN 978-7-111
-77380-1

Ⅰ. U469.72-62
中国国家版本馆 CIP 数据核字第 2025VP4789 号

机械工业出版社（北京市百万庄大街22号　邮政编码100037）
策划编辑：何士娟　　　　责任编辑：何士娟　丁　锋
责任校对：郑　婕　张　征　　责任印制：常天培
固安县铭成印刷有限公司印刷
2025年3月第2版第1次印刷
184mm×260mm · 11.75印张 · 272千字
标准书号：ISBN 978-7-111-77380-1
定价：129.90 元

电话服务　　　　　　　　　网络服务
客服电话：010-88361066　　机 工 官 网：www.cmpbook.com
　　　　　010-88379833　　机 工 官 博：weibo.com/cmp1952
　　　　　010-68326294　　金 书 网：www.golden-book.com
封底无防伪标均为盗版　机工教育服务网：www.cmpedu.com

前　言

　　全球范围能源安全形势严峻，氢能作为替代能源的战略地位日益凸显。尤其是在我国力争实现"双碳"目标的背景下，氢能迎来重大发展机遇。我国《氢能产业发展中长期规划（2021—2035年）》明确了氢的能源属性与战略地位，提出：为实现零排放的能源利用提供重要解决方案，需要牢牢把握全球能源变革发展大势和机遇，加快培育发展氢能产业，加速推进我国能源清洁低碳转型。

　　净零排放氢燃料电池电动汽车是我国汽车产业转型升级的重要方向，也是氢能应用的重要组成部分。加快燃料电池电动汽车技术创新和示范应用，促进燃料电池与可再生能源协同发展，是交通运输领域落实碳达峰碳中和战略目标的具体举措。国家能源局、工信部、科技部及各地方政府纷纷将氢燃料电池电动汽车列为重点支持领域。截至2023年底，我国燃料电池电动汽车累计产销量超过1.8万辆，建成加氢站超过450座，燃料电池电动汽车产业正进入前所未有的战略机遇期。

　　然而，作为自然界最轻的气体，氢气天生带有"不安分"的特点，如易泄漏、易燃烧、易扩散、爆炸极限范围宽等，在燃料电池电动汽车复杂的运行环境下，氢安全问题更加凸显。一方面，在燃料电池电动汽车产业飞速发展的当下，产业总体上对其安全性存在认识欠缺，燃料电池电动汽车设计及应用中积累的安全技术规范尚显不足；另一方面，燃料电池电动汽车安全性问题非常复杂，与燃料电池系统、车载氢系统、整车匹配设计、产品试验验证、运维管理等多流程、多因素有关。本书系统地梳理了燃料电池电动汽车整车、关键部件及系统的设计、使用等各个环节的安全风险及其防范措施，以提高燃料电池电动汽车全生命周期安全性水平。

　　本书聚焦燃料电池电动汽车设计及应用中的安全问题，系统梳理了燃料电池电动汽车的安全风险，并参考现有国际国内标准，汇集一线专家的经验编制而成。本书的总体结构是从时间和空间两个维度展开的。时间维度上，重点关注燃料电池电动汽车整车及其关键部件或子系统从设计到应用不同环节上的安全问题；空间维度上，从整车通用安全开始，分解讨论车载氢系统、燃料电池堆及燃料电池辅助系统的安全问题。

　　本书共7章。第1章介绍燃料电池电动汽车政策、标准及专利现状；第2章介绍燃料电池电动汽车整车安全问题的特殊性及其通用设计；第3章介绍燃料电池电动汽车车载氢系统、燃料电池堆及燃料电池辅助系统的一般安全要求和安全设计；第4章介绍燃料电池电动汽车安全测评技术，包括整车通用安全测评技术、车载氢系统测评技术、燃料电池堆及燃料电池系统测评技术；第5章为燃料电池电动汽车氢安全风险监测技术，包括氢泄漏风险分析、风险识别方法及风险监测方案等；第6章为与燃料电池电动汽车应用、操作、维护及基础设施安全相关的内容；第7章为总结与展望。

本书由北京理工大学李建威教授、上海重塑能源科技有限公司高雷副总经理、同济大学戴海峰教授等共同编著。并有来自北京理工大学、上海机动车检测认证技术研究中心有限公司（简称上海汽检）、中国汽车技术研究中心有限公司（简称中汽中心）、中国汽车工程研究院股份有限公司（简称中国汽研）、中国安全生产科学研究院、国网安徽省电力有限公司、同济大学等众多高校、企业、科研院所的专家参编和指导，为书稿的整理、内容校正提供了很大的帮助，在这里对大家表示衷心的感谢。本书由"国家自然科学基金（基金号：52322707）"资助出版。

希望本书能够给从事燃料电池电动汽车开发和生产企业的从业人员，以及服务保障人员提供设计及应用上的指导和参考，同时，也希望本书能为燃料电池电动汽车行业相关标准的制定和修订提供依据，为开展安全性研究项目提供方向。

本书虽经多次修改，但仍难尽如人意，主要原因是有些工作仍然没有结束，有些理论与技术还在探讨，有些谬误难以避免。欢迎读者提出批评与斧正意见，共同推动我国燃料电池电动汽车的研究与开发工作快速向前发展。

编著者

目　录

第1章 燃料电池电动汽车政策、标准及专利现状

氢能是一种来源丰富、绿色低碳、应用广泛的二次能源，正逐步成为全球应对气候变化和能源转型发展的重要抓手。燃料电池电动汽车（Fuel Cell Electric Vehicle，FCEV）作为氢能产业链下游集成应用中最为重要一环，受到广泛的重视，国内氢能的各项产业也主要与燃料电池电动汽车相关。近年来，随着各国政策密集出台，氢能与燃料电池电动汽车产业发展迅猛，全球标准制定与专利申请量日益增长。

1.1 全球氢能战略背景

随着全球新一轮科技革命和产业变革蓬勃兴起，新兴能源技术以前所未有的速度加快迭代，助推氢能产业快速发展。据国际氢能委员会预测，到2030年全球氢能领域投资总额将达5000亿美元，而2050年全球氢能产业链产值将超过2.5万亿美元。在此背景下，目前已有超过40多个国家和地区制定了国家氢能发展战略，积极培育氢能及燃料电池技术攻关和产业发展。在推动氢能发展的过程中，各国根据自身资源禀赋、产业基础、市场承载能力及财力等因素，分阶段、分领域推进氢能发展战略，并在实践中不断完善，已经形成各具特色的发展模式。

1.1.1 国外氢能发展战略

1. 美国

美国是最早发展氢能的国家，多年来始终将氢能作为重要能源战略储备技术，持续支持氢能全产业链技术研发，并加快示范创建和战略部署，以期实现氢能产业规模化发展。2021年7月，美国能源部（Department of Energy，DOE）宣布投资5250万美元用于绿氢技术的研发，这笔资金将惠及多项氢能研发项目，旨在十年内将氢能成本降低80%，达到1美元/kg。同年10月DOE又发布《碳中和氢能技术的基础科学》研发指南，明确了高效新型电解水制氢、氢机理等4个优先研发方向。2022年2月，DOE下属化石能源和碳管理办公室宣布启用2800万美元的联邦资金，推动绿氢作为一种无碳燃料用于交通、工业和电力生产。2022

年11月，DOE发布《国家清洁氢能战略和路线图（草案）》，制定2022—2035年近、中、长期清洁氢能发展行动时间表，见表1.1，明确在制氢、储氢、运氢及终端应用的各阶段发展目标。2023年6月，美国发布首个国家能源战略规划路线图。

表1.1　美国清洁氢战略和路线图近、中、长期行动计划表

分类	近期：2023—2025年	中期：2026—2029年	长期：2030—2035年
清洁制氢	从生命周期、可持续性、成本、区域和公平角度评估路径，确定优先发展策略 建立清洁氢标准 示范热解制氢、废物制氢、可再生能源氢和核能制氢等清洁技术	实现电解氢成本2美元/kg 实现国内吉瓦级规模电解槽生产能力 最大限度减少关键材料用量，同时实现性能和耐久性有竞争力的催化剂和组件等	大规模部署可再生能源制氢、核能制氢和化石能源结合CCS制氢 到2030年，清洁氢产能至少达到1000万t/年 不同来源的清洁氢成本达到1美元/kg等
输送和存储基础设施	开发和更新分析模型和工具，以评估模型输送和存储技术路径，确定策略的优先顺序 开发严格监测和减少氢泄漏和汽化损耗的技术 评估管道和组件材料与氢气和氢气/天然气混合物的相容性等	验证和改进分析模型和工具，以确定各种应用的输送和存储优先顺序 示范高效可靠的氢气管道压缩机运行 量化气氢和液氢基础设施损耗，为大规模部署提供信息等	与当地社区和利益相关方合作，设计针对区域供需优化的氢能基础设施网络，以最大限度发挥效益，确保实现能源、环境和公平的目标 示范先进液化技术，比当前技术效率提升1倍 制定长期储氢计划/氢战略储备，以确保供应弹性等
终端应用和市场采用	为清洁氢的生产、加工、运输和终端应用的大规模部署奠定监测基础 开展跨领域工作（如核能、可再生能源、化石燃料、CCS、储能），确定监管和政策差距，以及解决这些差距的关键战略，以最大限度减少影响等	使氢能技术相关的规范和标准能够实现国际协调 开发市场模式以加快部署进展，克服监管障碍，促进可再生能源电力用于电解槽 通过公开平台分享安全最佳做法以及前期部署中总结的经验等	开发市场模式监管指南，以实现清洁氢的出口 利用大规模部署中的经验，确定未来增长的优先领域，进行重点支持
推动因素	制定和实施广泛的利益相关方参与框架，并收集反馈意见 确定团队、组织以及联邦资助的示范项目选址 推出工具和平台，以促进合作关系等	完善和不断改进利益相关方的参与关系 促进公私合作，以实现加速发展 与氢能中心所在地区的落后社区制定和执行社区获利协议	量化部署氢能的效益，并确定相关补充的政策和计划事项 在落后社区部署清洁氢能技术的制造设施 评估区域清洁氢能中心的技术、社会、经济等影响

2. 欧盟

欧盟氢能产业发展较早，也是目前最积极推进氢能发展的地区之一。欧盟通过致力于探索氢能规模化供应，构建氢能的综合应用体系，以便实现低碳发展。2020年，欧盟推出《欧洲氢能战略》，计划到2030年，在欧盟和非欧盟国家各安装40GW可再生能源制氢装置，同时制定包含交通运输、建筑、工业能源与原材料、发电等氢能终端多领域应用路线，逐步构建氢能综合应用体系。为继续扩大氢能供应，2022年欧盟委员会和欧洲氢能贸易协会组成"清洁氢伙伴关系"，提供3亿欧元，支持清洁氢生产、储存和分配等环节，并推动氢能在航空、重型运输等典型难以减排的行业中的应用。同时，欧盟发起"清洁氢能联合

行动计划",投资 10 亿欧元用于研发氢能的制取、储存、交叉领域等,并支持氢能示范项目,加大本土氢能供给。此外,欧盟多数国家在全球各地寻求氢能供应合作伙伴,加速港口氢能基础设施建设,确保氢能进口。

3. 日本

日本将氢能作为解决能源问题的终极解决方案,并提出建设"氢能社会"的目标,其基本架构如图 1.1 所示,具体目标见表 1.2。该目标要求综合开发一次能源,获取氢气和电力,并开展综合利用。2014 年 4 月,在"第四次能源基本计划"中,日本政府明确提出加速建设和发展"氢能社会"的战略方向,并且把氢能、电力和热力共同构成二次能源的三大支柱。

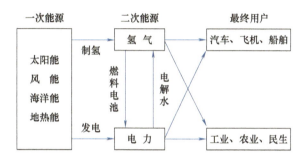

图 1.1　日本"氢能社会"基本架构

表 1.2　日本构建"氢能社会"的具体目标

战略项目	2030 年	未来目标	拟采用措施
氢气来源	构建国际氢能供应链,确立国内可再生能源制氢技术	无碳氢能(褐煤 +CCS、可再生能源利用)	提高褐煤汽化(澳大利亚)的管道运输规模和效率 高效氢液化 低 CO_2 福岛市示范项目
氢能供应量/(万 t/年)	30	500~1000	—
氢成本/(日元/m^3)	30	20	—
氢发电装机容量/GW	1	15~30	—
交通领域	加氢站 900 座 燃料电池电动汽车 80 万辆 燃料电池客车 1 万辆	加氢站:取代加油站 燃料电池电动汽车:取代燃油车	开发整车节能技术 增加客车加氢站 建立全国加氢站网络 开发降低 Pt 用量技术 提升加氢设备加注量
热电联产系统安装数量	530 万套	取代家庭传统能源系统	—

为实现氢能社会的目标,日本布局了全方位多层次的氢能发展战略。在国家层面,日本不断完善氢能政策体系。自 2017 年日本首次制定《氢能基本战略》后,日本政府发布多项政策支持氢能发展。2020 年,日本发布《2050 年碳中和宣言》,指出氢能对碳中和目标的重要作用;2022 年 2 月颁布的《第六次能源基本计划》,强调绿色氢能和氢能在能源系统中发挥重要作用;2023 年 6 月日本修订了氢能基本战略。

1）在城市层面，自 2016 年东京都政府推出了针对 2020 年东京奥运会和残奥会的"氢社会"计划，旨在通过东京奥运会展示"氢能社会"的发展成果；此外，2022 年 2 月，日本福冈市公布了氢能社会计划，重点关注燃料电池电动汽车以及居民生活使用氢能的事项，并修订氢能社会法规。

2）在企业层面，积极开展氢能产业合作。日本能源企业意识到国家能源战略对企业发展战略的重要性，积极参与相关领域的科研活动。

例如，2020 年 10 月由丰田汽车、东芝、ENEOS、岩谷（Iwatani）、川崎重工等 9 家日本私营企业组建了"日本氢能协会"，以促进氢能行业的供应链和全球伙伴关系的形成；2023 年 5 月日本丰田、铃木、本田、雅马哈四家主机厂设立发动机技术研究组合"HySE"，推动氢燃料发动机的普及。

4. 韩国

韩国将氢能产业作为韩国未来发展的三大战略投资领域之一。韩国政府自 2019 年起对新建氢气站提供 30 亿韩元的建设补贴，对已存在的氢气站提供上一年运营费用的 66% 的运营补贴；减免氢气站 50% 的国有土地租赁费，并为民营氢气站提供长期低息贷款；同时推出氢能城市计划，为氢燃料电池电动汽车提供财政补贴 1304 亿韩元。2020 年，韩国工业能源部发布了《2020 年新能源和可再生能源技术开发利用和行动计划》，为制氢基地项目提供 299 亿韩元的资金支持。为了加快氢能应用，促进氢能燃料电池电动汽车发展，韩国 2023 年为 16920 辆氢燃料电池汽车提供补贴，包括 16000 辆乘用车、700 辆公交车、100 辆货车以及 120 辆清洁车，同时购买氢燃料电池电动汽车的个人/企业居住地的地方政府将为氢燃料电池乘用车提供最高 2250 万韩元的补贴，考虑到不同地区的差异，部分乘用车可获得最高 3000 万韩元的补贴。通过大力发展"氢经济"，韩国政府预计到 2040 年将提供 42 万个就业岗位，创造 43 万亿韩元的经济附加值。

综上所述，在"双碳"背景下，氢能产业的价值已经凸显。氢能作为低碳发展的必要路径，其发展前景已得到全球广泛认同。参考各国氢能产业的发展和推广经验，预计氢能产业在以下三个方面将获得全球认可：

1）在"双碳"背景下，氢能产业获得更多"碳机遇"及"碳认可"。全球多国加速可再生能源发展，而由于可再生能源的季节波动性，产生了大规模长周期调峰、储能需求。同时在"双碳"背景下，工业、交通、化工多个领域面临严重的减碳压力。欧盟发布的氢能战略，旨在以氢能为抓手，促进全产业链的低碳发展。此战略一方面明确了氢能的减碳角色，另一方面也为氢能产业带来巨大的低碳发展机遇。预计未来全球均将加速推动碳市场建设，并以氢为抓手推动产业低碳发展，届时氢能产业将从碳政策、碳交易、碳补贴等多个方面获得实际支持。

2）在交通领域，氢能的发展路线逐渐明确。在整个汽车产业朝着全面电动化方向发展的背景下，欧盟和美国都发布了明确的发展路线图。在交通领域，氢能在重型货车的发展前景已经明确，特别是在未来需求更多去油、去碳的发展背景下，由于氢能在储存密度、加注速度等方面具有无可替代的优势，它将成为多种场景下的燃料选择，尤其是在汽车产业中。随着碳成本的持续上升，根据不同的应用场景，氢电互补和氢电全功率混动的技术路线将成为未来汽车产业的主流发展方向。

3）氢能的价值日益凸显，它将成为未来国际产业竞争的关键领域。在推动可持续发展方面，包括中国在内的多个国家都存在对化石能源的依赖问题，如韩国等严重依赖能源的国家已经非常重视氢能的发展，希望通过推动氢能产业来摆脱能源依赖的困境。随着氢能的持续发展，预计全球大多数国家都将认识到氢能在可持续发展方面的价值，并加大氢能的推广力度。在技术竞争力方面，氢能可以与多个产业结合，实现产业的升级和变革，全球氢能产业的规模预计将达到数十万亿元。美国、日本、韩国等多个国家高度重视氢能技术的发展，因此氢能技术将成为国际产业竞争的重点领域。

1.1.2　中国氢能发展政策

1. 国家层面

在"双碳"目标的引领下，我国的氢能产业发展正迈入快车道。在2019年的两会期间，氢能和燃料电池首次被写入《政府工作报告》；而在2021年，氢能更是被明确写入了"十四五"规划中；同年10月，国家发展改革委等十个部门联合印发了《"十四五"全国清洁生产推行方案》，旨在支持清洁生产技术在煤炭清洁利用和氢冶金等方面的集成应用示范；2022年1月29日，国家发展改革委和国家能源局联合印发了《"十四五"现代能源体系规划》，强调了储能和氢能等领域的前沿科技攻关；2022年3月23日，国家发展改革委、国家能源局等联合印发了《氢能产业发展中长期规划（2021—2035年）》，这是我国首个氢能产业中长期规划，首次明确指出氢能将成为未来国家能源体系的重要组成部分，强调氢能在用能终端实现绿色低碳转型方面的重要作用，将成为战略性新兴产业和未来产业的重点发展方向。

2. 地方层面

各地方政府对氢能产业的支持力度不断增加，将氢能产业视为国家能源发展战略的重要组成部分。以推广燃料电池电动汽车示范应用为引领，各地陆续将氢能列入其发展战略。这一政策体系贯穿整个氢能产业链，涵盖了从电动汽车到交通领域、从加氢站到燃料电池系统再到燃料电池电动汽车的推广。

一些地区，如北京、天津、湖北、河南、广东、陕西等出台了一系列与氢能相关的政策。这些政策主要集中在以下三个方面：

1）氢能基础设施建设。支持加快加氢站的建设和运营，以确保氢燃料的供应，这有助于推动氢能产业的发展。

2）氢能全产业链一体化发展。各地鼓励氢能产业链的完整发展，包括制氢、储氢、运输、加氢、燃料电池系统等各个环节的发展。

3）燃料电池电动汽车推广应用。支持燃料电池电动汽车在交通领域的推广和应用，为购车者提供财政补贴等激励措施。

举例来说，北京市、上海市和内蒙古自治区等地都制定了氢能财政补贴政策，以促进氢能产业的发展。北京市主要鼓励燃料电池电动汽车的推广，对完成示范应用项目的车辆提供市级车辆推广奖励资金。内蒙古自治区则主要支持加氢站的建设，通过专项债券等方式为新能源汽车充电站和燃料电池加氢站的建设提供资金支持。上海市也涉及对整车应用、关键零部件发展、加氢站建设等方面进行补贴支持。

从重点城市看，多地从整车购置、关键零部件、车辆运营、加氢站建设和氢气零售价格等方面进行补贴。从已出台的补贴政策看，浙江省对氢能产业发展补贴优惠较大，浙江省海宁市、嘉兴市和宁波市等地均发布氢能产业的财政补贴。其中，嘉兴市对氢能产业总投资5亿元（含）以上按设备投资额的12%给予补助，单个项目补助最高不超过4000万元。

这些政策的出台有助于促进我国氢能产业的发展，加速加氢站建设、运营以及燃料电池电动汽车的推广应用，推动了氢能技术的发展和应用。

1.2 国际车用氢能标准建设情况

1.2.1 主要国家氢能标准分布

美国的车用氢能产业标准体系相对成熟且全面，特别是在安全防护和应急救援方面的标准最为完善。基础通用类标准涵盖了材料、质量、试验方法等多个方面，为产业的发展提供了良好的支持。车用标准方面，由美国汽车工程师协会（Society of Automotive Engineers，SAE）进行统一管理，在标准数量和制定速度方面处于领先地位，而且具备国际影响力，多次被国际标准参考和引用。具体的标准分布情况如图1.2所示。

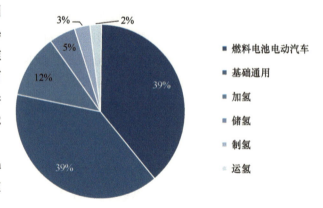

图1.2 美国车用氢能标准分布情况

欧洲标准化委员会（Comité Européen de Normalisation，CEN）是欧洲三大标准机构之一。其中，CEN覆盖领域最广，发布的标准执行力最强，成员国有义务执行CEN发布的标准。CEN主导着车用氢能产业标准的制定。压力容器、储氢瓶等储氢方面标准数量最多，占比约50%；燃料电池电动汽车标准最少，占比仅约5%。具体的标准分布情况如图1.3所示。

日本工业标准调查会（Japanese Industrial Standards Committee，JISC）是日本的国家标准化机构，主要负责制定和维护日本的工业标准，其制定的标准

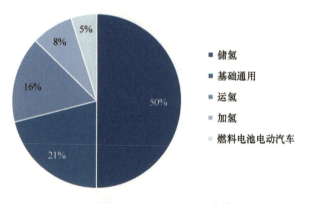

图1.3 欧洲车用氢能标准分布情况

通常被称为JIS。日本是全球氢能开发和应用最全面的国家之一，其标准体系非常健全。其

中燃料电池电动汽车相关标准数量最多，占比约为37%；其次是加氢方面的标准，占比约为22%，尤其是加氢站安全相关的标准在日本相对较为完善。具体的标准分布情况如图1.4所示。

韩国的标准体系分为国家标准和团体标准两个层级，由韩国技术标准署（Korea Agency for Technology and Standards，KATS）实行统一管理。约75%的国家标准由韩国的行业团体组织负责编制。韩国的车用氢能标准与国际标准密切相关，引入并采用了多项ISO/IEC。在车用氢能标准中，基础通用类和燃料电池电动汽车相关标准占比最大，而在制氢、储氢和加氢标准方面占比较小，相对较薄弱。具体的标准分布情况如图1.5所示。

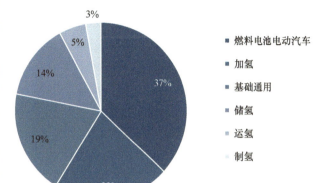

图1.4 日本车用氢能标准分布情况

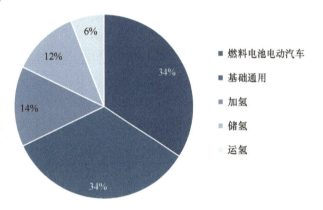

图1.5 韩国车用氢能标准分布情况

1.2.2 国际车用氢能标准制定组织

氢能汽车的发展对相关技术标准提出了新的需求，国际标准组织如UN/WP.29、ISO、SAE和IEC等均发布了车用氢能产业的标准。

1. UN/WP.29 相关标准简介

联合国世界车辆法规协调论坛（UN/WP.29）是联合国欧洲经济委员会内陆运输委员会下属的一个永久性工作组，主要开展国际范围内汽车技术法规的制修订、协调、统一与实施工作。UN/WP.29第190次会议期间，由中国、美国、韩国和日本共同牵头修订的全球统一汽车技术法规UN GTR No.13《燃料电池电动汽车安全全球技术法规》是燃料电池汽车领域内第一个国际性法规，起到纲领性作用。该法规的制定是为了使氢燃料电池汽车能够达到与传统汽车同样的安全级别，以避免氢气爆炸或燃烧等造成人员伤害。此外，还包括当汽车发生事故时乘员和急救人员免受电击危险等要求。主要包括以下四个方面：

1）压缩氢气储存系统：规定了用于道路车辆的压缩氢气储存系统，其标称工作压力不应高于70MPa，使用寿命不超过15年。

2）车载氢系统：规定了氢燃料供应系统的完整性要求，具体包括氢气储存系统、管路、接头和其他与氢气接触的部件。

3）电安全：对汽车正常使用和发生碰撞后的电安全都给出了具体要求。

4）装有液氢储存系统的车辆：规定了液氢储存系统的设计验证、燃料系统完整性及相关测试方法要求。

2. ISO 相关标准体系简介

截至 2022 年 6 月，国际标准化组织（International Organization for Standardization，ISO）发布了 48 项车用氢能相关的标准，涵盖了氢气制备（制氢）、储存（储氢）、运输（运氢）、加注（加氢）以及燃料电池电动汽车的全产业链。这些标准在全球氢能产业中发挥着基础和协调的作用，ISO 车用氢能标准分布情况如图 1.6 所示。

在 ISO 的相关技术委员会中，ISO/TC 197（Hydrogen technologies）分委会负责制定的氢燃料质量、加氢站、氢气制备、氢安全方面的标准主要有 18 项；ISO/TC 22（Road Vehicles）分委会负责制定道路车辆方面的标准，已发布氢燃料电池电动汽车国际标准 6 项，掺氢天然气汽车国际标准 13 项；ISO/TC 58

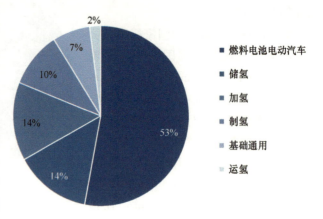

图 1.6　ISO 车用氢能标准分布情况

（Gas Cylinders）负责氢瓶方面的标准制定，具体包括储氢瓶的接头、设计和操作要求三个方面。

3. SAE 相关标准体系简介

美国汽车工程师学会（Society of Automotive Engineers，SAE）已发布 20 余项燃料电池汽车相关标准，具体包括整车、零部件和充电标准等。SAE 标准在数量和制定速度上都处于相对领先地位，其不仅在美国国内使用，而且多为国际标准参考和采用。SAE 燃料电池电动汽车标准和试验规程主要由燃料电池标准化委员会负责制定，主要包括安全性及性能要求、与效能及环保相关的燃料系统可靠性和回收利用的内容，建立试验规程，以确保汽车、系统、部件性能试验的一致性。标准内容涵盖氢气、电池、电堆、系统、整车几个不同层级，具体涉及术语、质量控制、氢安全、急救、加氢通信、碰撞安全、能耗测试等方面，是目前国际上比较全面的燃料电池电动汽车标准体系。其中 SAE J2578《燃料电池电动汽车基本安全推荐规程》和 SAE J2579《燃料电池电动汽车燃料系统安全》是燃料电池电动汽车整车安全方面两个最为关键的标准，对其他国家类似标准的制定有借鉴意义。

4. IEC 相关标准体系简介

国际电工委员会（International Electrotechnical Committee，IEC）已经发布了 27 项燃料电池系统及其零部件的标准，主要关注电气附件和基础设施，其中燃料电池系统和模块标准占据了最多的份额，共有 23 项，占比超过 85%。这些标准主要集中在产业链中与燃料电池系统和相关零部件有关的环节，而不涉及制氢、储氢和运氢等方面的标准。IEC 车用氢能标准分布情况如图 1.7 所示。

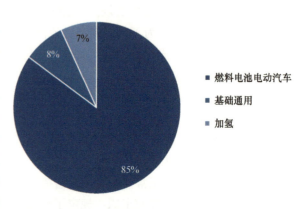

图 1.7　IEC 车用氢能标准分布情况

由于燃料电池电动汽车涉及氢和电两方面的特殊性，因此具体测试评价需要综合电能和氢能两方面的因素。同时，由于氢气自身特性带来的特殊安全性要求，燃料电池电动汽车的碰撞安全性的测试评价标准也与普通电动汽车存在较大差别。此外，为适应燃料电池电动汽车产业发展，氢气质量、氢气制造、氢气运输、加氢及加氢站等相关标准也需要加强研究和制定。

1.3　中国车用氢能标准建设

1.3.1　我国车用氢能标准分布情况

截至 2023 年 7 月，我国已发布车用氢能相关标准 194 项。从车用氢能全产业链来看，基础通用类标准数量最多，占比约 25%，涉及领域最广，包含术语类、能源管理类、材料方面标准等。此外，在储氢、用氢（即燃料电池电动汽车）环节标准数量也较多，占比约为 23% 左右。制氢、运氢、加氢环节标准分布均衡。具体的标准分布情况如图 1.8 所示。

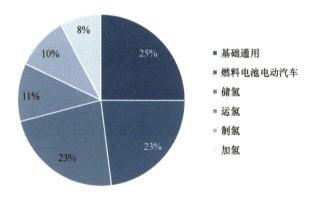

图 1.8　我国车用氢能标准分布情况

1.3.2　我国车用氢能标准制定组织

我国车用氢能标准主要由全国氢能标准化技术委员会、全国气瓶标准化技术委员会等 6 家标准组织负责制定，各标委会信息见表 1.3。这些标委会发布的系列标准涵盖氢能产业的建设、生产、储存、运输和使用等方面，对车用氢能产业的发展起到了至关重要的作用。

表 1.3　我国车用氢能标准制定组织信息

标委会编号	标委会全称	负责专业范围	对口国际标准组织
TC 309	全国氢能标准化技术委员会	氢能	ISO/TC 197
TC 31	全国气瓶标准化技术委员会	无缝气瓶、焊接气瓶、液化石油气瓶、溶解乙炔气瓶、气瓶附件等	ISO/TC 58

（续）

标委会编号	标委会全称	负责专业范围	对口国际标准组织
TC 342	全国燃料电池及液流电池标准化技术委员会	燃料电池及液流电池的术语性能、通用要求及试验方法等	IEC/TC 105
TC 114	全国汽车标准化技术委员会	载货汽车、越野汽车、自卸汽车、牵引汽车、专用汽车、客车、轿车等	ISO/TC 22 WP.29 等
TC 262	全国锅炉压力容器标准化技术委员会	压力容器、50m³ 以上球形储罐和玻璃钢压力容器、工业锅炉、水处理及其辅助设备等领域	ISO/TC 11
TC 288	全国安全生产标准化技术委员会	涂装作业、化学品、烟花爆竹与工矿商贸安全，以及综合性安全生产等	—

1.4　全球车用氢能专利情况

1.4.1　申请趋势

本书中的专利文献数据均来自于 INCOPAT 全球专利数据库。本节中的车用氢能专利检索数据的采集时间段为 2003 年 1 月 1 日—2022 年 12 月 31 日，涵盖了整车集成、质子交换膜燃料电池系统以及氢内燃机相关的专利技术。全球车用氢能专利申请趋势如图 1.9 所示，总计共有 57191 条专利数据，经过简单的同族合并方式处理后，总计为 41338 件。

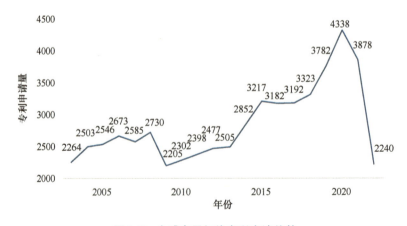

图 1.9　全球车用氢能专利申请趋势

车用氢能技术最早在 1980 年由日本开始研究，起初处于较小的规模。随着全球温室效应的加剧，车用氢能技术引起了越来越多国家的关注。经过多年的技术发展，从 2003 年到 2013 年，研究成果逐渐涌现，专利申请趋势呈现出缓慢的增长。

自 2014 年起，全球主要国家开始高度重视车用氢能技术的发展，多国将氢能提升至国家能源战略的重要位置，并不断增加对车用氢能技术研究和产业化的支持力度，有效促进了全球车用氢能技术的快速进步，专利申请量急剧增加，最高年申请量达到了 4000 余件，进入飞速发展的阶段。

1.4.2　区域分布

在过去 20 年里，全球车用氢能专利区域分布如图 1.10 所示。中国、日本和美国在车用氢能技术领域拥有较高的专利申请量，这些国家在全球范围内具有较强的技术竞争力和市场竞争力。

随着中国综合实力的不断提升，氢能车辆的发展势头强劲，越来越受到全球关注，已经成为车用氢能技术和市场布局的重要地区之一，因此中国有着较高的车用氢能技术专利申请量。日本作为车用氢能技术的起源国，在该领域具有先发优势，已经开始在全球范围内布局车用氢能技术。美国作为强大的发达国家代表，在技术研发方面拥有雄厚的实力，一直保持着较高水平的专利申请量。这三个国家在车用氢能技术领域扮演着重要的角色。

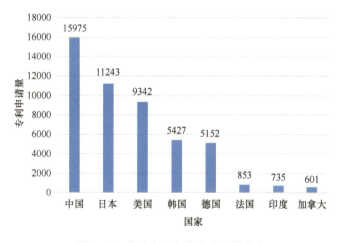

图 1.10　全球车用氢能专利区域分布

1.4.3　主要申请人

全球车用氢能技术领域专利申请排名前十的申请人如图 1.11 所示。从图 1.11 中可以看出，目前车用氢能技术主要由众多汽车制造商所掌握，其中一些典型的制造商包括日本丰田、本田，韩国现代，美国通用和福特，以及中国一汽。此外，北京亿华通作为唯一的非汽车制造商也列入了前十名，并具有较强的研发实力。

此外，日本丰田公司在专利申请量上远远领先其他申请主体，排名第一。作为最早开始研究车用氢能技术的制造商之一，丰田自 1992 年开始进行车用氢能技术的研究。2014 年，丰田公司成功推出了其首款燃料电池乘用车"Mirai"，自那时以来，丰田一直在车用氢能技术领域进行大量的研究，这也加速了其专利申请量的增加。

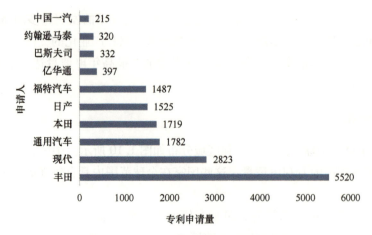

图 1.11　全球车用氢能专利主要申请人

1.4.4　技术流向

图 1.12 所示为全球车用氢能专利技术流向，由图 1.12 来看，美国、日本、德国和韩国为主要的技术输出国，技术自主创新性较强，具有较强的研发实力和市场、技术控制力；中国、美国、日本和欧洲为主要的技术输入目标地，尤其是中国，具有较大的市场空间，是市场争夺的焦点地区。

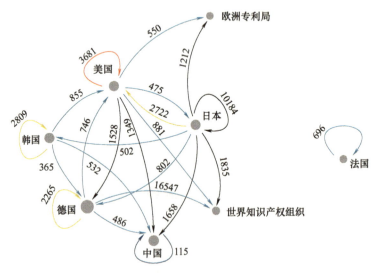

图 1.12　全球车用氢能专利技术流向

1.5　中国车用氢能专利情况

1.5.1　申请趋势

本节关于我国车用氢能专利检索数据采集时间段为 2003 年 1 月 1 日—2022 年 12 月 31

日，涵盖了整车集成、质子交换膜燃料电池系统以及氢内燃机相关的专利技术，专利共计15975件，以简单同族合并方式处理后共计15890件，专利申请趋势如图1.13所示。

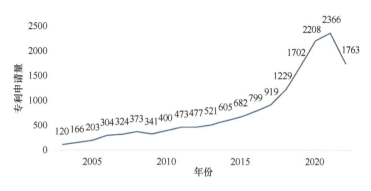

图 1.13　我国车用氢能专利申请趋势

伴随着中国汽车销量的迅速增加，汽车领域的专利申请量也不断增长。2010年之前，我国分别以整车、关键零部件、汽车电子作为主要发展方向，大力支持汽车制造业蓬勃发展，新能源汽车处于技术培育阶段，相关专利成果数量缓慢增长。2011—2015年，以纯电驱动为战略取向的节能与新能源汽车产业发展规划落地实施，在高额补贴、免购置税、牌照优惠、不受限行约束等一系列"组合拳"下，新能源汽车市场欣欣向荣，由此我国车用氢能专利申请量呈现持续平稳的增长态势。

2016—2020年，新能源汽车渗透率不断提升，纯电技术趋向成熟，氢燃料电池电动汽车成为培育重点，在补贴退坡的背景之下，燃料电池电动汽车补助标准维持不变，激发了企业的研发热情。

2020年9月21日，五部委发布《关于开展燃料电池汽车示范应用的通知》，以示范城市群的形式"以奖代补"，重新构建燃料电池电动汽车应用政策补贴体系，单个城市群整车及关键零部件应用最高可获得18.7亿元的奖励支持，极大地促进了燃料电池电动汽车产业发展，车用氢能专利技术研发随即进入爆发式增长阶段。

1.5.2　区域分布

图1.14所示为我国车用氢能专利区域分布，从区域分布来看，首批燃料电池电动汽车示范城市群的核心地区，包括北京、上海、广东的车用氢能技术专利申请量分别位列全国第一、第二和第四，充分说明政策导向对产业发展的重大引领作用和技术创新对推广应用的重要支撑作用。江苏省毗邻长三角龙头城市上海，有效承接上海技术外溢需求，加之本地氢能供给充足、企业集聚效应明显、创新平台建设良好、示范应用场景丰富、支持政策聚焦的五大优势，区域内车用氢能技术专利申请量位列全国第三。首批示范城市群与以北京为中心的京津冀集群，以江苏、上海为中心的长三角集群和以广州为中心的珠三角集群高度重合，创新发展要素汇集与雄厚的汽车工业基础强强联合，将持续领跑车用氢能产业发展。

值得注意的是，传统汽车工业基础深厚的湖北地区和东北地区车用氢能技术专利申请量可观，体现出强劲的氢能汽车发展势头。氢能汽车续驶里程长、加氢时间短且耐低温的特性

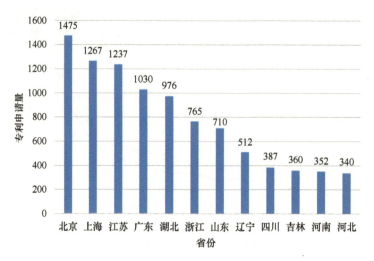

图 1.14 我国车用氢能专利区域分布

十分适合商用车品牌强势的湖北和天气寒冷的东北地区，车用氢能技术发展有望推动两地汽车产业转型升级，带动地方经济增长。相较之下，群山环绕的四川自然条件较差，氢能供给和基础设施建设成本较高，但可发展成为车用氢能技术发展和输出的高地。

1.5.3 主要申请人

从图 1.15 可知，我国范围内的车用氢能专利技术大多为国外申请人持有。排名前三的分别是日本丰田、美国通用汽车和韩国现代三家国外的整车企业，美国的福特汽车和日本的本田、日产也纷纷跻身专利技术申请量前十，仅有四个席位是我国本土申请人，且与国外申请人相比，专利申请量的差距明显。排名结果显著表明：一是我国车用氢能技术起步较晚，与美国、日本尚有较大差距，国外申请人会对我国车用氢能技术的自主研发造成一定阻碍；二是国外申请人看好我国氢能汽车市场，已开始进行前瞻性、战略性布局。

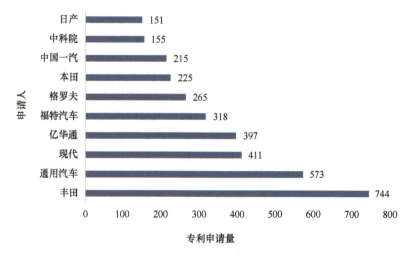

图 1.15 我国车用氢能专利主要申请人

　　专利申请量较多的我国本土申请人中，既有燃料电池系统企业北京亿华通氢能科技有限公司，也有整车企业武汉格罗夫氢能汽车有限公司、中国一汽、中科院研究所和清华大学，具备了"技术研发-核心零部件-整车产品"全链条氢能汽车创新主体，拥有自主核心知识产权，为我国车用氢能产业长足发展奠定了坚实的基础。

1.5.4　专利运营情况

　　图 1.16~图 1.18 分别从专利转让次数、质押次数和许可次数以及各自与专利申请量占比情况的角度，展示出在专利运营方面参与度较高的我国部分本土申请人的情况，其中参与度较高或是专利运营在申请量中占比较高的申请人有武汉格罗夫氢能汽车、大洋电机、上汽、佛山市飞驰、北京亿华通、北京氢况等。同时，从专利运营与申请量占比情况来看，较突出的有大洋电机、佛山飞驰以及北京氢况等。能够频繁或较大程度地参与专利的运营申请人，可以认为其专利成果具有较高的价值度，得到了市场的较高关注和认可。

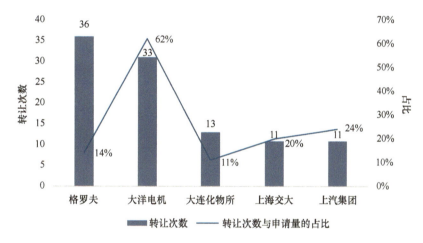

图 1.16　申请人的专利转让次数及其与申请量的占比

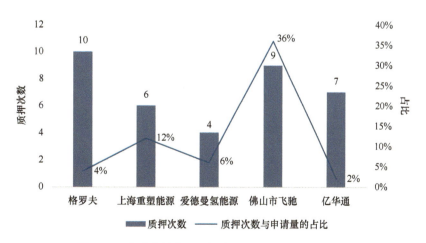

图 1.17　申请人的专利质押次数及其与申请量的占比

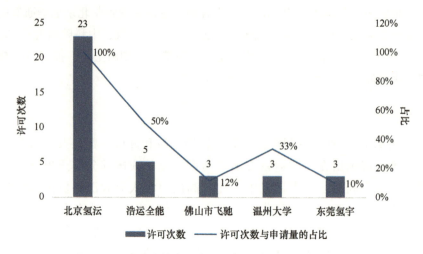

图 1.18　申请人的专利许可次数及其与申请量的占比

本 章 小 结

本章介绍了全球氢能政策背景，重点阐述了美、日、欧、韩和我国的氢能政策支持情况及未来规划，并介绍了全球燃料电池电动汽车标准化组织和标准建设情况，最后分析了全球燃料电池电动汽车专利现状，从宏观上介绍了燃料电池电动汽车的发展现状。

第2章

燃料电池电动汽车整车安全

随着全世界汽车保有量日益增多，能源紧缺和环境污染问题愈发凸显，净零排放氢燃料电池电动汽车是实现交通电气化转型的重要方向。目前燃料电池电动汽车普遍采用燃料电池-锂电池氢电复合电源路线，二者风险叠加，使燃料电池电动汽车相比燃油车和纯电动汽车存在更多的风险源。本章从整车层面详细介绍了燃料电池电动汽车安全问题及其设计规范。

2.1 燃料电池电动汽车

2.1.1 燃料电池电动汽车的定义

燃料电池电动汽车是一种将车载燃料电池装置产生的电力作为动力的汽车，是电动汽车的一种。车载燃料电池装置所使用的燃料为高纯度氢气或含氢燃料经重整所得到的高含氢重整气。目前常见的燃料电池电动汽车的基本结构和工作原理示意图如图2.1所示，高压储氢瓶为燃料电池系统提供反应所需氢气，氢在燃料电池中与空气中的氧气发生氧化还原反应产生电能，和车载可充电储能系统（Rechargeable Electrical Energy Storage System，REESS）一起为驱动电机供电，再由驱动电机带动汽车的机械传动装置，从而驱动汽车前进。

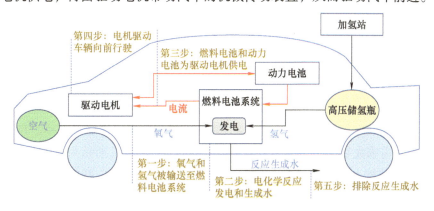

图 2.1 燃料电池电动汽车的基本结构与工作原理示意图

与传统汽车和纯电动汽车相比,燃料电池电动汽车具有以下特点:

1)以纯氢气作为燃料,生成物为清洁水;以富氢有机化合物重整制得的氢作为燃料,生成物除了水可能还有少量二氧化碳,但排放量比内燃机少得多,且不包含其他氮化物、硫化物等污染排放物,具有零排放或近似零排放等优点。

2)燃料电池没有活塞或涡轮等机械部件及中间环节,且不受卡诺循环限制,能量转换效率高;从节约能源角度来看,燃料电池电动汽车具有明显优势。

3)燃料电池电动汽车使用氢的来源广泛,可通过以煤和天然气为主的化石能源重整制氢,也可通过以焦炉煤气、氯碱尾气、丙烷脱氢为主的工业副产气制氢,还可利用可再生能源电解水制氢。因此燃料电池电动汽车的发展减少了对石油资源的依赖,优化了交通能源的构成。

4)燃料电池电动汽车的续驶里程由车载储氢瓶的总容量决定,理论上长途行驶能力接近传统内燃机汽车,克服了纯电动汽车续驶里程短的缺点。此外,燃料电池电动汽车一次氢气加注时间约为 5~15min,而纯电动汽车快充也至少需要 30min。因此,燃料电池电动汽车在续驶里程和补充燃料时间上明显优于其他电动汽车。

5)燃料电池在发电过程中运行平稳、噪声低,除了空压机、氢气循环泵(有些燃料电池系统采用引射器的氢循环方案,则无氢气循环泵)和冷却系统,无其他高分贝噪声运动部件,因此与内燃机汽车相比,运行过程中的噪声和振动都较小。

综上,燃料电池电动汽车被认为是未来汽车可持续发展的重要方向之一,也是解决全球能源和环境问题的理想方案之一。

2.1.2　燃料电池电动汽车动力系统及关键部件

按照动力源的不同,燃料电池电动汽车可分为全功率燃料电池电动汽车和电-电混合燃料电池电动汽车两类。其中,全功率燃料电池电动汽车的动力源只有燃料电池,它必须提供汽车行驶过程中所需的所有功率,主要特点在于结构布置简单,但需要大功率、高动态响应的燃料电池,造车成本会进一步增加;同时燃料电池没有能量存储的功能,不能对制动减速时的动力进行回收,降低了能源利用率;此外,长时间频繁变载工况也会对燃料电池寿命造成较大衰减。考虑到全功率燃料电池电动汽车的不足之处,目前各大汽车厂商把精力主要集中在燃料电池与 REESS 的电-电混合技术方案上。

按照燃料电池在整车需求功率占比的不同,电-电混合燃料电池电动汽车可分为能量混合型和功率混合型。其中,能量混合型主要是指燃料电池提供的功率在整车功率中的占比较少,部分需要 REESS 来提供;该类型汽车需要功率较大的 REESS,整车质量会明显增加,对整车动力经济性有一定影响。功率混合型是指燃料电池提供的功率占整车需求功率的比例较大,降低了对 REESS 的功率需求,减轻了整车质量;功率混合型系统中,REESS 一般只在加速、爬坡等需求大功率时与燃料电池共同提供动力。图 2.2 所示为典型燃料电池电动汽车动力系统拓扑结构,主要包括燃料电池系统、REESS、DC/DC 变换器、DC/AC 变换器、驱动电机、车载储氢系统等。其中,燃料电池系统经 DC/DC 变换器升压后达到驱动电机所需的高电压,REESS 如动力电池则并联在高压母线上。

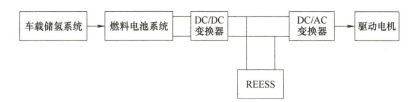

图 2.2 典型燃料电池电动汽车动力系统拓扑结构

1. 燃料电池系统

燃料电池系统是整个燃料电池电动汽车动力源的核心，其特性表现的好坏直接决定了整车在市场的竞争力。通常燃料电池系统由燃料电池堆（简称电堆）和附件系统组成，附件系统包括空气子系统、氢气供给子系统、热管理子系统等。典型的燃料电池系统拓扑结构如图 2.3 所示。

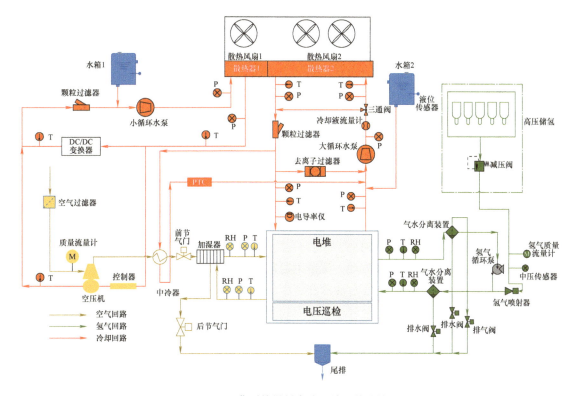

图 2.3 典型的燃料电池系统拓扑结构

空气子系统主要为燃料电池堆提供反应所需的压缩空气，主要由过滤器、空压机、质量流量计、中冷器、加湿器、节气门等组成。空气中有许多杂质，需要用过滤器对空气中的物理和化学杂质进行过滤。为了保证燃料电池堆的反应效率，反应空气需要具有一定压力，故采用空压机对环境大气进行压缩。压缩过后的空气温度可达到 200℃ 及以上，为防止进气温度过高而损伤燃料电池堆，需要中冷器对压缩后的空气进行冷却。同时，为防止交换膜出现膜干的现象，进入燃料电池堆的空气需进行加湿处理；目前膜加湿器是市场上燃料电池发动机的主流技术，通常利用排出燃料电池堆的水气对进气进行加湿，而丰田 Mirai 的燃料电池系统取消了外部加湿方案。此外，发动机停机时，阴极内部有未反应完的氧气，容易与未反应完的氢气形成氢-空界面，从而形成过电势引起催化剂层发生不可逆衰退。因此发动机停机后，需关闭前节气门和后节气门，并与DC/DC变换器内的放电电阻配合，充分消耗燃料电池堆内部剩余的反应气体。

氢气供给子系统为燃料电池堆提供反应所需的氢气，包括温度传感器、压力传感器、氢气循环泵、氢气喷射器（或比例阀）、吹扫电磁阀、气水分离装置等。氢气喷射器通常由多个电磁阀并联组成，控制原则一般是通过采集阴极入口压力值和阳极入口压力值，保证阴阳极压差在合理的范围内，防止两端压差过大而损坏燃料电池堆。氢气循环泵是燃料电池系统辅助部件中的关键部件，配备氢气循环装置可以有效提升氢气利用率，并使得阳极侧氢气的分配更加均匀，同时带走从阴极渗透至阳极的液态水和氢气。引射器也可作为氢气循环动力器件之一，主要利用射流使不同压力流体相互混合来传递能量和质量，其优点在于无运动部件、无额外功耗、结构简单、工作可靠、安装维护方便、密封性好。吹扫电磁阀主要有排水电磁阀和排气电磁阀，从阳极排出的水气混合物经过气水分离装置后，液态水经过排水阀排出，多余的氢气通过排气阀排出。为了防止经循环泵循环的氢气再次进入燃料电池堆时因温差而发生冷凝，可在阳极入口处也布置一个气水分离装置。

热管理子系统主要分为主散热回路和辅助散热回路。主散热回路对燃料电池堆进行冷却，若燃料电池堆冷却不充分，则温度将上升甚至超过理想运行温度上限，影响整个系统的性能。主散热回路又分为大循环和小循环。

大循环工作方式：燃料电池堆启动时为了快速升温，冷却液不经过主散热器，且正温度系数（Positive Temperature Coefficient，PTC）热敏电阻根据指令需求对冷却液进行加热。小循环工作方式：待燃料电池堆温度上升到一定程度时，三通阀节温器开始工作，冷却液经过主散热器，同时散热风扇开始工作，将冷却液热量通过散热器吹至大气环境中，使进入燃料电池堆冷却液的温度在要求范围内。

大循环水泵主要驱动冷却液流动，流量可通过转速调节；颗粒过滤器主要过滤冷却回路中的物理颗粒；去离子过滤器主要过滤冷却液中的导电粒子，防止冷却液电导率过高引起绝缘问题。一般去离子器的流通口径较小，流阻较大，常并联在主散热回路内。除了需要对燃料电池堆进行冷却，空压机和DC/DC变换器等零部件也需要冷却。与主散热回路相比，辅助散热回路所需流量较小，因此辅助散热回路对水泵扬程和流量的要求较低。

车载燃料电池通常采用质子交换膜燃料电池，具有工作温度低、动态响应快、冷启动速度快等优点。工作时，单片电池电压通常在 $0.6 \sim 0.8V$ 之间，为满足整车的功率、电压需求，通常将多个单体电池以串联方式层叠组合，构成燃料电池堆。具体方法为将双极板与膜电极交替叠合，各单体之间嵌入密封件，经前、后端板压紧后用螺杆或者绑带紧固拴牢。燃料电池反应所需气体、温度和散热均由上述子系统控制，封装燃料电池时需配置电压巡检控制器（Cell Voltage Monitor，CVM），以判断各单体电池的工作状态。

2. 燃料电池系统用DC/DC变换器

DC/DC变换器主要用于燃料电池负载控制，通过单向DC/DC变换器实现对燃料系统输出功率的控制，使燃料电池输出功率与整车需求功率解耦，将整车需求功率进行低频滤波，燃料电池提供相对平缓的功率需求，保证燃料电池工作在相对平稳的工作区间内，避免频繁负载变化对燃料电池造成不可逆的衰退，从而延长燃料电池堆的使用寿命。此外，DC/DC变换器对燃料电池进行升压后，燃料电池的输出电压不需要和驱动电机电压进行匹配。

目前DC/DC变换器多半采用多路交错并联控制，可减小电流纹波并提供更大的输入电流，提高燃料电池的耐久性。此外，基于电流的控制技术可提高电流响应速度，并抑制电压波动的影响。除了对燃料电池输出功率进行控制，部分燃料电池电动汽车（如丰田Mirai）的DC/DC变换器集成了交流阻抗装置，可将一个幅值较小、某特定频率（丰田Mirai为300Hz）的交流负载扰动叠加在直流负载上。通过对施加扰动时的燃料电池堆电压和电流进行实时快速傅里叶变换，得到实时的膜阻抗，将该值反馈至燃料电池系统控制器，用于控制进气流量和压力，保证交换膜处于相对湿润的状态。

3. 燃料电池车载储氢系统

车载储氢系统包括储氢装置或制氢装置、安全阀、氢气泄压阀、氢气减压阀、氢气温度传感器、氢气压力传感器、氢气管路、高压接头、电磁阀、碰撞传感器等。典型车载储氢供氢系统如图2.4所示。车载储氢技术包括高压储氢、液氢储氢、金属氢化物储氢、吸附储氢以及车载甲醇重整储氢等，其中，高压储氢是将氢气直接压缩，以高密度气态形式存储，具有成本低、充放氢速度快等优点，是发展最成熟的储氢技术，也是目前车载储氢应用最广泛的方法。

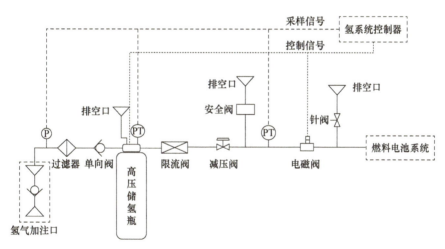

图2.4　典型车载储氢供氢系统

高压储氢瓶主要分为全金属气瓶（Ⅰ型）、金属内胆纤维环向缠绕气瓶（Ⅱ型）、金属内胆纤维全缠绕气瓶（Ⅲ型）、非金属内胆纤维全缠绕气瓶（Ⅳ型）。

1）Ⅰ型和Ⅱ型气瓶的重量容积比较大，难以满足单位质量储氢密度要求，多用于固定式存储。

2）国内车载储氢瓶多为Ⅲ型气瓶，Ⅳ型气瓶目前仍处于研发和小批量试制阶段，而国外车载储氢瓶多为Ⅳ型气瓶。

3）除此之外，国外已经在研发Ⅴ型储氢瓶（无内胆纤维缠绕），这方面在国内目前尚未展开较为深入的研究。

典型的车载高压储氢瓶通常包含三层：最里为内衬材料，用于密封氢气；内衬外为碳纤维缠绕层，主要用于承受高压气；缠绕层外为过渡层，用于承受冲击，最外层主要用于防跌落和防冲击。储氢瓶还配备手动或电动的高压阀门，高压阀通常采用铝制阀体，以防止发生氢脆。

4. REESS

目前常见的 REESS 有镍氢电池、锂离子电池和超级电容等。由于燃料电池具有相对较软的输出特性，燃料电池与辅助电源构成的复合电源混合动力系统是现阶段燃料电池电动汽车动力系统的主流趋势。燃料电池电动汽车启动过程中，燃料电池输出尚未稳定，动力系统及整车各子系统中的控制、检测等电路需要的电能都由 REESS 提供。

在使用锂离子电池作为 REESS 时，须使电池工作在合理的电压、电流、温度范围内，所以必须有电池管理系统（Battery Management System，BMS）对电池进行有效的管理。BMS的功能主要包括数据采集、数据显示、电池荷电状态（State of Charge，SOC）、健康状态（State of Health，SOH）和功率状态（State of Power，SOP）等核心状态估计、热管理、数据通信、安全管理、能量管理和故障诊断，其中能量管理还包含电池电量均衡功能及充电管理功能等。

5. 电驱系统

电驱系统（也称为驱动电机）的主要作用是将电能转化为机械能，从而驱动车辆行驶，或在制动过程中将车辆动能转化为电能，存储到 REESS 中。电驱系统的性能主要由车辆驾驶性能要求、车辆性能约束以及车载动力源性能决定。驾驶性能的要求是指包括加速性能、最大车速、爬坡能力、制动性能以及续驶里程等性能在内的驾驶模式；车辆的性能约束主要是指车型、车重和载重等；车载动力源性能主要与燃料电池系统和 REESS 有关。因此，电驱系统的选型以及整体匹配应该在系统水平上进行优化，必须仔细研究各个子系统之间的相互作用以及系统的整体匹配。在新能源汽车上，常见的驱动电机有直流有刷电机、交流异步电机、永磁无刷电机、开关磁阻电机四类，其中永磁无刷电机具有能量密度和效率高、体积小、质量轻的特点，是燃料电池电动汽车常用的驱动电机类型。

2.2　燃料电池电动汽车的安全性问题

2.2.1　氢安全问题

氢是元素周期表中的第一位元素，也是最轻的元素。在地球上氢多以化合物的形式存在，游离态的氢单质相对罕见，氢气最早于 16 世纪初被合成。常温常压下，氢气是一种极易燃烧、无色透明、无臭无味的气体，其使用危险程度较高，因此如何保证用氢安全对氢能的大规模市场化推广至关重要。

目前，氢安全问题在世界范围内引起了广泛关注，如日本、美国、加拿大等成立了专门的研究机构开展氢安全研究，并推出了多个安全法规或标准。美国 SAE 制定了 SAE J 2578：2014《燃料电池汽车通用安全推荐规程》，国际标准化组织（ISO）发布了 ISO 23273：2013

《燃料电池道路车辆 安全性规范 带压缩氢燃料汽车用氢危险防护措施》，提出了燃料电池电动汽车安全性的相关测试要求，其中对车辆的一般性要求、燃料系统的安全、燃料电池系统的安全、电力系统的安全、机械安全等都有相应的强制性法规要求。此外，国际上也专门成立了氢安全协会来推动氢安全的发展，该协会每两年组织一次国际氢安全会议（ICHS），为展示和探讨氢安全领域的最新研究成果，以及分享氢安全相关信息、政策和数据提供了一个开放的平台。我国也同样高度重视氢安全问题，相关机构也在氢安全领域开展了大量研究。

1. 氢气特性

（1）泄漏与扩散特性

氢分子尺寸较小，与其他气体或液体燃料相比更容易从缝隙或孔隙中泄漏。氢气扩散系数比其他气体更高，并且具有较大的"浮力"，在空间上能够以很快的速度上升，同时进行快速的横向移动扩散。因此当氢气泄漏时，氢气将沿着多个方向迅速扩散，并与环境空气混合，达到低于可燃下限的安全水平。

氢气的泄漏也受到空间内的通风条件、障碍物等因素的影响。通风条件则涉及通风口的位置、大小和风速。通风口大小一定时，其位置改变会影响空间中气流的流向，进而影响空间氢气浓度场的分布。当地下车库没有车时，氢气泄漏的浓度呈现梯度分布，车库顶部浓度最高，泄漏一段时间过后，浓度梯度开始减小，直至整个车库充满氢气；当地下车库有车时，氢气会先在汽车底部累积，竖直方向上浓度分散较为均匀，梯度不大，但点燃后的破坏性更大，因此混合气体增长速率和浓度分布是决定应急时间和探测器分布的基本依据。

（2）与材料的相互作用

氢脆是溶于金属中的高压氢在局部浓度达到饱和后引起金属塑性下降、诱发裂纹甚至开裂的现象。氢脆的影响因素众多，如环境的温度和压力，氢的纯度、浓度和暴露时间，以及材料裂纹前缘的应力状态、物理和机械性能、微观结构、表面条件和性质。另外，使用了不当材料也易产生氢脆问题。因此，氢环境下应用的金属材料要求与氢具有良好的相容性，须进行氢与材料之间的相容性试验，主要包括慢应变速率拉伸试验、断裂韧度试验、疲劳裂纹扩展速率试验、疲劳寿命试验等。

（3）燃烧与爆炸特性

氢气的燃烧爆炸会产生较高的温度场或压力场，对周围的人员财产产生巨大的危害。在常温下，氢除非以某种方式（比如适当的催化剂）被激活，否则其活性不强。在环境温度下，氢与氧反应生成水的速度非常慢。但是，如果通过催化剂或火花加快反应速度，它就会以高速率和爆炸力继续反应。

1）易燃性。氢气是一种极易燃的气体，燃点只有574℃。目前国际上在氢气自燃方面普遍接受的是逆焦耳-汤姆孙效应、静电点火机理、扩散点火机理和热表面点火机理。点火源包括快速关闭阀门产生的机械火花，未接地微粒过滤器的静电放电，电气设备、催化剂颗粒和加热设备产生的火花，通风口附近的雷击等。必须以适当的方式消除或隔离点火源，并应在未预见点火源的情况下进行操作。现有试验主要研究初始压力、管道长度、管道截面形状、爆破片爆裂速率等对氢气自燃的影响。

2）爆燃爆轰。氢气与空气形成的蒸气云爆炸属于爆燃范畴，是不稳定过程。爆燃过程中，氢气点燃形成的火焰不断加速，甚至超过声速，从而形成爆轰波。火焰加速和爆燃爆轰转变是影响爆炸强度的关键因素。通过对现有数据的保守估计可知，氢气在空气中的爆炸浓度范围为4%~75.6%（体积分数）。相比甲烷的5%~15%，氢气的爆炸极限体积分数范围较宽，但为了避免爆炸，需将氢气的体积分数控制在4%以下。若在封闭区间内发生爆炸，如车载储氢瓶内，压力瞬间可达到初始压力的几倍甚至几十倍，因此为了避免发生该事故，通常在车载储氢系统上安装安全泄放装置。此外，设置安全措施（防止爆燃转爆轰的发生）也是十分重要的。事实上，在露天场地，静止的化学计量氢-空气混合物产生的压力波只有0.01MPa（低于造成耳膜损伤的压力级别），而氢-空气混合物爆轰则会伴随着高出两个数量级的压力，约为1.5MPa（远高于可致命的0.08~0.10MPa压力范围）。

3）淬熄。氢气火焰很难熄灭。例如，由于水气会加大氢-空气混合气体燃烧的不稳定性，加强燃烧能力，大量水雾的喷射会使氢-空气混合燃烧加剧。与其他可燃气体相比，氢气的淬熄距离最低。由于氢存在重燃和爆炸的危险，通常只有切断氢供应后，才能扑灭氢火。

2. 燃料电池电动汽车氢安全

燃料电池电动汽车氢安全主要包括车载高压储氢和燃料电池系统的氢安全问题，主要涉及以下几个方面。

（1）材料安全防护

氢气与金属材料接触会发生氢脆效应。在常温常压下，氢气不会对金属部件产生明显的腐蚀，但是在高压下，溶解于金属中的高压氢气会引起金属塑性下降、诱发裂纹甚至开裂的现象。如果金属管路材料选择不当，则可能会发生氢脆效应，引起氢泄漏。因此需要选择合适的储氢、运氢材料。

目前高压储氢瓶主要是采用铝合金或合成材料来避免氢脆的发生。车载储氢瓶结构示意图如图2.5所示。丰田Mirai在进行储氢瓶设计时，最内层的塑料内衬采用了尼龙材质，内衬之外分别是增强气瓶强度的碳纤维增强树脂与防止磕碰的玻璃纤维强化层，最外层是防跌落、防火的聚氨酯保护层。其他厂家如美国的昆腾和丁泰克公司现出售的塑料内胆和铝内胆碳纤维缠绕的高压储氢瓶也同样较好地解决了氢脆问题。

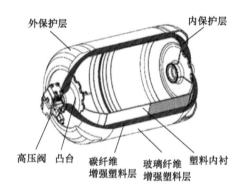

图2.5　车载储氢瓶结构示意图

另外，供氢管路在高压力下也需要避免氢脆问题发生。目前车载供氢管路都采用316不锈钢。有研究表明，316不锈钢在45MPa和80℃氢气环境下的拉伸性能、低应变速率拉伸性能、疲劳性能和疲劳裂纹扩展性能与在惰性气体和空气中的性能结果相同，因此316不锈钢在室温下具有较好的抗氢脆性能。

（2）储氢系统安全防护

储氢系统安全防护主要利用储氢系统控制器，对关键参数如压力、温度等进行采集并进行相关安全诊断，一旦发生故障，通过控制器及时对相关阀类部件进行操作，使燃料电池电动汽车处于安全状态。氢系统主要安全设施如下。

1）压力传感器：实时测量储氢瓶内部气体压力，可判断储氢瓶内剩余气量，从而用于剩余续驶里程估算。当气体压力低于某一定阈值时，提醒驾驶员加注氢气。

2）温度传感器：用于测量储氢系统内部和周围环境温度。在传感器没有故障的前提下，若测量的温度发生异常，则储氢瓶周围有发生火烧的可能，可通过储氢系统控制器报警，并切断供氢电磁阀。此外，目前高压储氢是应用最为广泛的车载储氢方式，常见的Ⅲ型储氢瓶采用了复合缠绕铝内胆纤维结构，氢气在快速加注过程中会出现明显升温，这会对复合材料的树脂黏合剂产生影响，从而导致剥离现象，进而影响储氢瓶的承载能力和安全性。因此氢气加注过程中需要温度传感器实时监控。

3）储氢瓶安全阀：主要用于储氢瓶泄压，防止瓶体内部压力过高，保证储氢瓶工作在安全压力范围内。

4）储氢瓶电磁阀：需要具备防爆功能，不通电情况下处于常闭状态，主要作用是储氢瓶开关。当系统正常工作时，电磁阀处于打开状态，一旦发生氢气泄漏且超过限定值，储氢系统控制器就关闭该电磁阀，从而切断氢气源。

5）加氢口：加注时与加氢枪相连，具有单向阀功能。

6）管路电磁阀：加氢时可以有效防止氢气进入燃料电池。

7）减压阀：将储氢瓶出口高压减压至喷射器或比例阀前端适宜压力范围。当出现异常情况时，减压阀可以与安全阀、针阀联动，将储氢瓶中残余的氢气安全排放到空气中。

（3）储氢系统安全监控

储氢系统安全监控主要可以通过以下措施实现。

1）车载储氢系统安全监控：对燃料电池电动汽车储氢、运氢、乘客舱、燃料电池系统的氢气浓度、温度、部分管路压力等进行实时监控，一旦发生异常，就主动关闭供氢系统，确保燃料电池电动汽车安全。

2）氢气泄漏监控：在燃料电池电动汽车的储氢瓶、燃料电池发动机、乘客舱等易于发生氢气聚集和泄漏的地方布置氢气浓度传感器，实时检测关键位点处的氢气浓度，一旦发生氢泄漏，立即采取相应措施以保证乘客安全。任何一个浓度传感器检测到氢气浓度超过一定阈值时，就发出对应等级的报警或警告，并将故障信息通过声光报警方式反馈至驾驶员。

3）加注安全监控与防护：给 70MPa 车载储氢瓶加氢时，储氢瓶内压力传感器一旦超过限定值，车载储氢系统控制器通过车-站红外通信系统，立即向加氢机控制器发送停止加氢及储氢瓶压力过高的信息。此外，加氢枪前端应配置温度传感器和压力传感器，同时需要具有环境温度补偿、软管拉断保护及优先顺序加氢控制系统等功能。

4）储氢瓶温度监控：加氢过程中，车载储氢系统电磁阀本身处于关闭状态。若采用 70MPa 车载氢系统，该系统一旦检测到温度过高或过低，就将故障信号通过声光报警方式反馈至驾驶员，并将故障报警信号反馈至加氢机请求停止工作。

　　5）供氢管路压力监控：燃料电池工作时，对整个供氢管路关键位点的压力进行实时监控，一旦超过或低于限值，该监控装置就会发出警告或报警信号，并立即响应动作，将故障信号以声光信号反馈至驾驶员。

　　6）电气元件短路监控：储氢系统控制器检测到电气元件发生短路时，立即使供氢系统断电并关闭供氢系统所有的电磁阀，同时将故障信号通过声光信号反馈至驾驶员。

　　（4）碰撞安全防护

　　燃料电池电动汽车安全碰撞防护主要是保护储氢系统、燃料电池系统、各类阀件等部件发生碰撞时不受到破坏或将破坏降至最低，并保护整车氢安全。除了对这些关键部件本身进行防撞设计，还需通过位置布置、固定装置保护和惯性开关监控碰撞，并与整车监控系统联动，采用自动断电、自动关闭阀门等措施来避免灾难的发生。

2.2.2　电安全问题

　　如果燃料电池电动汽车发生高压漏电，就可能会对车上的乘员造成触电伤害。

　　（1）燃料电池电动汽车绝缘安全

　　根据 GB/T 18384—2020《电动汽车安全要求》，在最大工作电压下，直流电路绝缘电阻最小值应大于 $100\Omega/V$，交流电路绝缘电阻最小值应大于 $500\Omega/V$；如果直流和交流的 B 级（$U_{DC}>60V$，$U_{AC}>30V$）电压电路可导电地连接在一起，则必须满足绝缘电阻大于 $500\Omega/V$，或交流电压电路采取加强绝缘或附加防护措施后满足绝缘电阻大于 $100\Omega/V$。目前燃料电池电动汽车动力系统中的燃料电池、锂离子电池属于直流源电路，而驱动电机、方向助力电机等属于交流电压电路。如果没有特殊措施，那么属于直流和交流的 B 级电压可导地连接在一起，应当执行绝缘电阻大于 $500\Omega/V$ 的标准。图 2.6 所示为 B 级电压触电安全原理。

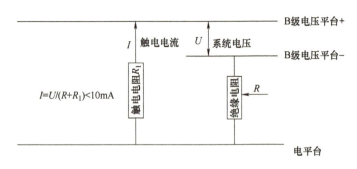

图 2.6　B 级电压触电安全原理

　　目前，受到燃料电池结构和加工工艺影响，无法对燃料电池的冷却水道进行绝缘处理。燃料电池系统的绝缘电阻受冷却液电导率影响较大，为此需要实时保证冷却液的电导率低于特定限值。此外，还可对整车交流电压电路进行加强绝缘处理，使附加防护后整车绝缘达到要求；但驱动电机、方向助力电机等交流高压电路布置分散、空间不规则，实施加强绝缘或附件防护难度较大且影响后续维修的方便性，施工及保持难度较大。同样，可将燃料电池与其他高压电路进行隔离，各隔离区分别满足绝缘要求即可。采用该绝缘方案，燃料电池堆部分直流电压电路与其他 B 级交流电压不发生可导地连接，此部分电路按直流标准绝缘电阻大于 100Ω/V 即可确保安全。但隔离式的绝缘方法成本高，需要两套绝缘电阻监控，且隔离式 DC/DC 变换器效率总体低于非隔离式 DC/DC 变换器，整体体积也较大，导致整车布置难度较大。

（2）燃料电池电动汽车碰撞高压电安全

燃料电池电动汽车碰撞高压电安全的目标是要杜绝碰撞过程中发生高电压漏电的风险，因此整车高压回路也必须设置碰撞切断系统，保证汽车发生碰撞后，即使高压线束遭到破坏，也不会发生漏电危险。

发生严重碰撞时，必须自动断开高压回路。因此，在整车上需通过配置惯性传感器等来监测碰撞是否发生。发生碰撞时，若惯性开关被激活，则该信号传递至整车控制器，整车控制器将发出关闭供氢系统、关闭燃料电池继电器、关闭动力电池继电器等指令，各控制器接收到关闭指令后迅速执行相应动作——在高压电发生泄漏之前切断所有高压电供应，并同时切断氢气供给。为保证整车碰撞在各种工况下都能够被检测到，整车惯性开关必须设置多个，并设置在不同部位，防止因某个惯性开关发生故障而导致未检测到碰撞信号。同时为了防止误触发碰撞安全保护，不能选用过于灵敏的惯性开关，否则汽车正常行驶过坑洼或起伏较大的路段时，易发生误触发从而导致车辆动力源被切断；也不能选择触发条件过高的惯性传感器，否则当实际碰撞发生、部分高压电系统零部件损坏而导致高压电泄漏时，高压回路和动力电池的继电器却未得到切断指令，从而给乘员人身安全带来危害。

（3）电子元器件氢安全防护

除了防护高压漏电对整车绝缘和氢安全的危害，还需考虑低压电子元器件对氢安全的影响。为防止电路中产生电火花点燃泄漏或管路中的氢气发生燃烧或爆炸事故，燃料电池电动汽车的电气元件阀体均采用相应级别的防爆、防静电、阻燃、防水、防盐雾材料。例如，燃料电池电动汽车的氢浓度传感器需要选择防爆型，当氢气浓度达到限值时，触点式传感器会通过触点动作传输信号，容易产生火花而引发事故；同时为了防止继电器动作时发生电弧放电而点燃氢气，储氢供氢系统中的电磁阀需要选用防爆固态继电器。

2.3 整车通用安全的一般准则

燃料电池电动汽车作为新能源汽车之一，其安全属性除了氢安全、电安全等特性安全，还包括碰撞安全（结构安全）、防火安全、涉水安全、整车电磁兼容性（Electro Magnetic Compatibility，EMC）及电气可靠性等通用安全。随着近些年燃料电池电动汽车在国内各地的推广和示范运行，逐步形成了燃料电池电动汽车的安全要求，这些安全要求和设计准则为燃料电池电动汽车的安全运行起到了重要的支撑作用。

1）2009 年，全国汽车标准化技术委员会制定了 GB/T 24549—2020《燃料电池电动汽车安全要求》，该标准分别规定了燃料系统、燃料电池系统、动力电路系统、整车功能及紧急情况下的安全要求，对燃料电池电动汽车设计开发和运营工作起到了积极引导，并基本满足对燃料电池电动汽车的安全需求。

2）国际方面，美国于 2008 年发布 SAE J 2578《燃料电池汽车通用安全推荐规程》，并于 2013 年对其进行修订。这份推荐标准为设计和制造燃料电池电动汽车的储氢系统提供了基本要求，以最大限度地减少操作和维护中的风险，并提供了基本的性能测试标准用于设计方面的性能验证。

3）GTR13 是燃料电池电动汽车领域的首部国际法规，其主旨是保证燃料电池电动汽车达到与传统汽车同样的安全级别，避免人员受到氢气爆炸或燃烧等伤害，同时简要介绍了紧急情况下如何避免车内人员受到伤害和急救措施。GTR13 是较为基础的法规，为世界各国制定此类标准提供了基础。

4）ECE R134 基本等同采用了 GTR13 的内容，但未涵盖动力总成部分的电安全、碰撞后的氢系统完整性和使用液氢方面的注意事项。

2.3.1　整车安全一般设计准则

相对于纯电动汽车而言，燃料电池电动汽车的安全问题增加了氢安全相关内容。鉴于氢易燃易爆的特性及整车的氢电耦合使用环境，氢安全将直接影响到整车的安全性，且比纯电动汽车的安全性更为复杂。因此燃料电池电动汽车除了应符合相关的国家机动车强制性标准要求和电动汽车安全要求，还应满足以下一般原则：

1）失效安全原则。在进行涉氢系统设计时，必须保证即使在某一零部件失效时，也不会因之导致更加严重的后果。换言之，当系统单一零部件出现故障时，系统是安全的。

2）最简化原则。在进行涉氢系统设计时，在满足安全需求和使用需求的前提下，系统应尽可能简化，避免冗余。

3）区域布置原则。在进行涉氢系统安装时，应将系统零部件尽可能集中布置，并根据压力等级进行分区域布置。

4）氢电隔离原则。在进行涉氢系统安装时，应将涉氢系统与电气系统进行有效隔离。隔离措施可以是系统的物理隔离，也可以是针对可能产生火花的零部件自身的隔离，如采用防爆元器件。

5）氢气浓度报警原则。汽车应有和氢气浓度探测器联动的安全措施。氢气聚积体积分数达到 1% 之前，就能够利用声响报警装置或者紧急提示等方法，提示驾驶员或者汽车使用者注意；氢气体积分数达到 2% 时，应能自动切断氢气源、电源等。

6）氢气快速逸散原则。在进行涉氢系统设计与安装时，应充分考虑若氢气泄漏后会快速飘逸到管路上方的现象，整车布置应避免存在氢气残余死角，通过传感器检测或其他装置将氢气尽量引到车外。

2.3.2　整车安全失效评估方法

整车通用安全的核心在于保护人员免受危险因素的影响。针对燃料电池电动汽车的潜在失效进行对应的安全设计，燃料电池电动汽车的潜在失效后果主要包括以下几方面。

1）使用功能失效：由子系统或部件故障引起的车辆系统损坏，无法正常使用。

2）严重故障失效：车辆运行过程中系统零件故障和/或由外部事件（如碰撞）导致的车辆系统损坏。

3）误操作失效：车辆运行、维修过程中出现由操作失误引发的危险，如高电压、极端温度、高气压以及易燃或有毒流体。

针对上述整车安全，应进行设计失效模式与影响分析（Design Failure Mode and Effects Analysis，DFMEA）和过程潜在失效模式及影响分析（Process Failure Mode and Effects Analysis，PFMEA），用来确定潜在失效模式及其原因的分析，识别相关项中因故障而引起的危害，并对危害进行归类，制定防止危害事件发生或减轻危害程度的安全目标，以避开不合理的风险。

2.4 整车通用安全设计

2.4.1 失效预警及失效安全设计

燃料电池电动汽车的功能安全设计要求满足 GB/T 24549—2020 的相关内容。推荐参照 GB/T 34590—2017 相关规定进行电控系统的功能失效分析和安全目标设计。针对车辆的不同故障等级，制定不同的故障处理机制，表 2.1 列出了某燃料电池电动汽车故障分级及处理机制。

表 2.1　某燃料电池电动汽车故障分级及处理机制

故障级别	说明	处理机制
三级故障	严重故障	车辆下高压
二级故障	较严重故障	车辆限制转矩输出
一级故障	警告故障	仪表提示

一级故障对燃料电池的影响不大，但是故障时长可能会引起二级故障，因此仅在仪表盘对驾驶员进行警告，由驾驶员评估风险。

二级故障会造成燃料电池性能下降，此时故障处理可以是降低燃料电池输出功率，并且告知整车控制系统。

三级故障会造成燃料电池严重损坏或违反法律法规，此时的故障处理可以是燃料电池系统急停，并且告知整车控制系统评估此时的风险，但是不建议引起车辆运行过程中突然的失动风险。

此外，与传统汽车及纯电动汽车不同的是，燃料电池电动汽车的危害隔离应重点考虑氢的有效隔离，常用的设计方案是将可能产生电弧或火花等火源的点与氢系统进行隔离，或将可能产生静电、电弧及火花的地方可靠接地。

1）在设计层面，氢系统应考虑：

① 应优先选择布置在利于通风释放的部位，若无法满足此条件，则应增加必要的通风设计以避免氢气聚集引发危险。

② 氢系统与电气系统，尤其是高压电气系统应保持一定的安全距离（如对商用车，安全距离重点关注线束插接件距离氢气管接头的距离，一般大于 100mm；如果接头有防护，

则距离可适当减小），避免电火花的能量引燃氢气。

③ 车辆故障或碰撞事故时，氢系统可基于温度、压力、流量等参数实现快速断氢。

④ 避免将氢系统（储氢瓶及管理阀门等）布置在舱内（乘员舱或行李舱），尽量布置在非密闭空间。

⑤ 氢气排空方向尽量向上布置，以保证氢气不会在车底空间四处逃逸。

⑥ 由于氢系统质量较大，在结构设计方面，要确保在高速行驶紧急制动的瞬间，不会因为惯性产生较大地位移，避免撞击其他系统部件或后排乘客。

2）在使用层面，车辆加氢过程禁止上高压，可仅唤醒必要的控制器（实现加氢功能以及加氢过程的监测功能），减小电气系统与氢系统之间的耦合风险。

2.4.2　整车 EMC 及电气可靠性设计

燃料电池电动汽车上所有可能影响车辆安全运行的电气组件，在功能上都应该能够承受车辆暴露于其中的电磁环境。车载电源系统、驱动系统和控制系统运行在高电压、大电流以及处在较大的 dU/dt 或 dI/dt 条件下，车辆应可正常运行，不应造成误停车。车辆在满足传统内燃机汽车 EMC 要求的同时，还应符合车辆不同运行状态下的 EMC 特殊要求。

1. 整车 EMC 设计要求

（1）整车电气系统 EMC 设计

在整车开发过程中，通过电气系统设计评审对整车 EMC 风险进行评估，分析目前整车有可能存在的 EMC 问题点，尽可能地避免车型设计中的 EMC 风险，减少整车后期试验中出现的问题。主要技术路线如下：根据新能源汽车电气系统设计原则，从整车接地、整车电源分配、整车高压线束布置及整车高压部件布置四个方面进行检查，输出评审问题列表。针对评审检查中存在的风险点，在整车上采取相应的优化措施，并通过整车试验验证设计优化效果。

根据整车电器配置和重点零部件检测报告与设计审核结果，初步确定整车的主要骚扰源和敏感设备清单。基于该清单，结合整车三维布局布线设计资料，分析项目整车电器布置合理性，重点关注高压部件电源系统布局布线和低压敏感设备布局布线问题。内容包括：高压系统布局位置与电流回路设计分析；高压系统端口位置的设计分析；低压敏感系统布局及其与高压系统耦合关系设计分析；低压骚扰源布局及其与低压敏感系统耦合关系设计分析。

（2）整车电源和接地 EMC 设计

1）接地点位置的选择，一般遵循如下原则：

① 接地点位置要远离溅水区域、潮湿区域、高温区域。

② 接地点应选择在车架上，接地车身处应该平整，不能在车身小支架上接地，接地点车身件需要进行刮漆处理。

③ 接地点不建议选择在活动件（门、发动机舱盖、行李舱盖等）上，如活动件与车身之间的电阻小于 2.5mΩ，也可以在活动件上接地。

④ 不要让电子零部件的连接件或接地螺栓靠近汽车的涉氢系统或部件、管路等。

2）接地点应根据不同电器类型（敏感部件、骚扰源）进行分配，同一类型的用电器可以共用一个接地点。接地点的分配一般遵循如下原则：

① 敏感部件与骚扰源不得共用同一接地点。

② 敏感部件的接地点与骚扰源的接地点之间距离至少大于10cm。

③ 电机类部件一般就近接地。

3）接地片安装结构一般遵循如下原则：

① 接地片必须使用防旋转接地片。

② 接地片与接地线要求规格匹配。

③ 车上的所有接地点都应该采用焊接螺母（推荐）或者通过金属片上的过孔采用螺栓连接。

④ 接地螺栓应该有足够的转矩以保证连接紧固。

⑤ 自攻螺钉严禁用于任何接地连接件的连接。

⑥ 零部件的固定点不能同时用于接地，不能将接地片放置在零部件固定点下作为接地连接。

4）有的部件对接地点有特殊要求，应按部件的要求进行布置接地点，一般遵循的原则如下：

① 动力系统ECU、安全气囊等整车重要控制器接地线长度不应长于20cm。

② 音视频系统必须单独接地。

③ 传感器地线与控制器应采用同一接地点，如受实际环境限制，不能采用同一接地点，则应保证两接地点之间的电阻小于2.5mΩ。

④ 发动机与车身之间应使用长宽比小于50的编织线进行接地。

⑤ 如果经过试验能确认具有同等的电气性能和耐久性，那么可以使用16AWG（最小）的导线。

5）车身、发动机应使用专用接地线与蓄电池负极相连；车身接电线应选用线径较大的线型，保证蓄电池负极与发动机、车身之间的电阻小于2.5mΩ。对于金属外壳部件，应将金属外壳使用的接地螺栓可靠地固定在车身或车身支架上。支架与车身应为焊接连接，保证接地电阻小于2.5mΩ。

6）电源和熔丝的选择和分配应遵循以下原则：

① 大电流和会产生电磁干扰的用电器最好使用单独的熔丝，避免产生电源共阻抗耦合。

② 常见的此类零部件包括冷却风扇、刮水器电机、车窗升降电机、门锁电机、后除霜等。

③ 敏感设备的电源和受到电磁干扰的电源不能共用熔丝。

④ 不同电流回路（部件工作电流差5A以上）不共用一个熔丝，避免共阻抗耦合产生过大的电压降。

在进行熔丝和继电器的分布设计时，要尽量缩短线束的长度，以减小导线的阻抗，降低产生电磁兼容问题的风险。

（3）整车线束EMC设计

高压线束在燃料电池电动汽车上主要起提供高压强电供电的作用，它对线束的设计及布置尤为重要，主要遵循以下几个方面的原则：

1）线束走向设计、线径设计。高压线束设计采用双轨制，由于燃料电池电动汽车的高压已经超出人体安全电压，车身不可作为整车高压搭铁点，因此设计高压线束系统时，直流高压回路必须严格执行双轨制。高压线束可分为电机高压线、电池高压线、充电高压线等。

2）高压插接器选型。高压插接器主要负责高压大电流连接和传输，并负责高压回路的人机安全。因此高压线束插接器目前多采用耐高压、防水等级高并且具有环路互锁、屏蔽层连接等功能的插接器。

3）屏蔽设计。采用屏蔽高压线，屏蔽网包覆在高压线内部，插接器连接时同时实现屏蔽层的连接。考虑到电磁干扰的因素，整个高压线束系统均由屏蔽层全部包覆。

低压线束除实现传统汽车的功能，还负责实现强电控制单元模块的功能。低压线束设计与布置方案中应考虑高压线束对其产生的干扰防护。不同信号源采用不同的低压屏蔽导线，低压线束布置中屏蔽导线选择遵循如下规则：

1）高频信号屏蔽线束采用双绞线、屏蔽层采用箔层屏蔽，采用多点接地。

2）低频信号屏蔽线束采用双绞线，屏蔽层采用编织层屏蔽，采用单点接地。

（4）零部件的 EMC 管控

为了提高零部件的 EMC 设计水平，减少后期整改工作量和降低零部件 EMC 风险，主机厂需要制定零部件设计审核规范和制定零部件 EMC 性能管控流程，针对燃料电池电动汽车还需要制定高压零部件 EMC 设计审核及风险评估。只有掌握了高压部件 EMC 性能的设计方法，才能从源头上控制部件及整车的 EMC 性能，因此应开展对高压部件典型电路（如开关电源电路、电机驱动电路等）的 EMC 设计研究。整车电场及磁场超标的常见原因多是高压部件的开关电源导致，包括电机控制器（主开关）、DC/DC 变换器、空调压缩机等内部均有开关电源，且对应不同的开关频率。

结合现有的产品管控流程和供应商管理体系，制定零部件 EMC 开发流程，明确以下内容：

1）零部件产品开发各阶段需要进行 EMC 相关的工作。

2）零部件产品开发各阶段要求供应商提供的资料。

3）工程师与供应商各自的 EMC 开发职责。

4）零部件样品 EMC 性能管控方法。

5）零部件产品 EMC 性能一致性管控方法。

6）零部件开发各阶段 EMC 性能管控文件的模板。

针对燃料电池电动汽车电驱系统等高压零部件，首先需要调查目标车型重点零部件的功能、性能特性、驱动负载特性、端口特性、结构和封装形式等，分析其 EMC 设计手段，结合行业内同类型零部件 EMC 设计水平，分析本车型零部件的 EMC 技术水平和状态。根据零部件供应商提供的设计资料，审核设计中 EMC 相关方案的存在性与合理性，重点关注零部件封装、端口特性、驱动负载特性和结构设计，对有缺陷的设计评估其风险，以确保 EMC 设计得尽可能周全，并为后期的设计改动留出空间。对重点关注的零部件，结合零部件功能和性能要求，考察零部件内部晶振/开关电源等重点模块布局、时钟/总线等重点信号布线，以及端口防护/滤波等 EMC 相关设计方案，从而评估零部件 EMC 性能水平。

高压零部件的风险分析内容包括：

1）零部件内部高低压模块布局设计的 EMC 分析。

2）零部件重点信号的布线分析。

3）零部件高低压输入/输出线束及端口处理的 EMC 分析。

4）零部件封装的屏蔽设计分析。

5）零部件负载特性分析。

6）零部件接地设计。

根据零部件的工作原理和组成，燃料电池电动汽车 EMC 管控零部件分类见表2.2。

表 2.2　燃料电池电动汽车 EMC 管控零部件分类

类别		描述
无源模块	P	仅包含无源器件的电器部件或模块，如电阻、电容、防反/钳位二极管、热敏电阻、压敏电阻、无控制电路的 PTC 发热器 机械触点开关的 LED 背光（测试 BCI、CTI、ESD）
电机类	BM	无控制电路的电机，如门窗电机、刮水器电机、暖风电机、后视镜调节电机、洗涤电机、电动天窗等
	EM	内部带有控制电路的电动机
有源模块	A	含有有源器件的电器模块，如 BCM、仪表、风扇控制器、基于微处理器的控制器和显示屏、空调面板、模拟放大电路、开关电源等
	AS	其他模块中的调节电源供电的电子部件或模块，这类零部件通常是向控制器提供信号输入的传感器，如雷达传感器、摄像头、光照度传感器等 12V 部件：应测试电源线传导骚扰和传导抗扰试验 5V 部件：不测试电源线传导骚扰和传导抗扰试验
	AM	包含磁敏感元件的模块或者是外部连接有磁敏感元件的模块，如电磁传感器、霍尔式传感器、收发信号频率在 50Hz~300kHz 的器件
	AX	内部带有电机等感性设备的电器部件以及控制外部感性设备的电器部件，如 BCM、EPS、PEPS、TCU、BMS、VCU、DC/DC、IPU、PEU、OBC 等
	AW	含射频收发和内部电源，无外部线束的模块，如 RKE、TPMS 发射器等
感性设备	R	电感、电磁继电器、电磁阀、线圈和电喇叭（内部含有有源器件的电喇叭属于 AX 类器件）

电气/电子部件 EMC 试验和整车 EMC 试验不能互相代替，它们之间的确切关系与零部件在整车上的安装位置、线束长度、线束走向、接地以及天线系统都有关。但是，零部件级的 EMC 试验可以使电气/电子部件在整车装配之前得到评估。低压类部件和高压系统中的低压控制部分依据表 2.3 进行试验，高压系统中的高压部分依据表 2.4 进行试验。

表 2.3　低压（LV）系统 EMC 测试项目选择表

测试项目	ID	无源模块	有源模块					电机类		感性设备
		P	A	AS	AM	AX	AW	BM	EM	R
传导发射（LV）	CE01	√	√	√	√			√	√	√[②]
瞬态传导发射	CE02					√		√	√	√

（续）

测试项目	ID	无源模块	有源模块					电机类		感性设备
		P	A	AS	AM	AX	AW	BM	EM	R
辐射发射	RE01		√	√	√	√	√		√	√②
辐射抗干扰（ALSE）	RI01		√	√	√	√			√	
辐射抗干扰（BCI）	RI02		√	√	√	√	√		√	
磁场抗干扰	RI10		√①	√①	√	√①	√①		√①	
发射器射频抗干扰	RI20		√	√	√	√			√	
瞬态传导抗干扰	CI01	√	√							
瞬态耦合抗干扰	CI02		√	√	√	√			√	
静电放电抗干扰	RI30	√	√	√	√	√	√		√	

注：1. "√"表示需要测试。

2. 对所有测试，在过渡频率点按严格的要求执行。

① 当电气设备出现以下三种状态的任何一种时，实施磁场抗干扰试验。

- 电气设备含有磁敏感元件的电子模块（如霍尔效应传感器、磁阻抗传感器、射频放大器等）。
- 电气设备布置在乘客舱/行李舱且车辆配备无钥匙系统。
- 电气设备布置靠近外部强磁场源（如交流发电机、电机等）。

② 由于本身工作时会产生电磁发射的零部件，仍需进行 CE01 和 RE01 试验。

表2.4　高压（HV）系统 EMC 测试项目选择表

测试项目	ID	高压系统				
		电驱系统	电池系统	DC/DC	电动压缩机	OBC
辐射发射	RE01	√	√	√	√	√
辐射抗干扰（ALSE）	RI01	√	√	√	√	√
传导发射（HV）	CE03	√	√	√	√	
传导发射（AC/DC）	CE04					√
谐波电流	CE05					√
电压变化、波动和闪烁	CE06					√
电快速脉冲群抗干扰	CI03					√
浪涌抗干扰	CI04					√

注：1. "√"表示需要测试。

2. 对所有测试，在过渡频率点按严格的要求执行。

3. 当直流充电线线缆长度小于 30m 时，无须进行直流充电时的 CE04、CI03、CI04 试验。

4. 当车辆只在私人充电桩充电且没有与其他人共用时，无须进行直流充电时的 CE04、CI03、CI04 试验。

2. 整车电气可靠性设计要求

燃料电池电动汽车整车电气安全可分为高压电气安全、车载储能系统安全以及绝缘安全，具体要求如下。

（1）高压电气安全一般要求

根据 GB/T 18384—2020《电动汽车安全要求》规定，依据电路的最大工作电压 U，将电气元件或电路划分电压等级，见表 2.5。

表 2.5　电路的电压级别

电压级别	直流系统/V	交流系统[①]（15～150Hz）/V
A	$0<U\leqslant60$	$0<U\leqslant30$
B	$60<U\leqslant1500$	$30<U\leqslant1000$

① 此处为均方根值。

在接近 B 级电压源的附近应有标志，B 级电压电缆线外壳应统一由橙色和/或橙色套管构成。

汽车不应含有暴露的导线、接线端、连接单元或者任何直接暴露给人员的 B 级电压部件。动力系统的带电部件应通过绝缘或使用盖、防护栏、金属网板等来防止直接接触。这些防护装置应牢固可靠，耐机械冲击。在不使用工具或无意识的情况下，它们不能被打开、分离或移开。

B 级电压动力电路系统应满足：

1）所有的电气设计、安装应避免绝缘失效。

2）应通过绝缘的方法来防止间接接触，并且使车载的外露可导电部件电连接在一起，达到电位均衡。如果防护是绝缘提供，那么电系统的带电部件应有足够的电气间隙和爬电距离且有绝缘层隔离。这种绝缘层只能通过破坏才能够移开。绝缘材料应满足相应标准要求，并应有足够的耐电压能力，防止发生绝缘击穿或电弧现象。

燃料电池系统部件的导体外壳应同电平台连接，以确保在氢气泄漏时，不会因静电而引燃氢气。

（2）车载储能系统安全

对于包括车载储能系统的燃料电池电动汽车，为了防止爆炸、起火或有毒物质的危害，当车载储能系统在正常的环境和操作条件下可能排出有害气体或其他有害物质时，应满足以下要求。

1）在正常的环境和操作条件下，应有适当的措施，使驾驶舱、乘员舱以及各载货空间的有害气体或其他有害物质不会达到潜在的危险浓度。

2）有害气体和其他有害物质允许的最大聚集量应符合国家相关标准的要求。

3）应采取适宜的措施防止任何由单点失效情况造成可能危害人员的危险产生，如基于电流、电压或温度的监控器。如果车载储能系统自身没有防短路功能，则应有一个车载储能系统过电流断开装置能在车辆制造厂商规定的条件下断开车载储能系统电路，以防止对人员、车辆和环境造成危害。

（3）绝缘安全

燃料电池电动汽车的每个电路和电平台及其他电路之间应保持绝缘，绝缘电阻的要求应符合 GB/T 18384—2020 中的规定。

测量车载储能系统绝缘电阻时，应带有外壳里的所有辅助部件，例如监测或者温度调节装置，如果有冷却液，也应包括在内。对于没有嵌入在一个完整电路里的车载储能系统，如果在整个寿命期内没有交流电路，或者交流电路有附加防护，其绝缘电阻除以它的最大工作电压，应不小于 $100\Omega/V$；如果包括交流电路且没有附加防护，则此值应不小于 $500\Omega/V$。如果车载储能系统集成在一个完整的电路里，则可能需要一个更高的阻值。

测量燃料电池系统绝缘电阻时，冷却系统中的冷却泵应处于运转状态，燃料电池系统处于热机状态，并按照 GB/T 24549—2020 规定的方法测量燃料电池堆正极和负极分别对地的绝缘电阻。绝缘电阻应满足 GB/T 24549—2020 的规定。

2.4.3 碰撞安全设计

由于氢电安全问题的存在，燃料电池电动汽车的碰撞安全设计与传统汽车及纯电动汽车不同。以燃料电池乘用车为例，由于燃料电池电动汽车前舱结构的变化会对乘员的生存空间和车身的吸能特性产生影响，所以应重新设计和考虑车内乘员的保护效果。由于车辆底部和后部可能会布置电池和储氢瓶，如图 2.7 所示，因此针对侧碰、侧柱碰、后碰工况应有相对应的保护设计。

图 2.7 燃料电池乘用车的结构布置示意图

1. 碰撞安全设计的一般要求

当碰撞传感器检测到整车发生碰撞超过一定强度时，应能够自动切断电源和氢气供应，以确保碰撞后车载供氢系统、电气系统及燃料电池系统的完整性等。具体要求如下。

（1）车载供氢系统完整性

1）高压储氢瓶的固定装置不应出现断裂、脱落或导致高压储氢系统安全功能失效的移位或变形。

2）高压管路系统不应破损、断裂，瓶口阀不应损坏失效。

（2）电气系统完整性

根据 GB 11551—2014《汽车正面碰撞的乘员保护》（对于 M1 类汽车和最大设计总质量不大于 2500kg 的 N1 类汽车）和 GB 20071—2006《汽车侧面碰撞的乘员保护》（对于 M1 类汽车）适用范围的规定。

对带有 B 级电压电路的燃料电池电动汽车进行碰撞试验后，高压安全应符合 GB/T 31498—2021《电动汽车碰撞后安全要求》的 4.2～4.4 相关要求，包括电压要求、电能要求、物理防护要求和绝缘电阻要求。具体要求如下：

1）按照 GB/T 31498—2021 附录 A 中 A.1 规定的电压测试方法，高压母线的电压 U_b、

U_1、U_2 应不大于 30V 交流或 60V 直流。

2）高压母线上的总电能 E_T 应小于 0.2J。E_T 可通过以下两种方式之一得到：一种是在碰撞测试之后，确定高压母线的电压 U_b、U_1、U_2，电压测量应在碰撞之后的 5~60s 进行，取最小电压值，进而得到总电能 E_T；另一种是通过高压母线的电压 U 和制造商规定的 X 电容器的电容来计算总能量 E_T。储存在 Y 电容器里的能量（E_{TY1}，E_{TY2}）也应少于 0.2J，应通过高压母线和电平台的电压 U_1 和 U_2 以及制造商所规定的 Y 电容器的电容（C_{Y1}，C_{Y2}）来计算该值。

3）为了防止直接接触高压带电部位，碰撞后车辆应有 IPXXB 级别的保护。另外，为了防止间接接触的触电伤害，用大于 0.2A 的电流进行测量，所有外露的可导电部件与电平台之间的电阻应低于 0.1Ω。当电连接是采用焊接方式时，应符合此要求。

4）动力系统由单独的直流和交流母线组成时，如果交流高压母线和直流高压母线是互相隔离的，那么高压母线与电平台之间的绝缘电阻对于直流母线来说，最小值应为 100Ω/V；对于交流母线来说，最小值应为 500Ω/V。

5）动力系统由连接的直流和交流母线组成时，如果交流高压母线和直流高压母线是互相传导连接的，那么高压母线与电平台之间绝缘电阻的最小值应为 500Ω/V。如果在碰撞之后，所有交流高压母线的保护级别达到 IPXXB，或交流电压小于等于 30V，则高压母线与电平台之间绝缘电阻的最小值应为 100Ω/V。

（3）燃料电池系统完整性

燃料电池系统外壳应无机械损伤，燃料电池堆模块及氢气相关部件不应发生损坏或者出现氢气泄漏。

2. 碰撞防护设计

（1）侧面碰撞防护设计要求

侧面防护结构可参考 GB 20071—2006《汽车侧面碰撞的乘员保护》等标准进行碰撞试验，车辆在碰撞试验后应符合 GB/T 31498—2021 中 4.2~4.4 的要求。

以燃料电池乘用车为例，其在设计中，B 柱应采用加强结构设计，保证变形形态合理，最大塑性应变应不会导致断裂风险（图 2.8）。

图 2.8　燃料电池乘用车侧面碰撞设计案例

（2）侧翻防护设计要求

车身防护结构若按 GB 17578—2013《客车上部结构强度要求及试验方法》进行上部结构强度验证试验，则应在其可充电储能系统电荷量（SOC）30%~50% 且处于上电状态下进行试验，试验后应符合 GB/T 31498—2021 中 4.2~4.4 的要求。侧翻防护总体要求包括以下几点：

1）车辆的上部结构应具有足够的强度，以确保在整车侧翻试验过程中和侧翻后生存空间不受侵入。

2）测试时，生存空间之外的车辆其他部件（如立柱、拉手、行李架、灭火器等，不包括生存空间内的结构部件）在测试过程中不得侵入生存空间，也不应发生结构件完全断开的现象。

3）生存空间内的部件（如座椅、垂直把手、隔间、小厨房和卫生间等）不应有导致乘员伤害的可能，并且不应凸出至变形结构的轮廓外。变形结构的轮廓线应在每个相邻的窗和/或门立柱间按顺序进行确定。两个变形立柱之间的轮廓线，理论上应是一个连续的平面，由立柱内部各轮廓点连接的直线确定，这些点在侧翻试验前距地板平面处于同一高度。

（3）后碰撞防护设计要求

后高压舱 B 级电压部件的布置位置和防护结构应考虑被追尾后，符合 GB/T 31498—2021 中 4.2~4.4 的要求；对燃料电池乘用车，后碰撞测试方法可参考 GB/T 20072—2006《乘用车后碰撞燃油系统安全要求》。

仍以燃料电池乘用车为例，如果其储氢瓶布置于后排座位后侧，应在车身上考虑设计横梁和纵梁的加强结构，确保后面碰撞时，整车储氢系统及其管路的塑性变形在失效应变值之内（图 2.9）。

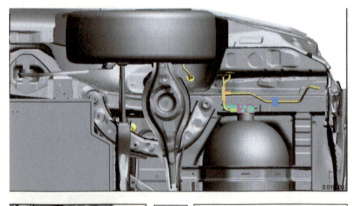

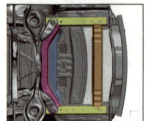 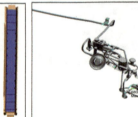

图 2.9　燃料电池乘用车后碰撞设计案例

（4）底部碰撞防护设计要求

底部碰撞防护设计要考虑两方面：一是离地间隙；二是防护结构。防护设计应能满足发生底部碰撞后符合 GB/T 31498—2021 中 4.2~4.4 的要求。

（5）前碰撞防护设计要求

前高压舱 B 级电压部件的布置位置和防护结构应考虑正面碰撞工况，符合 GB/T 31498—2021 中 4.2~4.4 的要求，对燃料电池乘用车，正面碰撞测试方法可参考 GB 11551—2014《汽车正面碰撞的乘员保护》。

以燃料电池乘用车为例，散热器前端框架结构应考虑加强设计，可通过提高板料厚度，改变开口尺寸大小以及选择合适位置设计加强支架。当车辆发生正面碰撞时，前端框架应在吸收能量的同时保护燃料电池系统（图 2.10）。

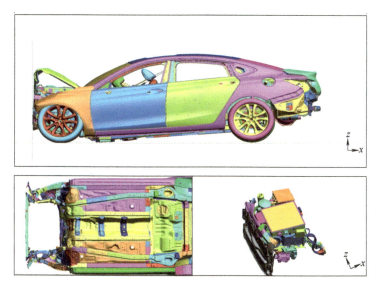

图 2.10   燃料电池乘用车前碰撞设计案例

一般情况下，燃料电池氢气子系统各组件布置于燃料电池系统与车身前挡板总成之间，设计时应考虑供氢管路、电磁阀和管路等组件与车身前挡板总成的间隙不小于 35mm，当车辆发生正面碰撞时，应满足氢气子系统各组件有足够的安全逃逸空间，其案例如图 2.11 所示。

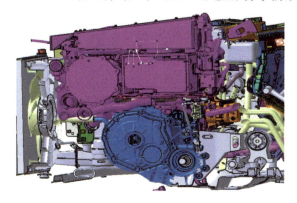

图 2.11   燃料电池乘用车前舱布置案例

氢气子系统管路应考虑软管与硬管结合的设计方式，且设计管路转弯位置和转弯角度时，应充分考虑碰撞受力的方向和大小，尽量避免出现氢气管路弯折或折断从而导致氢气泄漏的情况发生。如图 2.12 所示，设计电堆供氢管路和回氢管路转弯位置和角度后，应进行正面碰撞仿真分析，所承受的应力须在管路材料允许范围内，并保证该段管路不会发生氢气泄漏的风险。

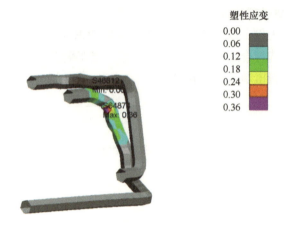

图 2.12　燃料电池电动汽车氢气管路应力仿真案例

如果燃料电池发动机 X 轴前端设计有高压插接器和高压线束等，应考虑进行保护罩、防护支架等设计，避免碰撞时前端框架结构将高压部件切断引起高压失火的危险情况发生。如图 2.13 所示，升压 DC/DC 变换器与驱动电机、空压机和水泵连接的高压插接器在 X 轴前端，应设计防撞保护罩，以在整车发生正面碰撞时，能够避免前端框架横梁剪切高压插接器；最大塑性应变应控制在保证无断裂失效风险范围之内。

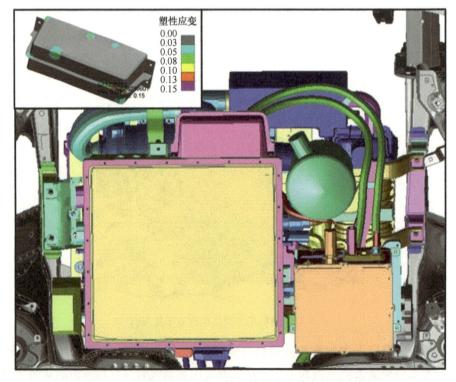

图 2.13　燃料电池乘用车防撞保护罩及防护支架设计案例

2.4.4　整车氢气排放和泄漏安全设计

（1）整车氢气排放要求

按照 GB/T 37154—2018《燃料电池电动汽车　整车氢气排放测试方法》中"怠速热机状态氢气排放"章节规定的试验方法进行测试，在进行正常操作（包括启动和停机）时，任意连续 3s 内的平均氢气体积分数不超过 4%，且瞬时氢气体积分数不超过 8%。

整车氢气排放的一般要求包括：

1）不应排到乘客舱和行李舱。

2）不应排向车轮所在空间。

3）不应排向露出的电器端子、电器开关件及其他点火源。

4）不应排向其他氢气容器。

5）不应排向车辆正前方。

（2）整车氢气排放设计

1）排气系统管路连接的硬管材质应采用具备氢脆抑制性能的材料，宜采用 316L 不锈钢；软管的工作温度范围为 −50～150℃；所有金属管件焊缝处应做打磨、防锈、钝化处理；焊接后做密封性检查，无泄漏、无渗漏。

2）尾排系统管路中应设置气液分离装置，同时建议将分离出来的氢气通过专用通道在车辆高位处排出（7m 以下车辆可以除外）。为避免尾排管氢气聚集，同时减小尾气排放阻力，宜设计冷凝水排水管路，排水口设置在管路中的最低点。排气管排气口均应从车身后侧伸出车外，管口朝向车辆后方。

3）氢气子系统应考虑设计泄压安全阀。如果发生氢气压力超过安全限值的情况，则泄压安全阀紧急排氢完成泄压，避免因压力过高损坏燃料电池堆和发生氢泄漏；氢系统压力异常升高时，氢系统能够通过压力泄放装置及时泄压；车辆进行维修维护时，能够通过手动泄压阀将氢气管路中的氢气进行泄放。

4）在温度驱动安全泄压装置（Thermally-Activated Pressure Relief Device，TPRD）和安全泄压装置（Pressure Relief Device，PRD）释放管路的出口处应采取必要的保护措施（例如加盖管帽），防止在使用过程中被异物堵塞，影响气体释放。与 PRD 相连的管路、通道和出口的制造材料应使用熔点高于 538℃（1000°F）的金属材料。

（3）整车氢气泄漏要求

1）车内要求。储氢系统泄漏或渗透的氢气，不应直接排到乘客舱、行李舱/货箱，或者车辆中任何有潜在火源风险的封闭空间或半封闭空间。封闭空间或半封闭空间是指车辆内有可能暴露于压缩氢气储存系统的空间和可能积聚氢气（从而产生危险）的环境空间、区域（若有），如乘客舱、行李舱、货箱或发动机舱盖下面的空间。

2）车外要求。对于 M1 类车辆，在密闭空间内进行氢泄漏试验，应满足任意时刻测得的氢气体积分数不超过 1%。

（4）整车氢气泄漏报警装置要求

1）在安装氢系统的封闭或半封闭空间上方的适当位置，至少安装一个氢气泄漏探测传感器。它能实时检测氢气的泄漏情况，并将信号传递给氢气泄漏报警装置。车内安装的氢气泄漏探测传感器的精度应高于1.0%。

2）在驾驶员容易识别的部位安装氢气泄漏报警提醒装置。当检测系统检测到氢气泄漏时，应在氢气体积分数为1.0%~3.0%区间中的某个值时设置某警报级别；且在氢气体积分数为2.0%~4.0%中的某个值处设置另一警报级别。一般处理机制是，在车辆运行过程中或启动过程中，当车内封闭空间或半封闭空间内出现氢气体积分数达到1.0%~3.0%内某个值的泄漏情况时，警报应保持亮起；当氢气体积分数达到2.0%~4.0%内某个值泄漏报警发生后，应切断氢气供应；当泄漏浓度下降到低于报警值时，只有在下次燃料电池系统启动时才能复位报警状态，取消报警。

3）当氢气泄漏探测传感器发生短路、断路等故障时，应能对驾驶员发出故障警告信号。

2.4.5　整车故障防护设计

参考中国台湾地区的相关标准，燃料电池车辆动力系统的开启应执行至少两项有意识且有区别的动作，且在车辆进入可行驶状态后，应当以持续或短暂的方式提醒驾驶员。车辆动力系统的关闭只用一个动作完成，且自动或手动关闭动力系统后，只能通过上述的启动动作进行重新启动。ISO 6469-2：2018规定，可由主开关控制动力系统的启动和停止，且如果通过主开关功能停用了燃料电池电动汽车，那么燃料电池系统可保持激活状态，以执行系统所需的某些功能。另外ISO 6469-2：2018还规定了车辆的充电、行驶、倒车、停车、REESS低SOC状态等过程的驾乘安全要求。不同状态的具体要求如下：

1）充电及加氢过程。当车辆电源电路物理连接至电源插座或车辆插接器时，或车辆加氢口连接加氢枪时，应禁止其自身动力系统引起的车辆移动。如果车辆设计成使物理连接的插头明显阻碍了用于驱动的车辆控制器的操作，则认为满足了该要求。

2）行驶过程。在行驶时，如果电驱系统配备有自动降低车辆驱动力的装置，那么在驱动力明显降低时，应提示驾驶员。

3）倒车过程。如果通过反转电机的旋转方向实现车辆向后行驶，为防止在车辆行驶时无意识地切换为反向或在正向和反向之间切换，要求在切换行驶方向时，使驾驶员采用两种单独的操作或只要求驾驶员进行一种操作，但设置安全装置使车辆静止或缓慢行驶时切换行驶方向。

4）停车过程。停车时，车辆动力系统未关闭时应提示驾驶员；当动力系统关闭后，车辆不会意外移动。

5）REESS低SOC状态。如果REESS的低SOC对车辆行驶性能有影响，则应向驾驶员指示REESS的低能量含量（例如，视觉或听觉信号）。在车辆制造商指定的低电量状态的第一个指示处，车辆应满足以下要求：

① 车辆应能够使用其自身的驱动系统将其驶出交通区域。

② 当辅助电气系统没有独立的能量存储装置时，照明系统仍应具有最小的能量储备。

6）车辆运转意外状态。当燃料电池系统、氢系统或高压电系统出现意外故障时，整车应按照故障等级和故障类型做出相应处理，如发送关机指令、限制输出功率等。

7）失效状态。燃料电池电动汽车氢系统及组件应考虑到失效安全设计。当失效时，电力驱动及燃料系统应关闭及停止能源供给。

2.4.6 整车涉水安全、起火驾乘人员安全设计

1. 涉水安全设计

为了保证车辆在涉水、清洗、雨水浸泡等环境条件下的电气安全，需要对车辆进行模拟涉水试验、模拟清洗试验和模拟浸水试验，并在试验后进行绝缘电阻检测以考核车辆是否存在高压漏电风险。

乘用车的涉水要求应符合 GB/T 18384—2020 的相应要求，其中涉水深度不应低于 100mm。

商用车的涉水及浸水要求应符合 GB 38032—2020《电动客车安全要求》的相应要求，其中涉水深度不应低于 300mm，浸水深度不应低于 500mm，并且安装在乘客舱地板以下且距地面500mm 以下的 B 级电压电气设备和与 B 级电压部件相连的插接器（充电口除外）或安装在车顶且无防护装置的 B 级电压电气设备（受电装置除外），其防护等级应不低于 IP67。

所有高压部件在装配完好的情况下，行李舱内外及乘客舱外无防护装置或距离 500mm以下的高压部件的防水等级应至少达到 IPX7，其他情况下的防水等级应至少达到 IPX5，乘客舱内高压部件的防水等级应至少达到 IPX4。

2. 防火安全设计

（1）火情预警

可充电储能系统应具备火灾检测自动报警功能，应在驾驶区给驾驶员提供声或光报警信号，且报警后 5min 内电池箱外都不能起火爆炸。

发生起火时，车载氢系统应能从储氢瓶处自动切断氢气供应。

燃料电池电动汽车应能检测燃料电池发动机和车载供氢系统的工作状态并在发现异常情形时报警，且报警后自动关闭储氢瓶处的供氢阀门。

（2）防火隔离

在可充电储能系统和车载氢系统与乘客舱之间应使用阻燃隔热材料隔离。阻燃隔热材料的燃烧性能应符合 GB 8624—2012《建筑材料及制品燃烧性能分级》中规定的 A 级要求，并且按 GB/T 10294—2008《绝热材料稳态热阻及有关特性的测定　防护热板法》进行试验，在 300℃时导热系数应小于等于 0.04W/(m·K)。

（3）阻燃设计

乘用车的材料阻燃特性应符合 GB/T 18384—2020 的要求，客车的材料阻燃特性应符合GB 38032—2020 中材料阻燃的相关要求。燃料电池系统的非金属零部件（燃料电池堆模块外壳之类的除外）的材质满足水平燃烧 HB 级和垂直燃烧 V-0 级的要求。

（4）灭火装置

对于燃料电池城市公交类车辆，可充电储能装置舱体内应配置具有高温预警及自动灭火功能的电池箱专用自动灭火装置。

（5）应急出口

车辆应有起火应急出口，且应符合 GB 7258—2017《机动车运行安全技术条件》的相应要求。

2.4.7　安全标志

（1）安全标志的总体要求

燃料电池电动汽车安全标志的颜色、色度、使用方式及图形符号应分别按照 GB 2893—2008《安全色》、GB 2894—2008《安全标志及其使用导则》和 GB/T 5465.2—2023《电气设备用图形符号　第2部分：图形符号》的规定。指令标志、警告标志、安全提示标志、消防设施标志的安全色至少占安全标志总面积的 50%。安全标志应与附加标志组合使用，也可采用多重标志，要求见 GB 30678—2014《客车用安全标志和信息符号》。安全色含义见表 2.6。

表 2.6　安全色含义

颜色类型	含义
红色	传递禁止、停止、危险或提示消防设备、设施的信息
蓝色	传递必须遵守规定的指令性信息
黄色	传递注意、警告的信息
绿色	传递安全的提示性信息

（2）整车安全标志

燃料电池电动汽车常见整车安全标志见表 2.7。

表 2.7　燃料电池电动汽车常见整车安全标志

图示	含义	说明
⚠️	注意	注意安全 此标志表示一般性潜在危险，需要注意某个部件或某一操作
EX	易燃易爆区域警告	爆炸或易燃气体氛围 此标志表示所贴部件会排放易燃气体，当接触高温、火花、火焰或摩擦时，会有爆炸的潜在危害
⏚	注意	保护导体端子（接地） 此标志表示需要为所贴部件提供接地点

（3）高压警告标志

对于 B 级电压部件，如 REESS 和燃料电池堆等，需具有高压警告标志，如图 2.14 所示。符号的底色为黄色，边框和箭头为黑色。

当移开遮栏或外壳可以露出 B 级电压带电部分时，遮栏和外壳上也应有同样的符号清晰可见。当评估是否需要此符号时，应当考虑遮栏/外壳可进入和可移开的情况；标记附近建议有明显可见的安全操作注意项目的提醒，如"电机控制器开盖要等×分钟后，测量母线电压值为安全电压后方可操作"。

图 2.14　高压警告标志

（4）B级电压电线标志

燃料电池电动汽车B级电压电路中电缆和线束的外皮应用橙色加以区别，外壳里面或遮栏后面建议也用橙色加以区别。B级电压插接器可通过与之连接的线束来区分。电线电缆标志应按照GB/T 6995.1—2008《电线电缆识别标志方法　第1部分：一般规定》五个部分标准的规定进行标志，B级电压电线标志应按照GB/T 6995.3—2008《电线电缆识别标志方法　第3部分：电线电缆识别标志》标准的规定进行标志。

（5）燃料类型标志

燃料电池车辆易见位置张贴表示氢燃料类型的图形标志，压缩氢气的标志代号为CHG（Compressed Hydrogen Gas）、液态氢的标志代号为LH$_2$，燃料类型标志如图2.15所示，标志尺寸及字体按GB/T 17676—1999《天燃气汽车和液化石油气汽车　标志》的规定。标志应清晰、醒目、防水、防腐，标志应贴在车辆醒目位置。对于燃料电池电动汽车燃料和汽车类型的具体标志，可以参考SAE J 2579：2013 *Standard for Fuel Systems in Fuel Cell and Other Hydrogen Vehicles*、SAE J 2578：2014 *Recommended Practice for General Fuel Cell Vehicle Safety* 和 SAE-J 2990-1：2016 *Gaseous Hydrogen and Fuel Cell Vehicle First and Second Responder Recommended Practice*，这三个SAE标准对各类标志进行了详细规定。我国的GB/T 24549—2009《燃料电池电动汽车　安全要求》、GB/T 26779—2021《燃料电池电动汽车加氢口》和《氢燃料电池汽车安全指南（2019版）》也有部分规定。

（6）加氢口图形标志

燃料电池电动汽车加氢舱门位置应张贴加氢口标志，标志清晰易理解，便于加氢站操作人员确定加氢口位置，如图2.16所示。

图2.15　燃料类型标志

图2.16　加氢口图形标志

本 章 小 结

本章首先介绍了燃料电池电动汽车的概念，阐述了燃料电池电动汽车的定义及其技术发展现状，介绍了燃料电池电动汽车的动力系统及其关键部件，并根据其技术特点，引出了燃料电池电动汽车特有的安全性问题。然后从燃料电池电动汽车整车的角度介绍了其通用安全性设计及测评技术。最后介绍了燃料电池电动汽车整车通用安全的一般设计准则，从失效安全、整车EMC及电气可靠性、碰撞安全、氢气排放和泄漏安全、整车人员保护、安全标志等方面详细介绍了整车通用安全的设计技术。

第 **3** 章

燃料电池电动汽车关键部件安全

燃料电池电动汽车相比于纯电动汽车的主要区别在于增加了一套以氢为能量来源的动力系统，其关键部件包括车载氢系统、燃料电池堆及其辅助系统等。因此，燃料电池电动汽车的安全问题主要集中在以上关键部件的安全问题上。本章聚焦燃料电池电动汽车关键部件的安全问题，主要介绍各系统的一般安全要求和安全设计规范，给出可以采取的安全措施，使读者对燃料电池安全问题形成更深入的认识。

3.1 车载氢系统一般安全要求

3.1.1 总则

燃料电池电动汽车车载氢系统作为燃料电池电动汽车的重要组成部分，主要的功能是实现高压氢气的加注、储存与供应。在车载氢系统设计开发过程中，应充分遵照相关国家标准，从设计开发到集成安装，均应满足如下安全要求。

1）燃料电池供氢系统应符合 GB/T 24549—2020《燃料电池电动汽车　安全要求》和 GB/T 26990—2023《燃料电池电动汽车　车载氢系统技术条件》及 GB/T 29126—2012《燃料电池电动汽车　车载氢系统　试验方法》的要求。

2）车载氢系统零部件选型时，各零部件应符合相应国标要求，并满足车载氢系统使用需求，如加氢口应满足 GB/T 26779—2021《燃料电池电动汽车加氢口》，对于常用的Ⅲ型储氢瓶，应满足 GB/T 35544—2017《车用压缩氢气铝内胆碳纤维全缠绕气瓶》等。

3）燃料电池供氢系统应满足燃料电池用氢气规模、对氢气品质的技术要求，同时应配置与整车关联可靠的监控关联系统，确保车辆使用安全。

4）车载氢系统在安装集成时，应确保安装集成人员经过相关培训和考核，严格控制装配过程中各项要求的有效实施。

5）车载氢系统集成后应进行气密和保压测试，相关电子元件应进行联调，保证功能的有效实现。根据用户要求进行相关认证性试验，如 EMC 测试、振动测试等。

3.1.2　振动与冲击

燃料电池供氢系统应具备一定的抗振动和冲击的能力，保证正常使用、运输或储存过程中产生的振动和冲击不会对供氢系统各部件产生损害。可通过安装防振设施来避免振动和撞击产生的不良影响，包括由系统自身中的单体及辅助设备所产生的以及由外部环境产生的振动和撞击。

车载氢系统设计时应根据车辆运行振动频率分析储氢瓶固定方式和系统框架结构的稳定性，可根据空间要求设计加强结构，提高车载氢系统整体结构强度；设计时应考虑电气插接器的可靠性，避免造成电气部件电线脱落或碰线，避免因振动导致短路等现象。

车载氢系统集成后，建议针对不同构型的系统进行振动试验，检验结构件、支撑件和系统管路连接的可靠性。

3.1.3　材料选择

燃料电池供氢系统由于直接或间接与氢气接触，应具有与氢气相容特性，所选材料应满足以下要求。

1）在所有的使用条件下，具有必要的化学稳定性，使用中不会发生各种形式的化学反应，以避免这些反应形成对氢气的污染。最大可能地避免发生氢脆、氢腐蚀、应力腐蚀和其他形式的腐蚀。车载氢系统中与氢气存在承压关系的零部件材料应满足与氢气的相容性要求，对非公认材料应参考 ISO 11114-4：2005《可运输气瓶-气瓶和瓶阀材料与盛装气体的相容性-第 4 部分：选择抗氢脆金属材料的试验方法》进行相关测试。

2）适应供氢系统物理环境的变化，符合各项机械性能要求，并在使用条件下保持稳定的力学性能，如安装金属框架应充分考虑低温环境下冷脆造成的强度大幅衰减问题，以及密封用 O 形圈耐温性问题。

3）非金属管道和相关配件材料满足相应标准的规定要求。

4）所选用材料满足供氢系统整体预期寿命的要求。

5）当已知所用的材料在某些条件下会发生危险时，制造商应采取各种防范措施，并向用户提供必要的信息，以最大程度的降低人身安全与健康风险。

3.1.4　电气系统

车载氢系统一般还包含氢控制器、氢浓度传感器、压力传感器、电磁阀、连接线束、插接器等电气元件，它们组成了车载氢系统的电气系统。对电气系统的一般安全要求如下：

1）该电气系统应满足 QC/T 29106—2014《汽车电线束技术条件》、QC/T 417.3—2016《车用电线束插接器　第 3 部分　单线片》、EMC 测试的相关要求。

2）供氢系统所有电气元件和接线应该在机械强度、绝缘和电流承载能力方面均满足氢气安全使用要求。线束走向等应合理布置且卡固良好，尽量避免与相邻部件摩擦。线路中宜设置过电流保护装置。

3）电气元件的材料应满足供氢系统的使用环境，在选择电绝缘材料时，应考虑材料的机械强度、电绝缘强度和热绝缘特性，即使在出现火灾和事故时也能够起到防护作用。

4）供氢系统所用电磁启闭的元件、部件应采取必要的措施，避免同其他电磁设备因电磁干扰而产生不良影响。

5）供氢系统所有电气元件的开口或插头应采取保护措施防止破损，有产生电火花危险的电气元件，应予以适当的包覆。

6）电气元件所发出的电磁波，不应对其他电气设备的功能产生持续且重大的干扰。

7）为防止电气系统使用过程中产生破损、短路，并且避免电火花等对使用者或操作人员产生的危害，线路应加以适当的保护，或在没有妨碍的位置装设防护。电源接口应避免设置在氢气入口附近，氢管路与充电高压线应相对隔离。

8）为满足不同地方的使用环境要求，供氢系统所有电气元件应满足必要的耐盐雾性能要求，具体要求应满足使用环境要求或参照相应标准要求。

9）车载供氢系统电工电子产品进行防水防尘试验时，所有电气元件防护等级不低于GB/T 4208—2017《外壳防护等级（IP 代码）》中 IP67 等级。

10）电气系统中的各零部件应满足系统使用环境温度要求，防火阻燃要求，以及自身应满足的使用要求等。

11）根据供氢系统结构特点，对电气系统及配线等进行接地防护。

12）充电口与加氢口不宜设在车身同一侧，如设置在同一侧不应处于同一舱内，且相距至少 200mm。

13）车载氢系统的安装集成过程中也应注意电气系统的安装规范，避免出现人为因素导致的功能性、耐久性、安全性等问题。

3.1.5 安装及布置

（1）车载氢系统安装布置的一般要求

车载氢系统的安装及布置首先应满足 GB/T 26990—2023《燃料电池电动汽车 车载氢系统技术条件》中 5 的描述，加氢口的布置应满足 GB/T 26990—2023 中 5 的描述。此外，还应充分参考如下建议。

1）燃料电池供氢系统安装前，应检查供氢系统单体设备、管路及附件的各种合格证、技术文件，制定安装就位方案和相关安全措施。

2）要充分考虑使用环境对供氢系统可能造成的伤害，采取必要措施，避免热源以及电器、蓄电池等可能产生电弧的部件对供氢系统的安全影响。

3）在可能发生泄漏的部位及载人车厢内，都应合理地安装氢气泄漏探测器，探测器应安装在氢气最易发生积聚的位置，一般为局部最高点，通风不好的地方。

4）车辆车身设计应减少车载氢系统不必要的承重。

5）车身应针对有可能产生氢气泄漏区域设计相应的氢气排放口。

6）车身与车载氢系统的安装应充分考虑积水排放问题，避免致使车载氢系统的电气系统长期泡水，产生安全隐患。

7）支撑和固定管路的金属零件不应直接与管路接触，需要加装非金属衬垫，但管路与支撑和固定件直接焊合或使用焊料连接的情况例外。

8）供氢系统可能产生静电的地方要可靠接地，或采取其他控制氢泄漏量及浓度的措施，以使得即使在产生静电的地方，也不至于发生安全问题。金属管路和金属连接件应可靠接地，连接处应采用金属线跨接，且适应氢气环境。

9）供氢系统应安装牢固，应避开易摩擦、易受冲击的位置，或者采取缓冲保护措施，以防止应用时发生位移或损坏。

10）供氢系统各功能总成、零部件的连接管路要牢固固定，固定点之间的间隔不大于1000mm，如总成无法固定在同一个结构体上，应确保两个不同的结构体之间的相对位移合理，必要时将储供氢总成与燃料电池系统用软管连接。

11）供氢系统安装在不能充分换气的封闭或半封闭空间（如驾驶室、载人车厢和货箱内）时，应该使用密封箱、波纹管及通气接口将瓶口阀及连接的高压接头与驾驶室、载人车厢或货箱安全隔离，通气接口排气方向应在与地面成45°圆锥的范围内，并能将泄漏气体排出车外，通气接口至排气管和其他热源距离不得小于250mm，通气总面积应不小于450mm^2。密封箱应满足如下要求。

① 密封箱的排风口位于装置最高点，且排放气体的流动方位和方向应远离人、电源和火源。排放方向满足如下要求：不应直接排到燃料电池应用装置操作室等密闭空间；不应排向容易产生静电的装置；不应排向露出的电气端子、电气开关器件及其他引火源；不应排向其他储氢容器。

② 密封箱需进行密封和排气测试。

③ 密封箱的电子接头和元件不能产生火花。

④ 密封测试时，密封箱不发生任何永久变形。

⑤ 密封盒等隔离装置应有很强的防护功能，当车辆受到冲撞时应能有效地防止气瓶冲入驾驶室、载人车厢或货箱内。

12）供氢系统安装完成后，应检查各相关尺寸、连接管线的正确性、气密性；检查电气接地的正确性和接地电阻。

13）车载氢系统在组装、运输、吊装过程中应避免系统特别是功能阀件、电气元件的磕碰，避免出现螺栓螺母的漏装、漏检，电气插接器的漏接、虚接、接地，以及静电片的漏装，卡套螺母的安装不到位等问题。

（2）车载储氢瓶的安装及布置要求

供氢系统涉及的压力容器，应符合压力容器的相关标准，安装人员应具有相关资质。任何完整的高压氢气储存容器，应包括一个连接固定装置。

储氢瓶应被可靠地固定在车上，安装气瓶的固定座应具有阻止气瓶旋转、移动的能力，固定座应便于拆装工作。气瓶安装在车上后，气瓶的强度和刚度不得下降，车架（车身）结构强度也不应受影响。储氢瓶安装方法不能严重削弱车辆结构，部件结合的部位（例如，将拉带螺栓焊到拉带上），连接点的强度不能小于任一连接件的强度。储氢瓶安装位置应使其在车辆前、后、侧向碰撞事故中均能够受到车身结构的保护。

当储氢瓶安装在车辆的外露空间时，应采取有效的防护措施，储氢瓶周围应避免有尖锐、棱角等结构的零件。储氢瓶舱体与乘客舱应保证有效的隔离，防止泄漏的氢气进入乘客舱；与氢系统无关的电气线路和气体管路接头应尽量避开储氢瓶舱室。储氢瓶安装位置应远离热源，必要时应采取隔热及保护措施。

3.1.6 使用环境

制造商应规定燃料电池供氢系统的使用条件，应包括以下因素：

1）海拔高度。

2）工作温度。

3）相对湿度。

4）储存温度。

5）使用寿命。

建议燃料电池供氢系统应能在下列环境条件下正常运行：

1）海拔高度：≤3000m。

2）环境温度：-20(-30)~50℃。

3）相对湿度：≤95%。

4）储存温度：-40~60℃。

车载氢系统应根据整车应用区域需求进行相应的环境验证性能试验。

3.1.7 功能要求

车载氢系统可以分为加氢模块、储氢模块、供氢模块和控制监测模块，车载氢系统的安全设计可以结合上述几个模块的功能进行。

（1）加氢模块

加氢模块一般包含加氢口、压力表、过滤器、单向阀等功能阀件，通过与加氢枪连接实现为车辆加注氢气的功能。为了保证加氢过程的安全可靠，应在充分考虑加氢时的温升问题、静电消除问题、气密性问题等的基础上，对加氢模块进行安全设计。一般应考虑以下建议：

1）考虑到加氢过程的温升问题，对于70MPa氢系统应配备温度监测模块。

2）加氢口周围应设计有静电接地装置。

3）为避免加氢口密闭不严导致高压管路漏气，增加单向阀。

4）为避免加氢模块连接点泄漏，在加氢模块安装舱内最高点区域安装氢浓度传感器。

（2）储氢模块

储氢模块一般包含储氢瓶、瓶口组合阀（手动阀门、电磁阀、TPRD）、限流阀、压力传感器、瓶尾安全泄放装置（TPRD）等功能阀件。

为了保证储氢模块的安全可靠，储氢瓶应满足 GB/T 35544—2017《车用压缩氢气铝内胆碳纤维全缠绕气瓶》的相关要求，瓶口组合阀、瓶尾安全泄放装置同样应满足 GB/T 35544—2017 的相关要求，当管路内的压力异常降低或流量反常增大时，限流阀能够有效自动切断储氢容器内的氢气供应，压力传感器可以通过氢控制器向整车或燃料电池控制器传递压力信息。

（3）供氢模块

供氢模块一般包含减压阀、压力传感器、安全阀、排空阀、电磁阀等功能阀件。为了保证供氢模块的安全可靠，减压阀应能保证输出压力的稳定可靠，安全阀能够实现管路压力超过一定限值后的起跳泄放功能，并在管路压力恢复正常后，可以恢复原状态。

（4）控制监测模块

控制监测模块一般是由电气系统组成的，通过氢控制器实现车载氢系统运行状态的监测，其中包括储氢瓶的开启状态、瓶内的温度、管路的压力以及氢浓度传感器测量值，还要稳定高效地控制瓶口组合阀和其他电磁阀类的开启和关闭，计算车载氢系统运行的耗氢量，对剩余氢气量进行估算，实现不同故障的识别，还要通过 CAN 总线与整车通信，将接收来的信息发送给 VCU，并接受 VCU 的指令做出相应动作。

1）余量监测。在易于观察处，设置氢气剩余量仪表。

2）实时监测。供氢系统应具有能够实时监测储氢容器或管路压力及温度的能力，相应传感器材料应能够与氢完全兼容。当氢系统检测到气瓶或管路压力超过允许最大压力或检测到气瓶温度超过最高允许温度时，应主动报警，同时关断气瓶阀停止供氢。

当氢系统检测到储氢容器压力低于安全值时，应主动关断阀件停止供氢。

（5）供氢能力

供氢系统在可用压力范围内应能够满足燃料电池系统的氢气需求。

供氢系统应有过电流保护装置或其他措施，当检测到储氢容器或管道内压力异常降低或流量异常增大时，能自动关断储氢瓶内的氢气供应。如采用过流保护阀，该阀应安装在主关断阀上或紧靠主关断阀处。

主关断阀、储氢容器的单向阀以及安全泄放装置应集成在一起，装在储氢容器端头。对于多储氢瓶系统，每个储氢瓶的端头应分别安装手动关断阀或其他装置，在加氢、排氢及维修时可根据需要单独隔断每个储氢瓶。

（6）氢气品质

根据 GB/T 37244—2018《质子交换膜燃料电池汽车用燃料　氢气》，燃料电池供氢系统供应的氢气品质应能满足表 3.1 所列要求。

表 3.1　氢气品质要求

序号	项目名称	指标
1	氢气纯度（摩尔分数）	99.97%
2	非氢气体总量	300μmol/mol
	单类杂质的最大浓度	
3	氧（O_2）	5μmol/mol
4	水（H_2O）	5μmol/mol
5	总硫含量（按 H_2S 计）	0.004μmol/mol
6	甲醛（HCHO）	0.01μmol/mol

（续）

序号	项目名称	指标
7	甲酸（HCOOH）	$0.2\mu mol/mol$
8	氨（NH_3）	$0.1\mu mol/mol$
9	一氧化碳（CO）	$0.2\mu mol/mol$
10	二氧化碳（CO_2）	$2\mu mol/mol$
11	总烃（以 CH_4 计）	$2\mu mol/mol$
12	氦（He）、氮（N_2）、氩（Ar）	$100\mu mol/mol$
13	总卤化合物（按卤离子计）	$0.05\mu mol/mol$

注：颗粒物的指标可参考 ISO 14687：2019（所有部分）的规定。

3.2　车载氢系统安全设计

3.2.1　典型高风险零部件

在本节的定义中，燃料电池电动汽车车载氢气系统具体包括氢气加注系统、氢气供应系统、氢气循环系统和废气排放系统。具体而言，主要零部件包括氢气加注口、储氢瓶、氢气供应管路、不同类型的阀门（包括储氢瓶口阀、限流阀、一级减压阀、二级减压阀、泄压安全阀）、过滤器、燃料电池堆、氢气循环泵、循环管道和排气管道，如图 3.1 所示。车载氢系统不同零部件的工作条件、布置位置、自身参数都有所不同，导致不同零部件发生安全风险的概率与后果大小也不同。因此，针对燃料电池电动汽车车载氢系统的氢泄漏风险，需要先进行典型高风险零部件的分析与选择。

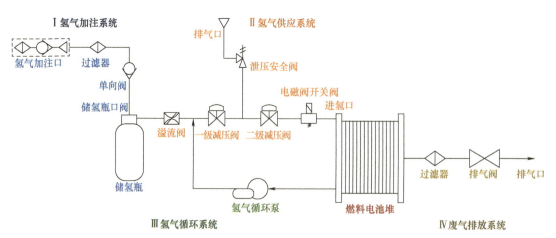

图 3.1　燃料电池电动汽车车载氢系统零部件结构

（1）加氢模块

加氢模块包括氢气加注口和高压压力表，并与加氢喷嘴、过滤器、单向阀等功能部件集成在一起。充氢模块还可以根据用户要求集成高压排气阀，用于车辆维修保养过程中气缸内的气体置换和气缸内高压氢气的主动排放。由于高压氢气储存在储罐中，在充氢和使用过程中管路连接处易发生微量泄漏，且该过程存在人员参与，需要特别注意监测与防护。然而，加氢过程涉及燃料电池电动汽车与场景之间的交互，与本节研究内容方向并不完全相符，故不做过多考虑。

（2）储氢瓶

储氢瓶通常在35MPa或70MPa的压力下储存压缩氢，并将其输送到燃料电池堆。压缩氢气储存有不同类型的储瓶：Ⅰ型（完全金属储氢瓶）、Ⅱ型（圆柱形部分由碳纤维增强聚合物（CFRP）加固的金属储氢瓶），Ⅲ型（金属内衬，完全被CFRP包裹）和Ⅳ型（聚合物内衬，完全被CFRP包裹）。目前最常用且已经商业化装车应用的储氢瓶类型为Ⅲ型储氢瓶。储氢瓶实车使用过程中如果发生氢气泄漏，由于储存在高压条件下，泄漏速度快、覆盖面积大。此外，高压氢气的快速释放会导致温度下降，严重泄漏条件下的管路温度可下降至0℃以下，这将增加储氢瓶开口密封措施失效的概率，并造成潜在的泄漏危险。因此，储氢瓶需要进行精准及时的泄漏监测，并制定较高标准的防护处置流程。

（3）氢气传输管路

氢气传输管路可以分为燃料电池进氢管路、氢气循环管路、排气管路等。设置进氢管路的目的是将高压氢气从储氢瓶中经过多个减压阀、安全阀和限流阀减压至0.15MPa左右的稳定氢气流（不同车型不同），然后将其输送至燃料电池堆的氢气入口。而氢气的二次利用和废气的最终排放过程则在氢气循环管路和排气管路中进行。氢气浓度传感器通常安装在最终排气口，以确保没有氢气排放到大气中。在车辆运行过程中，几乎没有未反应的氢气排放到大气中，并且氢气循环管路与排气管路承受的压力更小，因此本节不考虑循环管路与排气管路上的安全风险。

对于进氢管路在长期经受较高压力氢气的冲刷后会发生氢脆现象，增加了破裂的可能性。然而，管路本身结构强度足够高，实际情况中管路本身不易出现裂痕、破口等泄漏风险。因此，本节不认为氢气传输管路具备较高的泄漏安全风险。

（4）阀

如图3.1所示，车载氢气系统中的阀门包括储氢瓶口阀、多级减压阀、安全阀、单向阀、电磁阀、溢流阀等。结合工程案例调研和作者的工程经验，实车运行过程中微量氢泄漏发生较为频繁，且大都发生在处于高压状态下的阀门连接处。此外，考虑到各个阀门处的氢气压力、阀门所处的位置、阀门自身的功能，本节认为储氢瓶口阀需要承受高压且安全功能地位高；多级减压阀结构复杂且需要将高压氢气分级降低至较低压力，功能复杂；安全阀起到压力超限时的泄压作用，功能较为重要。因此，本节重点研究储氢瓶口阀、多级减压阀、安全阀和燃料电池进氢口的泄漏风险。

（5）燃料电池堆

燃料电池堆是车辆的核心动力源。燃料电池堆附近的细小零部件数量极多，空间结构复杂，本身难以监测和防护。燃料电池进氢口连接处紧靠燃料电池堆，其周围的环境温度受燃料电池系统工作产热的影响而处于较高温度状态，如果发生泄漏可能导致更严重的点火和爆炸风险。因此，本节认为燃料电池堆进氢口泄漏问题值得关注和考虑。

3.2.2　气密性安全设计

车载氢系统的气密性应至少满足国标要求，此外还应满足一定的泄漏速率或符合气泡法检测要求。建议参考国外相关标准的制定思路，将泄漏速率要求与安全扩散速率相对应，氢气在静止空气中会以大约20m/s的速度迅速扩散，在有排空扇或流动空气的情况下扩散速率会更快，如果单位空间内整车的泄漏速率可以小于等于扩散速率，那么可以根据使用区域，对存放场所的气密性提出针对性要求。

3.2.3　泄漏量要求

在1.05～1.1倍额定工作压力下，供氢系统在稳态下每小时氢气泄漏量应小于0.5%。在燃料电池系统中易发生氢气泄漏或者氢气积聚且驾驶员容易识别的部位安装氢气泄漏报警装置，泄漏浓度与警告信号的级别由制造商根据车辆的使用环境和要求决定，建议配置与传感器相应的安全联锁装置。建议当空气中氢气体积含量不低于2.0%±1.0%时，发出警告；空气中氢气体积含量不低于3.0%±1.0%时，立即关断氢供应；如果车辆装有多个供氢系统，允许仅关断有氢泄漏部分的氢供应。

泄放分为两种情况：一种是当周围环境温度达到（110±5）℃时，TPRD开启；另一种是当减压阀下游管路压力超过安全阀起跳压力时，安全阀起跳泄放。

车载氢系统使用的车用压缩氢气铝内胆碳纤维全缠绕气瓶，都是经过火烧试验认证的，但是均为单只测试。当TPRD作用时，不同储氢瓶数量组成的瓶组中TPRD泄放管路串联应有数量及通径限制，避免集中泄放造成管路破损，以致氢气未能及时排出舱体外，在相对密闭的空间内积聚，最终造成严重的后果。

安全阀泄放通径至少应满足燃料电池堆提供的安全压力下泄放需求，但极端情况下应考虑减压阀完全失效时造成的无压降情况。

3.2.4　安全措施

（1）压力保护

系统应该带有检测压力的部件，当系统检测到供氢压力低于产品规定的最低压力时，应发出报警；当系统检测到供氢压力高于产品规定的最高压力时，应发出报警，同时关断气瓶阀停止供氢。

（2）泄压装置

系统应该有泄压装置，当系统压力大于设计压力时可以及时释放压力。为便于对供氢系统的操作及维护，可根据需要安装手动泄压阀。

（3）接地性能

系统应具有接地点且应有明显的标志，接地点应用铜螺母；供氢系统外壳、所有可触及的金属零部件与接地端子间的电阻应不大于0.1Ω。

（4）防护等级

系统防护等级应符合IP67。当完成防护等级试验后，系统部件不应有损坏或故障的迹象，也不应出现水在系统任何部件中的有害聚集。

（5）氢气泄漏探测及报警

供氢系统或其安装使用位置应设置氢气泄漏浓度连续测定和报警装置。氢气浓度传感器应符合 GB 16808—2008《可燃气体报警控制器》和 GB 12358—2006《作业场所环境气体检测报警仪　通用技术要求》的要求。报警装置应能根据氢气浓度的大小发出不同等级的报警信号。氢气浓度与报警信号的级别可由供氢系统使用者根据具体的使用环境和标准要求决定。

涉及安全的气体传感器应根据 KS C IEC 61779-6：2003 的规定进行选择、安装、校对、使用和维护。

（6）安全泄压装置

供氢系统应设置安全泄压装置（Pressure Relief Device，PRD），在释放管路的出口处采取必要的保护措施，防止在使用过程中被异物堵塞，影响气体释放。通过安全泄压装置释放的氢气，不应：

1）直接排到密闭或半密闭空间。

2）排向容易产生静电的装置或空间。

3）排向露出的电气端子、电气开关器件及其他引火源。

4）排向其他储氢容器。

3.2.5　电磁兼容性

燃料电池供氢系统不得在其周围产生超过规定水平的电磁干扰。除此之外，供氢系统电气设备应对电磁干扰具有足够的抵抗能力以便在其工作环境中正常运行。供氢系统的电磁兼容性具体要求如下：供氢系统的静电放电抗扰度限制应符合 GB/T 17626.2—2018《电磁兼容　试验和测量技术　静电放电抗扰度试验》中试验等级 3 的规定。试验期间，被测样品不应损坏、故障或发生状态改变，但允许指示灯闪烁，试验后系统应能正常工作。

3.2.6　绝缘及电安全设计

参考 GB 18384—2020《电动汽车安全要求》中的间接接触防护要求、绝缘电阻监测要求、电位均衡要求、电容耦合要求设计供氢系统，以保障其电安全。

3.3　质子交换膜燃料电池堆一般安全要求

3.3.1　总则

质子交换膜燃料电池堆应在易发生腐蚀、摩擦的部位采取必要的防护措施，并对质子交换膜燃料电池堆的电压或电流、反应气和冷却液的进出口温度、压力或流量等进行监测或者计算。GB/T 20042.2—2023《质子交换膜燃料电池　第 2 部分：电池堆通用技术条件》对质子交换膜燃料电池堆安全性提出了详细要求和设计提示。在燃料电池堆设计制造过程中，燃料电池堆制造商应进行符合 GB/T 7826—2012《系统可靠性分析技术　失效模式和影响分析（FMEA）程序》、GB/T 7829—1987《故障树分析程序》和 IEC 61508-1：2018 等标准的风险评估，并根据风险评估结果进行设计，以保证所有零部件适合于预期运行的环境温度、压力、流速、电压及电流范围等条件，同时能够耐受燃料电池堆所处环境、运行过程和其他条件的不良影响。

由于质子交换膜燃料电池堆中有氢气及其他储能物质或能量（如易燃物质、加压介质、电能、机械能等），按照以下顺序为质子交换膜燃料电池堆采取通用安全措施：

1）消除质子交换膜燃料电池堆的外在隐患。

2）对上述这些能量进行被动控制（如采用防爆片、泄压阀、隔热构件等），确保能量释放时不危及周围环境。

3）对这些能量进行主动控制（如通过燃料电池中的电控装置）。在这种情况下，由控制装置故障引发的危险应逐一进行考虑。一方面，对安全部件的评价应符合 IEC 61508：2000 的规定；另一方面，可将危险告知燃料电池系统集成制造商。

4）提供适当的、与残存危险有关的安全标记。

质子交换膜燃料电池堆各组件使用的材料对工作环境应有耐受性。目前质子交换膜燃料电池典型工作温度为 75℃左右，在工作过程中，燃料电池堆内部组件要面对复杂的电化学环境，因此对耐腐蚀性有一定要求。此外，在车载环境下，燃料电池堆还将面对振动、冲击、灰尘、雨淋、环境温度大幅度变化等不利条件，这都可能对燃料电池堆安全造成不利影响，应充分考虑这些不利因素，并对燃料电池堆进行适当保护。

质子交换膜燃料电池的主要结构包括质子交换膜，两侧的多孔电极催化剂层和气体扩散层，以及外侧构成气体传输通道和电子导体的极板。此外，质子交换膜燃料电池堆两侧由端板为电池提供堆叠压力。质子交换膜燃料电池堆由多个质子交换膜燃料电池单体电池串联而成，其结构如图 3.2 所示。

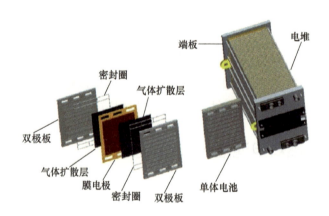

图 3.2　质子交换膜燃料电池堆结构

3.3.2　关键部件及安全影响因素

（1）质子交换膜

质子交换膜是 PEMFC 的核心部件之一，质子交换膜是由可以传导质子的固态聚合物制成厚度仅为 10μm 左右的薄膜，用于分隔氢气和氧气，只允许结合水和质子在阳极侧和阴极侧之间移动，即水传输和质子传导。

质子交换膜损伤的主要原因有机械损伤、热降解、化学降解等，其材料要具有足够的电化学稳定性、热稳定性和一定的机械稳定性，保证燃料电池在工作过程中能够耐受气流冲击、电流冲击和自由基攻击而不发生降解，保证燃料电池内部不会发生气体窜漏、短路等危险。

具体来讲，阴极发生的氧气还原反应，容易生成过氧类自由基，因此质子交换膜应具有优异的化学稳定性，以保证燃料电池的寿命。若氢气和氧气同时出现在同一侧电极的催化剂上，其反应所释放的化学能只以热量形式释放出来，由此形成大量放热，导致燃料电池堆温度急剧上升，当质子交换膜的局部温度超过其耐受极限，就会出现局部破洞烧穿，进一步导致更多的氢氧混合，从而发生燃料电池堆热失控的危险。此外，无论在干燥或水饱和的状态下，质子交换膜都应具有一定的机械强度，在组装和使用时不会破裂，以保证使用安全和使用寿命。

质子交换膜的评价指标包括质子传导率、离子交换当量、拉伸强度、透气率、吸水率、溶胀率等材料属性以及厚度和均匀性等成品参数。GB/T 20042.3—2022《质子交换膜燃料电池　第 3 部分：质子交换膜测试方法》详细说明了上述参数及其测试方法。上述关键参数对质子交换膜的性能及安全性有重要影响，下面以透气率为例进行详细说明。

氢气分子极小，具有很强的渗透能力，厚度仅为 10μm 量级的质子交换膜实际上并不能把氢气完全隔离。实际上，氢气可以直接渗透穿过质子交换膜，该过程可等效为部分质子携带电子穿过质子交换膜，其中电子的电荷移动可等效为一额外电流，称为渗氢电流。渗氢电流相关信息详见膜电极（Membrane Electrode Assembly，MEA）的介绍。

此外，在厚度仅为 10μm 量级的质子交换膜制备过程中，由于气泡、粉尘等其他不良因素无法完全避免，质子交换膜必然存在微小的穿孔。氢气从阳极侧经该微小穿孔窜漏至阴极侧，会发生前述的放热反应。微小穿孔窜漏表现为透气率的显著增大，而窜漏导致发热量超过阈值，将发生前面所述的热失控危险。因此，严格限制质子交换膜透气率上限，避免微小穿孔窜漏过大，是避免热失控危险的重要保障。对于车用质子交换膜燃料电池堆所采用的质子交换膜，其透气率上限建议为 $0.14 \text{mL}/(\text{min} \cdot \text{cm}^2)$，气体体积标准状态为 0℃，1atm（101.325kPa）。

氢氧分隔是质子交换膜的基本要求，在使用过程中，氢氧分隔失效是影响燃料电池堆寿命和安全性的主要失效模式之一。从氢氧分隔失效这一失效模式来追溯其起因，如图 3.3 所示。可见，可能导致氢氧分隔失效的关键材料属性包括材料机械强度、玻璃化转变温度和透气率。此外，厚度及其均匀性也对氢氧分隔失效有显著影响。

（2）膜电极

膜电极（MEA）是燃料电池中最重要的部分，有燃料电池"心脏"之称，是电化学反应发生的场所，提高膜电极性能能够有效提高燃料电池单体的性能。MEA 主要由质子交换膜（Proton Exchange Membrance，PEM）、气体扩散层（Gas Diffusion Layer，GDL）、催化剂层（Catalyst Layer，CL）三部分组成，其在质子交换膜阳极和阴极两侧分别布置多孔电极催化剂层和气体扩散层，通过热压或贴合而成。为了方便质子交换膜燃料电池堆的堆叠组装工艺批量化高效进行，膜电极组件 MEA 通常还包括外侧的边框。边框具有一定的厚度和强度，

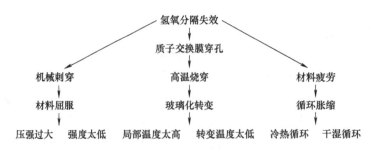

图 3.3 质子交换膜氢氧分隔失效原因树状图

以便与极板之间通过密封垫圈等形式实现密封，将氢气、空气、冷却剂与燃料电池堆外部环境相互隔离。密封垫圈可布置在膜电极组件边框上，也可布置在极板上。

膜电极组件的评价指标和测试方法标准在 GB/T 20042.5—2009《质子交换膜燃料电池 第5部分：膜电极测试方法》中均有详细说明。其中，渗氢电流密度是氢气窜漏的重要评价指标。GB/Z 27753—2011《质子交换膜燃料电池膜电池工况适应性测试方法》中规定，当渗氢电流密度不小于 $20mA/cm^2$ 时，应停止膜电极组合循环工况试验。

膜电极组件的失效主要包括两侧电极短路、氢气窜漏、气体泄漏、冷却液泄漏等。其中，两侧电极短路是指碳纤维或导电碳粉颗粒等电子导体穿透质子交换膜，直接连通了阳极和阴极两侧多孔电极催化剂层之间的电子通道，形成短路，继而发生燃料电池堆热失控的危险。而氢气窜漏则是质子交换膜由于受压损伤等原因，微小穿孔扩大，氢气窜漏量增大，也存在发生燃料电池堆热失控的危险。随着电化学反应的进行，膜电极中质子交换膜和催化剂都会发生不同程度的老化，同时，催化剂流失进入膜内会加剧质子交换膜的降解，以上都会导致氢气和氧气的窜漏。电极短路和氢气窜漏虽然根本机理不同，但在质子交换膜受损穿孔后发生燃料电池堆热失控危险的过程中，具有相辅相成的关系，是燃料电池制造商在设计制造过程中必须避免的失效形式。膜电极的损伤或损坏轻则造成燃料电池堆性能下降，重则造成窜气、气体泄漏，发生危险。

除了发生电化学反应的中间流场部分，设计不合理的外围边框也有可能导致膜电极组件中的质子交换膜损伤。由于质子交换膜厚度仅为 $10\mu m$ 量级，其材料机械强度也低于边框材料，其结构强度远小于边框，因此质子交换膜与边框结构相连处会发生应力集中。质子交换膜燃料电池使用过程中，两侧氢气和空气压力会因为载荷和工况的变化而发生变化，其压力差变化会导致质子交换膜发生弯折变形，同时温度变化导致的热膨胀以及湿度变化导致的溶胀也均会导致质子交换膜发生张力变化。这些弯折变形和张力变化会因应力集中而损伤质子交换膜与外围边框连接处。

可行的解决方案包括通过运行控制策略减少质子交换膜两侧压差变化，以及通过材料选型改进降低质子交换膜热膨胀和溶胀。此外，也可通过合理设计减少质子交换膜与边框连接区域处的结构强度突变，如通过胶粘连接，并合理控制过渡胶层的厚度，以减少该处应力集中。此外，在膜电极制备过程中，过高的温度和过大的压紧力容易引起质子交换膜的损伤，造成氢气和氧气的窜漏，产生危险。因此，应该根据膜、催化层、扩散层等的材质及厚度严格控制操作条件。

（3）气体扩散层

气体扩散层（GDL）的主要功能是极板与多孔电极催化剂层之间的连接匹配。气体扩散层由基底层和微孔层两部分组成，基底层通常使用多孔的碳纸、碳布制成，其厚度约为 $40 \sim 100 \mu m$，主要作用是支撑微孔层和催化层，并为氢气扩散、电子和反应生成水排出提供通道。微孔层通常是为了改善基底层的孔隙结构而在其表面制作的一层碳粉层，厚度约为 $10 \sim 100 \mu m$，其主要作用是为了降低催化层和基底层之间的接触电阻，使气体和水发生再分配，防止电极催化层"水淹"，同时防止催化层在制备的过程中渗漏到基底层。

气体扩散层的评价指标包括垂直和平面方向的电导率、导热系数、透气率、孔隙率、拉伸强度、抗弯强度、压缩特性、面密度、表观密度、表面粗糙度、厚度及其均匀性等。GB/T 20042.7—2014 对上述参数进行了详细说明，并提供了相应的测试标准。

由于碳纸和碳布中的碳纤维有可能透过多孔电极催化剂层，刺穿质子交换膜导致短路和氢气窜漏危险，目前气体扩散层会在靠近多孔电极催化剂层一侧，再喷涂一层以导电碳粉和聚四氟乙烯为主要成分的微孔层，降低其表面粗糙度和刺穿损伤质子交换膜的风险。此外，微孔层中的孔隙与碳粉颗粒尺寸介于碳纸、碳布和多孔电极催化剂层之间，进一步降低了界面两侧通道的尺寸量级差异，提升了气体传输和电荷传导的效果。

气体扩散层对质子交换膜的损伤形式主要是纤维刺穿。因此，表面粗糙度和厚度及其均匀性是气体扩散层影响质子交换膜燃料电池安全性能的主要参数。燃料电池制造商应避免采用表面存在纤维断口的气体扩散层，如具有断裂界面的碳纸。微孔层表面应该光滑而完整，若存在肉眼可见的裂纹或裂缝，也有可能损伤质子交换膜而导致穿孔窜漏，必须避免使用。此外，气体扩散层在生产制造时需要避免存在较长的毛刺，避免在与质子交换膜热压的时候刺破质子交换膜，导致气体窜漏引发危险。

（4）极板

燃料电池极板是燃料电池的核心零部件，是在燃料电池堆中用于收集电流、分隔氢气和空气并引导氢气和空气在电池内气体扩散层表面流动的导电隔板，它主要起到机械支撑、物料分配、热量传递以及电子传导的作用。

极板的评价指标主要有腐蚀电流密度、接触电阻、体电阻率、透气率、抗弯强度等材料参数，以及部件平面度、厚度均匀性等零件参数。GB/T 20042.6—2024 对上述参数提供了详细的测试标准。

目前商业化燃料电池极板材料主要分为石墨极板、复合极板和金属极板三大类。石墨极板拥有优异的化学稳定性与导电性，一般以机械铣削工艺在石墨板表面加工气体流道和冷却液流道，但是其具有孔隙率高导致氢气渗透、机械强度低导致不耐振动冲击、加工困难等技术缺点，同时，石墨极板难以减薄，导致燃料电池堆功率密度提升困难。对于石墨极板，重点关注的参数主要是透气率和抗弯强度。

复合极板分为结构复合极板和材料复合极板。结构复合极板是以金属薄板或其他高强度、高致密性导电板作为分隔板，以膨胀石墨、金属网等材料作为流场板复合而成，具有致密性高、重量轻、耐腐蚀的优点。材料复合极板是基于石墨和聚合物（如聚丙烯、聚苯硫醚、酚醛树脂、乙烯基酯树脂、环氧树脂等）开发的新型极板，其质量更轻，力学性能更好，更易加工，但聚合物的加入牺牲了部分导电性。

金属极板机械强度高、体积小、导电性好、易加工，在制造过程中，薄金属冲压成型技术和表面处理技术是难度最高的两个工艺。采用金属材料制造极板，没有氢气渗透和不耐振动冲击等问题，而且可以采用成熟的金属薄板成型及焊接工艺。对于金属极板，重点关注的参数主要是腐蚀电流密度和接触电阻。

极板要求高电导率、高导热率和高强度，保证全生命周期燃料电池的安全性。极板表面的金属粉尘、油含量、达因值等关键指标要有效控制。对于金属极板而言，其表面处理可以有效改善材料的耐腐蚀性和寿命，减少燃料电池在工作中的酸和水气腐蚀问题。

此外，部件平面度和厚度均匀性是无论石墨极板还是金属极板都必须重视的参数。由于质子交换膜燃料电池堆是由质子交换膜组件和极板交替堆叠，两侧由端板压紧组装而成，串联的质子交换膜组件和极板所受压力是相同的，而质子交换膜的材料强度均低于金属极板和石墨板，若极板的平面度和厚度均匀性较差，则极板翘曲厉害或者厚度较大的位置，其压紧区域上的压力就有可能超出质子交换膜的可承受范围，导致质子交换膜损伤破洞，进而发生燃料电池堆热失控的危险；极板翘曲较小或者厚度较小的位置，其压紧区域上就可能因压力降低而使极板和气体扩散层之间接触电阻上升，降低该处的反应效率。为保证质子交换膜燃料电池堆的输出性能和安全性能，车用电池堆极板的平面度不大于 $10\mu m$，相对厚度不大于 $0.1\mu m$。

（5）端板

端板是将多个质子交换膜燃料电池堆叠串联起来后，在两侧为电池堆提供装配夹紧力的部件，其上需要布置氢气、空气和冷却液的进出管道接口，以及拉杆和螺杆等提供装配夹紧力的部件连接处。

质子交换膜燃料电池堆端板需要一定的强度和良好的绝缘性。车用质子交换膜燃料电池堆体积大，较大的装配压力和紧凑的空间布局，决定了其端板需要有较高的机械强度，而且车用环境还要求其具有较高的振动冲击耐受能力。串联结构的燃料电池堆芯两侧的电流引出结构称为集流板，两端集流板之间的电压即为燃料电池堆的输出电压，为避免燃料电池堆端板引发堆芯两侧集流板短路，集流板和端板之间一般设置有绝缘结构。

端板作为燃料电池堆装紧压力的主要施加部件，同时布置有电池堆中的气体和冷却液进出管道，而且为了进一步提高系统紧凑性，可能会把循环泵、喷射器等零件集成在内，设计时需要保持紧凑的体积和降低重量。为保证在整车使用寿命内的燃料电池堆安全性，车用质子交换膜燃料电池堆制造商必须对端板设计进行机械强度、冷热循环、振动冲击、疲劳寿命等的分析校核。

质子交换膜燃料电池堆端板一般使用金属、环氧树脂、玻璃纤维板和聚酯纤维板，端板上设置有集流板负责将电流导出电池，还设置了弹簧和弹簧盖板，通过弹簧和弹簧盖板，将燃料电池堆的紧固力控制在一定范围内。多级燃料电池堆通常使用螺栓或钢带等封装件进行封装，封装力通过端板传递到内部，使内部各组件受压紧密贴合，紧密贴合的接触面产生摩擦力从而限制内部组件的相对运动，同时降低了各组件间的接触电阻。

在封装力作用下，组件之间的接触压力分布不均匀是难以避免的，由于压力不均匀而导致的密封件部分区域压力过低会使气体泄漏的可能性增加，在 MEA 部分，过低的接触压力还会导致接触电阻上升，燃料电池堆发电效率下降；而部分区域的过高压力也会造成接触电阻上升、物质传输受阻和局部温度升高等不利影响，甚至可能导致组件发生局部破坏。因此，大部分燃料电池端板使用铝合金、不锈钢、钛合金等高强度金属或工程塑料等材料，通过绝缘板将端板及外部辅件同内部集流板及单体电池隔绝开来，以防止短路。部分燃料电池堆端板外侧还安装有弹性部件（如弹簧或碟簧等）以及固定弹性部件的盖板，以控制封装力波动范围，并使封装力分配均匀。端板要经过严格的试验设计和优化验证，保证燃料电池堆内部压力分布均匀性在合理的范围内。

另外，端板还需进行强度测试，保证振动冲击条件下的可靠性和安全性。燃料电池堆在工作时温度较高，需要保证端板在较高温度下的稳定性并控制形变。

3.4 质子交换膜燃料电池堆安全设计

质子交换膜燃料电池堆的安全性能从设计开始就必须予以充分考虑。GB/T 20042.2—2023 对质子交换膜燃料电池堆提出了通用性的安全要求。此外，最新的设计指导内容可参考 IEC 62282-2-2：2020EN-FR。

由于燃料电池堆中有易燃和加压的氢气，以及经过压缩参与化学反应的氧气，输出电能的功率规格达到几十至上百千瓦，且其结构包含多种零件，燃料电池制造商可按照 IEC 60812：2018 和 SAE J 1739：2009 所述失效模式影响分析或 IEC 61025：2006 所述故障树分析，对燃料电池堆进行详细的风险分析。

首先，需识别燃料电池堆预期寿命内所有合理可预见的危险情况，常见危险见表 3.2。所有危险都要同时评估其发生的可能性和可预见的影响严重性。

表 3.2 燃料电池堆预期寿命内的常见危险

序号	危险类型	具体危险情况
1	机械危险	尖角、锐边和粗糙表面等伤害危险 倾翻或碰撞等危险 重力或弹力等作用下的零件位移 零件在受控或非受控运动中的动能 机械强度不足 压力流体的喷射或真空
2	电气危险	人与带电部件接触的直接触电 人与故障条件下会带电部件接触的间接触电 人接近高电压的带电部件 静电现象 电磁现象 短路和过载造成的热效应和化学效应 熔融物 使用不相容物质而发生电解腐蚀 不合适的连接方式 电能储存

（续）

序号	危险类型	具体危险情况
3	高温危险	人与高温表面接触 高温流体释放 热疲劳 温度过高的不安全运行
4	材料物质危险	由于接触或吸入有害流体、气体、烟雾和粉尘而造成的危害 可燃流体泄漏导致的燃烧和爆炸危险 内部可燃混合物导致的燃烧和爆炸危险 可爆炸性液体、气体、固体导致的火灾 由于材料腐蚀或者结垢累积造成的危险 导致污染的物质 窒息性物质 自燃性物质
5	故障危险	由故障或者软件控制逻辑不适宜而造成的不安全运行 由于控制电路或保护、安全电路故障引起的不安全运行 因停电造成的不安全运行
6	错误人为干预造成的危险	不正确操作所造成的危险 由制造、装配、安装失误造成的危险 维护失误导致的危险 故意破坏行为导致的危险
7	环境影响	在极热、极寒环境下的不安全运行 雨、洪水 风 地震 外部火灾 烟雾 积雪、结冰 害虫
8	污染物	大气污染 水污染 泥土污染

针对上述各项危险，燃料电池制造商应按照如下顺序为燃料电池设计相应的安全措施：

1）在燃料电池内部化学能、电能、机械能、热能等能量尚未释放时，首先消除燃料电池堆以外的隐患，以避免电池堆能量释放触发燃料电池堆外部的隐患。

2）采用防爆片、泄压阀、隔热构件等被动方式控制燃料电池内部化学能、电能、机械能、热能等能量的释放，并确保能量释放时不危及周围环境。

3）采用电控装置等主动方式控制燃料电池内部化学能、电能、机械能、热能等能量的释放，所用主动控制装置故障引发的危险应逐一加以考虑。

4）将未能消除的危险告知燃料电池系统集成商，或提供与危险相关的安全标记。

3.4.1 散热设计

燃料电池堆中的热量来源有以下 4 个：

1）由于电池的不可逆性而产生的化学反应热。

2）由于欧姆极化而产生的焦耳热。

3）加湿气体带入的热量。

4）吸收环境辐射热量。

燃料电池堆在大功率放电时，其内部会产生大量的热，根据实际输出功率变化，车用质子交换膜燃料电池堆的发热功率约占燃料总化学能的 30%～50%，也达到几十至上百千瓦，上述发热会导致燃料电池堆温度升高，易引起安全问题。因此，为确保质子交换膜燃料电池堆的安全，应该提供燃料电池堆温度的监控措施，监控点的位置由电池堆制造商规定并向燃料电池系统制造商加以说明，在用其他方法对燃料电池堆提供安全运行保障的情况下，这些方法必须具有和对温度监控等效的安全保障能力。

有 3 种方式可以从电池堆带走热量，分别是由电池排出的尾气、燃料电池堆的辐射和循环冷却水。不同于由废气排放带走大量热量的传统内燃式发动机，质子交换膜燃料电池堆由于工作温度相对较低，废气带走的热量相对较少，一般通过排气的散热和通过辐射散热只占总散热量的 5% 左右。因此，需要使用热容量较高的液体冷却剂进行散热，以稳定燃料电池堆温度。

燃料电池堆大部分热量通过加入冷却剂（乙二醇、去离子水等）来带走，同时要求双极板也必须是热的良导体，以确保电池运行时温度分布均匀并及时排出废热。堆叠组装结构的质子交换膜燃料电池，一般采用一层冷却流场承担一到两片燃料电池的配置，既可以布置在由两片极板组成的双极板中间，也可以布置在两个电池单元之间，如图 3.4 所示。

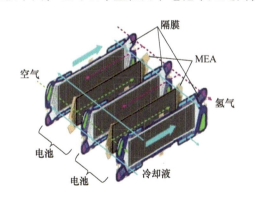

图 3.4　质子交换膜燃料电池堆散热结构设计示意图

燃料电池堆在结构设计时，要模拟分析电池内部热量分布、热扩散路径和传递速度，以验证优化冷却液流量和温度，保证燃料电池堆产生的热量能够及时高效地排出燃料电池堆，从而使燃料电池堆的温度控制在合理的范围内。

燃料电池的整个活性面积均在输出电能的同时散发热量，若冷却液流场设计不佳导致活性面积内温度分布不均匀，则局部高温会缩短质子交换膜的使用寿命和降低燃料电池堆的安全性能。所以，良好的冷却液流场设计，首先要避免活性面积内部温度差异过大，避免局部热点形成，避免活性面积边沿和角落出现冷却液流量不足。

若冷却液中夹杂有较多气泡，气泡进入燃料电池内部流场，则有可能由于密度差异，被冷却液挤到一些倒扣形空腔而无法排出，或者由于张力差异被困于活性面积对应的冷却液流场区域中间。由于气泡热容量远低于冷却液且无法移动带走热量，这些冷却液流场中无法移动的气泡会导致局部热点损伤质子交换膜。因此，冷却液流场的设计应避免冷却液带入气泡，避免困住气泡使其无法移动，并促进冷却液流场排出气泡。

由于燃料电池堆可由数百片燃料电池串联堆叠而成，冷却液通过燃料电池堆的公共管道，平行进入各个燃料电池，平行排出，汇集到燃料电池堆的另一个公共管道，再排出到燃料电池堆外部。燃料电池制造商应考虑冷却液加注、循环和排出的方式，设计冷却液排出方式与排出结构，减少电池堆内部冷却液流场的气泡残留。

所有安装有输送易燃气体的塑料或橡胶管件的腔室，都应防止可能出现的过热。如有这种过热的可能性时，应告知燃料电池系统集成商这一部位允许的最高温度，以便他们提供一个控制系统，在腔室温度比输送燃料管件所用材料的最低热变形温度下限尚低 10℃ 时，即切断燃料输入。

在考虑冷却液散热能力的同时，由于冷却液与质子交换膜燃料电池堆各片极板均有较大的接触面积，而且车用质子交换膜燃料电池输出电压达到上百伏，冷却液还必须具有足够的绝缘能力，减少燃料电池堆通过冷却液的漏电损耗，并减少电池堆正极侧的极板表面电化学腐蚀。

3.4.2　密封设计

密封的主要作用是保障燃料电池堆在运行过程中的操作压力下，各腔室流体的隔绝以及外部密封。高温高压的氢气和空气泄漏会导致高温、机械和燃烧爆炸等危险。冷却液泄漏则会导致冷却液减少，从而引发燃料电池堆散热不足、温度过高的不安全运行。良好的密封性能是质子交换膜燃料电池堆安全运行的保障之一。一台燃料电池堆常有几十个甚至数百个密封面或密封部位，密封面又分为一次性密封面和活动性密封面。

在现阶段，基于多片燃料电池堆叠组装而成的燃料电池堆结构，极板、膜电极组件之间相对固定，其密封为低压静密封。低压静密封主要有直接接触密封、垫密封和胶密封三类。若使用直接接触密封，由于氢气分子极小，表面粗糙度较大的金属极板和石墨极板无法避免氢气泄漏，质子交换膜燃料电池堆一般采用垫密封或胶密封。此外，金属极板之间可以通过连续缝焊实现类似于胶密封的效果，可用于冷却液流场边沿密封，避免冷却液向外泄漏。胶密封无法拆解，一般用于无须拆解的零件，如单独封装的燃料电池单元或双极板。垫密封便于拆解，一般用于有拆装检修需求的结构，如堆叠结构燃料电池堆的非胶粘组装。

质子交换膜燃料电池堆对于密封有着很高的要求，不允许有任何泄漏。良好的质子交换膜燃料电池密封设计，首要功能是保证流体的密封，但从燃料电池堆整体运行可靠和安全性能出发，还需要注意以下几点：

1) 压强和压力分布均匀性，即密封材料的压力在整体上分布均匀，不会有压力太高或者压力太低的局部区域。

2）受压变形后的横向稳定性，即密封材料纵向受压的时候，不会有横向平移、剪切和侧翻等趋势，同时对外部横向作用力具有抵抗能力。

3）由于弹性材料在燃料电池堆预期使用寿命内受压发生蠕变，应避免由此导致的燃料电池堆整体压缩量变化，因此，宜采用压缩量控制而非装配压力控制。

为达到较好的密封效果，燃料电池制造商应从材料选型、结构设计、制造工艺等方面保证密封设计能够承受电池堆预期使用寿命中的温度、压力、湿度、腐蚀、积垢、老化、蠕变、启停、运行、工况变化、振动、冲击等作用。应考察密封垫、密封胶、底涂料等材料与极板材料、质子交换膜组件材料及冷却液的相容性。分析计算密封结构在工况循环、冷热循环、振动冲击下的密封性能变化，保证预期使用寿命内的密封可靠性和电池堆安全性。

对密封结构的基本要求是密封性能好、安全可靠、寿命长，并且要力求紧凑、系统简单、制造维修方便、成本低廉。由于大多数密封件是易损件，还应该保证互换性，实现标准化、系列化。

密封材料应该满足密封功能的要求，由于被密封的介质不同，以及设备的工作条件不同，要求密封材料具有不同的适用性。对密封材料的一般要求是：

1）材料的致密性好，不易泄漏介质。

2）有适当的机械强度和硬度。

3）压缩性和回弹性好，永久变形小。

4）高温下不软化、不分解，低温下不硬化、不脆裂。

5）抗腐蚀性能好，在酸、碱、油等介质中能长期工作，其体积和硬度变化小，且不黏附在密封面上。

6）摩擦系数小，耐磨性能好，具有与密封面结合的柔软性。

7）耐老化性能好，经久耐用。

8）加工制造方便，价格便宜，取材容易。

虽然几乎没有材料可以完全满足上述要求，但是具有优异密封性能的材料一般能够满足上述的大部分要求。另外，相比极板所用的金属和石墨材料，密封垫和密封胶所用弹性材料的刚度更低，在堆叠结构中受压变形较大，对燃料电池堆装配精度和结构稳定性影响较大。同时，由于密封胶线在燃料电池堆组装应力及较高温度下变形较大，压缩永久形变会变差，在燃料电池运行环境下会缓慢降解，为了在燃料电池堆全生命周期内保证密封的可靠性，需要考虑密封圈的耐温、耐压、耐自由基和耐攻击等特性。

极板与膜电极之间的活化区域密封一般采用硅橡胶、氟硅橡胶、三元乙丙橡胶（EPDM）、聚异戊二丁烯（PIB）、氯丁橡胶和丁腈橡胶等高弹体材料。最常用的是采用密封圈密封，通常在双极板上开设一定形状的密封槽并放置密封圈，在双极板两侧施加一定的封装力使密封圈变形，实现可靠的接触密封。还有预制成型（密封垫片）密封方式，是指在双极板上安装橡胶密封垫片并与膜电极组边框进行挤压密封。

对于燃料电池单体的串联，因为氢气反应纯度要求极高，所以也需要密封设计：

1）氢气进气口密封，主要是各单体之间有一定孔隙，因此在各单体氢气入口与出口处都要加密封圈。

2）单体氢气通道外侧，因为氢气通道与膜电极之间也存在孔隙，所以此处也应有密封措施。

在氢气进气口与通道线接处装有铜片，除了为单体提供氢气，主要还为通道密封圈提供支撑点，防止单体间相互挤压而堵塞通气口，而且还能达到很好的密封效果。

活化区域密封件的主要功能是防止气体、冷却液从极板和膜电极的边沿泄漏出去，造成易燃气体泄漏，因此需要在极板和膜电极上设计密封结构，同时需要设计密封胶线。减少密封圈的压缩率通常有助于延长密封圈寿命。为了增加密封圈在低压缩率条件下的密封压力，密封圈应尽可能减少横向移动的趋势。

除此以外，还有单体电池内部 MEA 各层间的密封、接头密封、封装外壳的防水防尘等。由于 MEA 需要安装边框，可直接采用橡胶硫化边框，同时实现边框与密封两种功能，有效提高生产效率，降低成本。由于密封边框与 MEA 是一体成型的，省去了装配黏合塑料边框的步骤；同时，边框通过精确的硫化成型，可以与两侧的双极板配合，形成密封。

3.4.3　绝缘设计

质子交换膜燃料电池堆在组装完成后，当燃料电池堆在向外输出电能时，一旦有导电物体接触极板，就会导致导电物体带电，导致高电压的泄漏，甚至引起燃料电池堆的短路，从而导致高温、人员触电、电火花触发爆炸起火等危险；同时还会降低燃料电池堆的实际输出功率，产生副反应和副产物，影响电池堆的可靠性和安全性。

车用质子交换膜燃料电池堆芯高压电泄漏主要有三类途径。

（1）固体结构连接

例如，集流板与端板之间的绝缘结构绝缘性不足，导致电压经过端板传递到燃料电池堆外部，需要从绝缘结构的材质、界面、尺寸、间距等方面改进其绝缘性。端板表面绝缘层由于机械损伤或电化学腐蚀而破损，需要避免端板的保护性表面与腐蚀性物质、不相容材料、水汽、污水等的接触，与端板连接的燃料电池堆外壳应作为最低电位，并对其进行合适的电化学保护；金属螺杆、金属拉杆或者金属外壳等部件与金属端板的直接接触机械连接，同时也是电气连接，受端板影响而同时漏电，需要增加绝缘套、绝缘垫片等防漏电措施；金属螺杆、金属拉杆或者金属外壳等部件与燃料电池堆芯之间若距离太近，有可能在振动冲击或热变形等影响下与燃料电池堆芯发生接触短路，损伤燃料电池堆芯，产生电火花、电磁干扰等，需要在堆芯和金属螺杆、金属拉杆或者金属外壳等部件之间保持足够的电气间距，建议使用绝缘垫片隔离或者极板外围包胶、包塑等方式进行绝缘保护。

（2）含水流体连接

例如，阳极和阴极的排气含水或者加湿进气含水，在燃料电池堆芯和端板的进排气口之间积聚和连通，由于内含杂质而带有较高导电性，导致端板带电，需要对燃料电池堆芯或端板的进排气口内壁做包胶、包塑、镀绝缘膜等绝缘处理，在端板的气体进出口内侧设计绝缘防水密封结构，避免端板金属材料与阳极和阴极的进排气接触，或者通过其他方式减少公共管道内的积水。

若燃料电池堆冷却液冷绝缘性能降低，电导率提升，堆芯电压则有可能通过冷却液传递到端板，同样导致端板带电。因此，建议对冷却液进出口内侧设计绝缘防水密封结构，定期检测冷却液的电导率等。

（3）其他影响因素

例如，燃料电池堆外壳内部空腔残余水汽导致绝缘性能降低，建议通过内腔通风干燥来解决；灰尘、积水、污渍等沉积在堆芯表面，形成了导通路径而导致局部短路，建议通过燃料电池堆芯外壳防护或者极板边沿进行包胶、包塑、镀绝缘膜等绝缘处理。

可见，燃料电池堆带电部分和不带电部分之间的所有绝缘结构设计，都应符合电气绝缘结构有关标准的相应要求。不带电金属零部件应与公共接地点相连；用于危险区域内的塑料或橡胶材料应该是能导电的，除非设计上能做到避免静电电荷累积；燃料电池堆封装材料必须具有较强绝缘性和高可靠性，保证在燃料电池堆在生命周期内不会脱落或失效；封装外壳应同电平台连接，确保不会引起静电而发生危险；封装外形尺寸应设计与燃料电池堆和端板空间匹配，要对各个方向尺寸开展公差分析，同时保证封装材料在装配时不被损坏导致极板或膜电极的裸露。

3.4.4　其他零部件设计

质子交换膜燃料电池堆所有零部件还应满足以下要求：

1）适合于预期使用时的温度、压力、流速、电压及电流范围。

2）在预期使用中能耐受燃料电池堆所处环境的各种作用、各种运行过程和其他条件的不良影响。

3）处于爆炸性环境中的零部件应满足 GB/T 5169.5—2020 规定的 FV0，FV1 或 FV2 的阻燃材料制造。

4）燃料电池模块采用的材料的质量和厚度，配件、终端及各部件集成方法，应在合理寿命时间内及正常安装和适用条件下，其结构和运行特性不会发生明显的改变。燃料电池模块所有零部件应能够适应终端用户产品正常使用可能的机械、化学和热力学等条件。

3.5　燃料电池辅助系统一般安全要求

3.5.1　总则

质子交换膜燃料电池系统的设计和制造应充分考虑在正常或非正常使用过程中可能遇到的各种故障或事故导致的安全风险，采取相应的处理措施加以避免，并参照 GB/T 7826—2012 进行相应的风险评估，以及可靠性分析。对无法避免的安全风险，应提供安全提示标志和处理说明，声、光等警示以及自动和/或手动处理措施。

质子交换膜燃料电池系统的可接触部件不得具有可能造成人身伤害的尖利的边、角和粗糙表面；若无法避免，则制造商应设计相关的警示标志。

质子交换膜燃料电池系统的各个部件及其连接件在正常使用过程中，应能避免可能导致危害其安全性能的失稳、变形、断裂或磨损。

质子交换膜燃料电池系统的制造商应采取措施避免因接触或靠近质子交换膜燃料电池系统温度较高的部件而带来的危害。

当管道内含有爆炸性、可燃性或有毒流体时，在设计过程中应采取适当的预防措施，并对取样点与出口处进行标志。

燃料电子系统主要包括空气供应子系统、氢气供应子系统、热管理系统和功率调节系统。空气供应子系统关键部件包括空气过滤器、空压机、中冷器、加湿器和空气压力调压阀等；氢气供应子系统关键部件包括储氢瓶、减压阀、加湿器、氢气尾排电磁阀等。热管理系统的关键部件包括水泵、散热器、节温器、散热器、冷却风扇、水箱和热敏电阻（Positive Temperature Coefficient，PTC）等。功率调节模块，根据不同方案，关键部件一般包括单向DC/DC变换器或双向DC/DC变换器、电能储能模块和燃料电池控制器（Fuel Cell Control Unit，FCU）等。

空气和氢气的温度、压力、湿度和流量等参数对燃料电池堆的性能影响较大，各个子系统须保证进入燃料电池堆的空气和氢气各项指标满足各工况点的要求。热管理系统分为高温冷却和低温启动系统，针对不同的运行条件，应制定相应的策略进行切换，保证燃料电池的高低温适应性。

功率整合模块需要根据车载功率需求，调整燃料电池堆模块和电能储能模块的功率占比，保证燃料电池工作在高效率区，提高燃料电池系统的整体效率，并保证系统的功率输出满足整车动力性要求。

3.5.2　控制系统及保护部件

设计和制造燃料电池系统的控制系统时，应满足安全和可靠性分析的要求，确保系统部件的单点故障不会导致发生危险情况，设计的手动装置应明确标志，可防止意外调节、启动与关闭。

燃料电池控制系统一般应具备下述报警信息：负载过载、氢气泄漏、燃料电池故障、辅助储能模块故障、DC/DC变换器模块故障、供氢压力低、供氢压力高、系统输出电压高、系统输出电压低、短路、过温、环境温度高、环境温度低、空气压力低、空气压力高、冷却管路压力低、冷却管路压力高、通信故障、系统绝缘低、空压机故障等。系统应能自动发出报警信号，并能通过通信接口将报警信号传送到近端、远程监控设备。

（1）保护功能

燃料电池系统应在以下几种工况下，在控制系统中提供紧急关机和非正常关机功能：

1）过载保护。当系统输出在额定功率100%~110%，持续10min或输出超过额定功率110%，持续3s，电能变换单元（如DC/DC变换器）应自动进入输出限流保护状态；故障消除后，应能自动恢复工作。在上述工况下，燃料电池系统应能发出报警信号。

2）燃料电池系统入口氢气高、低压保护。当系统检测到供氢压力低于系统规定的最低压力，应发出报警，燃料电池系统故障停机，同时主动关断阀件停止供氢；当系统检测到供氢压力高于系统规定的最高压力时，应发出报警，燃料电池系统故障停机，关断储氢系统电磁阀停止供氢，同时通过泄压装置及时释放压力。

3）输出过电压及欠电压保护。系统输出电压超过过电压保护设定值或者低于欠电压设定值时，应发出报警信号；当电压超过过电压保护设定值时，燃料电池系统应能自动关机保护。

4）短路或漏电保护。当系统中有电路短路或漏电时，控制系统应能通过显示屏或声光等方式发出报警信号，同时可自动切断燃料电池发电输出线或紧急关机。

5）氢气泄漏保护。系统应具有氢气泄漏检测功能，并在发生泄漏时能发出报警信号；氢泄漏浓度超过 2%，燃料电池系统自动切断氢气源或紧急关机。

6）系统过温保护。当系统冷却液出口温度超过温度限值时，应发出报警，燃料电池系统故障停机。

7）燃料电池故障保护。当燃料电池出现单体电压以及电压差超过限定值，燃料电池系统应自动进入输出限流保护状态，故障消除后，应能自动恢复工作；如果故障无法消除，应发出报警，并请求燃料电池系统停机。

（2）保护部件

1）为保证燃料电池系统能够正常、安全运行，系统中应安装恰当的保护部件。保护部件应满足以下要求：

① 保护性装置安装位置应满足维护和检测要求。

② 保护性装置应独立于其他装置可能具有的各种功能。

③ 配置隔离型 DC/DC 变换器的燃料电池系统，应具备独立的绝缘监测能力。

④ 应提供诸如安全泄放阀等限压装置。

⑤ 氢气浓度传感器应根据 IEC 61779-6：2003 规定进行选择、安装、校对、使用和维护。

2）若控制系统逻辑发生故障、控制系统硬件发生故障或受到损坏，则应满足以下要求：

① 在关机命令发出后，任何操作都不能阻止关机。

② 手动部件，如紧急关机按钮、氢气供应管路或燃料储存装置的阀门或供气按钮等的关闭功能不会受到妨碍。

③ 保护装置应保持完整的有效性。

④ 发电系统不会发生意外重启。

3.5.3 辅助系统核心部件

（1）辅助系统子系统及核心部件的范围

燃料电池系统的辅助系统主要包括反应物供应系统、热管理子系统、水管理子系统、自动控制子系统及功率调节子系统。

反应物供应系统包括空压机、加湿器、氢气循环泵或引射器等。空压机的任务是提供燃料电池发电所需要的氧化剂（氧气），要求空压机能够提供满足最高功率所需的空气。加湿器是燃料电池发电系统另一重要部件，由于燃料电池中的质子交换膜需要有水润湿的状态下才能够传导质子，因此反应气体需通过加湿器加湿后，将携带质子传输需要的水分送入燃料电池内。氢气循环泵或引射器作用是在燃料电池发电系统氢气回路上把未反应的氢气从燃料电池出口直接泵回燃料电池入口，与入口反应气汇合后进入燃料电池，这样可以提高氢气在燃料电池阳极流道内的流速，防止阳极水淹，同时也起到提高氢气利用率的作用。

热管理子系统包括散热器和配套风扇、管路、循环流体泵、阀门、传感器件、冷却器件、冷却流体储存箱与补充箱等，上述部件均应符合相应标准。水管理子系统包括管路、循环水泵、阀门、传感器件、水储存与补充箱等，应符合相应标准。燃料电池发电系统回收生成水用作氢气或氧气增湿使用或其他用途时，应去除水中对发电系统有害的物理颗粒与金属离子。

自动控制子系统包括为保障燃料电池发电系统正常运行进行调节与监控所必需的传感器件、线路、执行器件、控制器件、软件程序等，均应符合相应标准。

功率调节子系统根据发电系统内部装置所消耗的功率和对外输出功率的要求，通过 DC/DC 变换器对燃料电池堆的输出电流、电压进行调节，实现符合使用要求的功率输出。

（2）辅助系统中电气元件的一般要求

电气系统设计以及电气电子设备应用，应满足相关电子产品应用标准，应提供技术范围以选择恰当的应用，告知系统集成商燃料电池电气元件合适的运行环境条件、运行和储存的环境温度、湿度范围。若系统集成商提供电子元件，应告知必要的技术规范，以保证安全。

位于燃料电池系统封装内的电子元件应符合 GB 3836.14—2014《爆炸性环境　第 14 部分：场所分类　爆炸性气体环境》规定的危险场所分类要求，使用 GB 3836.1—2021《爆炸性环境　第 1 部分：设备　通用要求》中规定的保护技术。

（3）辅助系统中橡胶零部件的一般要求

在制造商规定的产品寿命内，所有材料应能满足运行的最高温度和最高压力的综合要求，并能与正常使用、维护和检修可接触到的其他材料和化学品相容。

外壳体的聚合物零部件和橡胶零部件应防止被机械损伤。聚合物和橡胶管路可根据使用情况，必要时加装防护套管或外罩；作为氢气、空气排放系统管路，应采用抗冷凝物腐蚀的材质制作，应鉴定其耐温、强度和抗冷凝物反应的性能。

输送氢气的聚合物或橡胶管件应预防可能的过热，在温度达到比氢气输送管路材料的最低热变形温度（Heat Deflection Temperature，HDT）低 10℃ 之前，控制系统应能切断氢气的供应。设计时考虑安全及可靠性，采用适当的泄压装置或方法来保护零部件，防止过电压引起损坏。

运输流体（如氢气）的非金属管材会在其内外表面积累静电荷，并且部分电荷可转移至管材两端连接的金属配件上，管材外表面或配件的放电有可能足以点燃环境中的易燃气体。因此，用于危险区域内的聚合物或橡胶材料应具有防止静电电荷累积的有效措施，如具有导电性；或通过测试证明，测试电压达到 1000V，末端电阻小于 $1\mathrm{M}\Omega/\mathrm{m}$，即表明该非金属管材材料可减轻电荷积累现象，因而可选用该管材；或通过静电累积试验来检测正常和非正常工作条件下，管材材料上不会因为流体流过管材而产生引燃的静电荷。在不满足上述要求的情况下，设计时须将流体气速限定在特定值之内，使静电荷不会在这种非金属材料上产生累积。

硫化橡胶和热塑性橡胶部件应按 GB/T 3512—2014《硫化橡胶或热塑性橡胶　热空气加速老化和耐热试验》的规定进行热空气加速老化试验和耐热试验（老化时间不低于 96h），试验后性能应仍满足燃料电池系统的工作要求。

（4）主要部件的安全要求

1）空压机安全要求。空压机是燃料电池空气供应的关键部件，不同的燃料电池系统应匹配不同类型的空压机。目前可选的几种空压机类型包括：螺杆空压机、离心式空压机、活塞空压机、罗茨空压机、反馈空压机、卷轴空压机和叶片空压机。空压机安全设计需要考虑以下因素：

① 具有高压互锁功能。

② 强弱电间距保证 5mm 以上，强电弱电区域分离。

③ 防触指设计。

④ X 电容及 Y 电容均按照电气规范使用。

⑤ 通信、控制及模拟部分全部通过光耦隔离或磁隔离进行设计。

⑥ 直流母线设计放电电阻。

2）PTC 安全要求。PTC 的工作原理是，加热电阻通电后发热，温度升高，阻值升高，PTC 控制器根据出水温度控制其加热功率。PTC 加热器高压供电要求在允许电压范围，具有高压短路和高压过载保护，高压接线端对外壳的绝缘电阻大于等于 500MΩ（DC 1000V）。使用时还需注意电压范围以及内腔耐压范围。

3）水泵安全要求。水泵是燃料电池热管理系统的"心脏"，它通过增大冷却液的流速来给燃料电池堆调温。水泵主要参数有流量、扬程、绝缘及 EMC 能力。此外，水泵还需要实时反馈当前的运行状态或故障状态。水泵的安全防护（根据 GB/T 18488.1—2015《电动汽车用驱动电机系统　第 1 部分：技术条件》中的 5.2.7 节）主要包括：高压正负端输入≥DC 1000V，高压插接器与机座绝缘大于等于 50MΩ（冷态）；高压正负端输入≥DC 1000V，内部充满冷却液时液体与壳体绝缘≥50MΩ。

4）DC/DC 变换器安全要求。DC/DC 变换器作为氢燃料电池发动机系统的关键部件，用于将燃料电池输出电压转换为与整车电池动力母线匹配的直流电压，通过对燃料电池输出功率的精确控制，实现燃料电池系统与整车动力系统之间的动力匹配；同时，DC/DC 变换器内应有主/被动放电能力，在燃料电池发动机停机后，燃料电池堆内多余的反应气体产生的能量可通过该泄放电阻充分消耗。DC/DC 变换器的安全防护要求主要包括：漏电电流≤2mA（DC　2500V 测试）；绝缘电阻≥50MΩ（DC　1000V 测试）。

5）氢气循环泵安全要求。氢气循环泵是燃料电池系统辅助部件中的关键部件，配备氢气循环装置，可以有效提升氢气利用率，并使得阳极侧的氢气分配更加均匀，同时带走从阴极渗透至阳极的液态水。氢气循环泵在安装时注意安装方式是否正确，在使用期间要保持输入电压稳定，同时转速和压力不可以急停急启。设计好氢气循环泵故障时的保护策略，可有效降低危险发生的概率。

3.5.4　外壳、管路及连接件

（1）概述

燃料电池发电系统的外壳应具有足够的强度、刚性、耐腐蚀性，可起到支撑保护作用，并应满足存储、运输、安装及最终工作环境条件要求。

燃料电池系统的管路及其连接件等配件应满足以下规定：

1）与氢气相关的金属部件，其抗氢脆性应符合 HB 5067—2005《镀覆工艺氢脆工艺试验（系列）》中的规定。

2）与氢气相关的橡胶部件应符合 ISO/TR 15916：2015 中的规定。

3）易被腐蚀的部件应采取有效措施进行防腐蚀保护，如涂耐腐蚀保护层。

4）管路系统应能承受制造商规定的最大允许工作压力 1.5 倍的压力，并通过气密性试验。

5）流体泄漏不致产生危险的部位可采用螺纹连接，如空气供应回路、冷却回路；其他接缝都应焊接，或按制造商要求与制定的密封部件装配连接；为防止流体的泄漏，流体管路中使用的接头应是磨口接头、法兰接头或压力接头。

6）应彻底清理管路的内表面以除去颗粒物，应仔细清除管路端口的障碍物和毛刺。

7）除氢气，当管路中其他气体压力可能超过 103.4kPa，或液体液压可能超过 1103kPa，或温度可能超过 120℃时，管路及其接头等配件应符合 GB/T 20801—2020（所有部分）的规定。

8）选用柔性管路及相关配件输送气体时，该柔性管路应适用于气体输送。氢气管路应特别考虑如老化、脆化、微孔等因素的影响。

（2）金属管路及其配件

燃料电池系统的金属管路及其连接件应符合 GB/T 20972.1—2007《石油天然气工业　油气开采中用于含硫化氢环境的材料　第 1 部分：选择抗裂纹材料的一般原则》的规定，与氢气相关的系统金属管路及其配件，其抗氢脆性应符合 HB 5067—2005《镀覆工艺氢脆工艺试验（系列）》中的规定，防止进入燃料电池系统的氢气前端减压阀发生故障，导致系统管路有高压氢气而发生氢脆。

燃料电池系统的氢气管路及连接装置应能防止应力腐蚀开裂。高压下承载或输送流体的刚性与柔性管路和配件都应按照 ISO 16528-1：2007 *Boilers and pressure vessels-Part 1：Performance requirements* 中的要求进行设计、安装和试验。

燃料电池系统的金属管路系统应能承受最高运行温度和最高运行压力的共同作用，并能与使用、维修和保养时所可能接触的其他材料、化学品相容。金属管路系统应保持完好，并应具有足够的机械强度，满足耐振动性要求。

燃料电池系统的金属成型弯管在弯曲时不应产生影响使用的缺陷，不可因加工成型导致失效，应符合以下要求：

1）只可用专用折弯设备及工艺制作弯头。

2）所有弯头光滑，不可产生变形、裂缝或其他明显机械损伤。

3）管道纵向焊缝在弯头中轴附近。

4）弯头内半径不得低于制造商规定的最小半径。

（3）非金属管路及其配件

在燃料电池系统中使用聚合物和橡胶管路、部件，应满足以下要求：

1）管路及配件的材料在使用寿命内能承受最高运行温度和最高运行压力，并在寿命期间内与其他材料和化学品兼容，具有足够的机械强度。

2）燃料电池系统内的塑料或弹性部件应避免受到机械损伤，可对旋转设备或机组的其他机械设备做适当的屏蔽以免发生故障。

3）应对用来输送易燃气体的塑料或弹性部件密闭舱室加以保护，防止过热的可能性。

4）如果燃料流温度达到低于燃料输送部件所用材料最低热变形温度10℃以上，且无法停止时，控制系统应切断燃料流动。

5）在危险位置使用塑料或弹性材料，应采用导电或以其他方式设计（如限制流量或其他方法）以避免静电积聚。

6）由于塑料或弹性材料的导电性不足，一般只应用于非危险区域。

当燃料电池系统中使用非金属管路及配件时，非金属管路及配件应满足以下要求：

1）非金属管路及配件应能承受最高运行温度和最高运行压力的共同作用，不允许释放对人身、环境有害的物质，并能与燃料电池发电系统使用、维修和保养时可能接触的其他材料、化学品相容，应具有足够的机械强度，满足耐振动性要求。

2）输送易燃气体的塑料或橡胶管件应预防可能的过热，所用材料的最低热变形温度应高于燃料电池发电系统允许的最高温度或设定温度。

3）非金属管每米的电阻最大不能超过1MΩ。

（4）氢气管路及其配件

燃料电池系统使用的氢气管路及其配件应满足以下要求：

1）燃料电池发电系统外壳内的氢气管路应有效固定或采用其他有效措施避免磨损，氢气管路及其配件的设计和结构应符合 GB/T 20801—2020《压力管道规范 工业管道》（所有部分）的规定。

2）燃料电池系统氢气管路的排放口与带电部件之间应保持一定的间隙，一般情况下不小于50mm；当氢气管路与带电部件被很好地固定从而不会因发生移位导致间隙小于12.7mm时，间隙可小于50mm；或者带电部件位于限流电路上而不会产生导致危险发生的电能时，间隙可小于50mm。

3）燃料电池系统氢气管路及连接装置应能防止应力腐蚀开裂，高压下承载或输送流体的刚性与柔性管路和配件都应按照 ISO 16528-1：2007 中的要求进行设计、安装和试验；管路在燃料电池系统正常、紧急情况、故障运行和停车条件下，都应能在最大允许工作压力和最大允许工作温度下使用。

4）燃料电池系统氢气管路安装和检修完成后，应对氢气管路进行吹扫，避免有异物进入燃料电池系统。

（5）外壳防护

燃料电池发电系统的外壳应具有保护操作人员不受带电部件、过热部件（温度超过表3.3所列的规定温度）等存在危险性部件的伤害，带电或过热部位应具有警示标志，警示标志应符合 GB 2894—2008《安全标志及其使用导则》的规定。

为消除因燃料电池发电系统外壳、操作杆、把手、旋钮外表面等在正常运行过程中可能与操作人员或环境接触的部件温度过高带来的对操作人员或环境的损害风险，上述部件的表面温度应符合表3.3所列的规定，否则应安装防护罩或其他防护装置直到符合标准。

表 3.3　允许表面温度

部件		最高表面温升值/℃
在正常使用过程中仅短时间握持的操作杆、把手、旋钮和类似部件的外表面	外壳（正常使用中的操作杆除外）	60
	金属材质	35
	陶瓷材质	45
	铸模材料（塑料）、橡胶或木质材料	60

燃料电池系统外壳安全防护设计时，应考虑外力挤压、跌落、振动、冲击等工况下外壳结构对燃料电池系统的防护，确保系统仍能够满足功能要求。外壳防护材料应符合欧盟 ROHS（Restriction of Hazardous Substances）要求，还应满足客户特殊要求，如识别硫含量等有害化学成分。

燃料电池系统外壳不得具有可能造成人身伤害的尖利边角和粗糙表面，金属外壳通常应设计良好的接地点，避免尖锐带电体的尖端放电。

燃料电池系统外壳应具有足够的强度、刚度、耐用性、耐腐蚀性及其他物理特性，以在储存、运输、安装及最终使用地区的工作环境条件下，避免出现外壳的局部塌陷、间距缩小、结构松动、零部件移动或其他严重缺陷，防止增大着火和意外事故的风险。

如果燃料电池系统安装于车辆易涉水部位，则燃料电池系统外壳的设计和试验应符合 IP67 防护等级。

由于故障或其他原因，燃料电池系统内的零件可能松动或被甩出，因此外壳应足以容纳这些零件并能防止它们被甩出。

在系统全生命周期内，外壳通风口设计应考虑到正常工作情况下不会被尘埃、雪花或植物堵塞；在系统全生命周期内，根据燃料电池系统的使用寿命要求和使用区域环境要求来确定系统的防腐蚀等级。

如果系统外壳内有保温材料，则保温材料在正常情况下除导热率低，还应具有吸水性低、阻燃性好、电绝缘性能好等特点。

3.5.5　导线及接地

（1）燃料电池系统内部导线及元器件的一般要求

1）燃料电池发电系统使用过程中，内部导线和元器件应能够承受最大电流的使用要求，同时承受发电系统正常运行状态下可能产生的任何温度。

2）在规定的允许温度下，燃料电池发电系统内部的导线和元器件的机械强度不会降低，不会因为热膨胀而超过材料允许承受的应力，不会损坏邻近的绝缘部件。

3）燃料电池系统内部导线的选用应符合 GB/T 3836.4—2021《爆炸性环境　第 4 部分：由本质安全型"i"保护的设备》中 5.6 节的规定。

4）燃料电池系统内部导线及元器件的连接装置应符合 GB 3836.4—2021《爆炸性环境　第 4 部分：由本质安全型"i"保护的设备》中 7.2 节的规定，与金属部件接触的内部导线，应有机械保护或加以适当固定以防损坏。

（2）接地要求

1）燃料电池发电系统内部部件的导体外壳应同电平台连接，确保在氢气泄漏时，不会因静电引燃氢气。

2）燃料电池系统的 CAN 总线支路距离控制符合规范，CAN 总线中包括信号地和屏蔽地，两者不可混淆。

3）CAN 总线屏蔽地可理解为 CAN 屏蔽层，一般为编织铜网，所有控制器节点的 CAN 屏蔽层引脚连接至屏蔽层后，屏蔽层需单点接地，在抗干扰能力最差的地方单点接地，保证外来的干扰信号可被该层导入大地，屏蔽线接法避免采用拧股方式。

4）CAN 总线的信号地也称为隔离地，为使电子设备工作时有一个统一的参考电位，避免有害电磁场的干扰，使设备稳定可靠地工作，设备中的信号电路应统一参考地。

5）若使用单屏蔽层双绞线作为信号地，则信号地理想的接法是使用专门的信号线将所有节点信号地连接，起到统一参考地的作用。但如果缺少信号地线，亦可将所有节点信号地都连接到屏蔽层，但这样屏蔽效果就将大打折扣。所有节点信号地接到屏蔽层后，屏蔽层需单点接地，不可多点接地，否则会在信号地线上形成地环流；另外，为了加大供电地与信号地之间的隔离电阻，阻止共地阻抗电路耦合产生的电磁干扰，需采用隔离浮地设计，通过阻容方式将屏蔽层与外壳隔离。

6）燃料电池系统内部的高压零部件（B 级电压电路）一般需接地处理，如可导电外壳，遮栏应传导连接至电平台，一方面是为了改善 EMC，另一方面是为了满足安全需要，具体要求可参考 5.3.5 节高压电安全设计的内容。

（3）导线设计及选型要求

相较于传统车辆，燃料电池电动汽车的线束具有大电流、大电压、大线径和导线数量多的特点。其在设计及选型方面的要求如下。

1）温度要求：燃料电池道路车辆的线束其电缆允许长期工作的温度不超过 125℃，如果电缆的布置环境温度超过了电缆允许的工作温度，则可通过增大电缆截面积的方法来满足环境温度的要求。

2）耐压要求：根据 GB/T 18384.3—2015 中的规定，彼此无电连接的电路之间介电强度应能耐受 2UAC+1000V 的试验电压，不发生闪烁击穿现象。

3）线束拉脱力要求：电缆压接至插接器后，拉脱力不应小于最小拉脱力规定；根据 SAE J 1742：2010，最小拉脱力规定值见表 3.4。

表 3.4　最小拉脱力规定值

电缆导体截面积/mm²	最小拉脱力/N
2.5	210
4	265
6	320
16	1400
25	1900
35	2300
50	2800
70	3500

（4）导线选型及布线设计方法

燃料电池电动汽车的高压输出线一般采用高压导线 AC　600V/900V（根据 ISO 19642：2023），采用壁厚高线，壁厚 0.6~1.1mm；采用耐热导线，耐热 150℃或以上；可选用硅橡胶导线，交联聚乙烯/交联聚烯烃材料。

对于线束插接器的密封要求如下：与高压插接器匹配，采用导线密封件、热缩管、Pass-thru 密封件、橡胶件等多种方式进行密封，以实现防水防尘（IP67，IP69K）。

在布线设计时，主要考虑以下设计准则：

1）静态负载情况下，最小转弯半径 4 倍导线外径。

2）动态负载情况下，最小转弯半径 8 倍导线外径。

3）高低压导线间距最小不低于 100mm。

4）高压插接器出线端到第一个固定点的距离不大于 100mm，相邻固定点之间的距离一般不超过 150~200mm。

5）走线应避免形成大的电磁环。

6）高低压平行走线间隔距离需大于 400mm，如果实际情况的确无法达到该要求，高低压需相互垂直走线。

7）要求导线具有良好的圆整度、尺寸稳定、老化性能。

3.6　燃料电池辅助系统安全设计

3.6.1　热管理子系统及热安全设计

由于质子交换膜材料自身的特性，燃料电池堆对温度较为敏感。质子交换膜需要吸收足够的水分保证其具有良好的导电性，一旦温度过高会加快膜内水的蒸发，导致质子交换膜出现皱折、缩水和破损等现象，燃料电池性能将会急剧下降。燃料电池工作中产生的热量若不及时耗散，其内部甚至会出现热点，导致膜穿孔等现象的发生，严重缩短燃料电池的使用寿命，因此其工作温度一般限制在 60~80℃。

另外，对于燃料电池系统的关键部件，如空压机和 DC/DC 变换器，其在工作过程中也会发热导致温升，需要考虑散热问题。例如，空压机高速运转压缩空气至燃料电池堆进口过程中，会产生大量热量，若不及时散发至外界，容易导致空压机机体温度急剧上升，缩短空压机工作寿命。

燃料电池系统散热元器件主要包含液冷散热器和风冷散热器，上述散热器应具有足够的散热面积，保证系统内部热源与热管理系统之间的热传递满足设计需求。针对低功率燃料电池，风冷散热能满足散热要求。针对高功率（5kW 以上）燃料电池，一般需要采用液体散热的冷却方式。采用液体冷却时，冷却液流过燃料电池堆双极板冷却流道，通过对流传热将燃料电池堆产生的热量散发至堆外。同时，辅助系统散热主要通过冷却液流过待冷却部件的冷却流道，将部件产生的热量散发至外界环境。因此，燃料电池系统设计时应考虑防止燃料电池堆、空压机、DC/DC 变换器等关键零部件过温而引发安全事故。上述散热功能一般在燃料电池热管理系统中实现。

燃料电池堆热管理子系统示意图如图 3.5 所示，该子系统中包括水泵、散热器总成、节温器等主要部件，通过节温器，将其分成大、小循环，通过小循环可使燃料电池堆温度迅速提升至运行所需的温度。

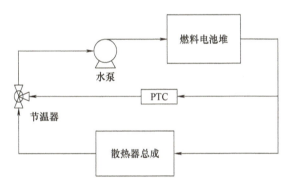

图 3.5　燃料电池堆热管理子系统示意图

1）燃料电池系统内部使用的电机应设置温度传感器，并通过电机控制器实现温度检测功能。如果检测到电机温度过高，通过 CAN 通信向燃料电池系统控制器输出电机温度报警或者电机温度过高信号，控制系统应限制电机功率或停止工作。温度传感器的设置位置及数量应能反映不同工况下最高温度和最低温度要求，同时应考虑温度传感器的精度、适用范围及响应时间。

2）燃料电池系统应能有效对燃料电池堆进行散热和降温，以确保燃料电池堆工作温度始终在正常使用范围内，以免温度过高影响燃料电池堆的使用寿命。

3）为保证特定区域使用的燃料电池系统低温启动性能，设计有加热元器件。在燃料电池系统内置加热部件进行热设计时，应具备相应的安全设计（如引入二次热熔保护机制），当加热部件温度过高时，能够切断加热元器件电源。

4）对于热管理系统中的液冷流路，当系统可能发生泄漏甚至产生安全隐患时，热管理系统设计应考虑具有相应的检测手段，并发出报警信号。

5）针对燃料电池系统可能存在的着火风险，系统零部件应尽量选用阻燃等级较高或者不燃烧的材料，即使在热失控的极端条件下，系统内零部件至少不会加剧燃烧反应。

6）在燃料电池热管理中，燃料电池的最大耐受温度应考虑到燃料电池内部的局部热点问题，防止燃料电池局部温度过高造成危险。当燃料电池的温度到达最大耐受温度时，此时需要限定燃料电池的输出功率，直至燃料电池温度达到安全温度后，方可放开限定功率。

7）燃料电池堆用冷却液应符合表 3.5 中所列的要求。

表 3.5　燃料电池堆冷却液品质要求

项目	参数要求
乙二醇浓度	≤50%乙二醇水溶液
电导率	≤5μS/cm
颗粒物	<100μm

燃料电池冷却液中可能包含一定浓度的乙二醇。乙二醇是一种无色、有甜味的黏稠液体，人体直接摄入乙二醇或吸入其蒸气是有毒的。所有涉及冷却液操作的人员，必须遵守材料安全数据表（Material Safety Data Sheet，MSDS）中明确规定的使用特殊冷却剂的预防措施。这些预防措施包括但不限于佩戴安全眼镜和化学防护手套。对冷却液的处置必须依照国家规定和地方性法规。

8）针对燃料电池运行一段时间后，冷却液电导率上升，导致燃料电池堆内部短路的风险，热管理系统需要实时采集冷却液电导率，提供电导率报警功能。若电导率超过一定值（5μS/cm）时需要更换离子过滤器，降低冷却液的电导率。

9）热管理系统能提供液位报警、流量报警等功能，当液位流量过高和过低时进行报警，及时发现冷却液泄漏等现象，保证冷却液的流量稳定。

3.6.2　氢气子系统安全设计

燃料电池系统中氢气子系统示意图如图 3.6 所示。典型的氢气子系统包括高压储氢瓶、减压阀、压力调节阀、循环装置（循环泵或引射器）、稳压罐、传感器、各种电磁阀及管路等。氢气供应子系统通过高压储氢瓶提供燃料电池堆所需的氢气，根据燃料电池堆的工况特性，对氢气进行调压、加湿，将氢气调控至燃料电池堆所需的流量、压力和湿度后，进入燃料电池堆，并通过循环装置对燃料电池堆出口氢气进行循环利用。燃料电池堆的尾排氢气一般汇入到空气排气系统后，一起进入尾排管排放，这种做法可降低尾排气中的氢气浓度。

图 3.6 所示的燃料电池系统氢气子系统包含的管路、阀门、传感器、燃料处理装置等，应符合相应标准和使用要求。连接燃料电池堆和氢气储存容器的连接装置应适合使用要求。补给氢气时与加氢站的快速氢气插接器连接方法应符合相关压力、安全等标准和规定。无论是固定的或可更换的，一次性的或可再充装氢气储存容器，这些氢气储存容器都应符合国家相关压力、安全使用标准和规定。

燃料电池系统所使用的氢气应满足 GB/T 37244—2018《质子交换膜燃料电池汽车用燃料　氢气》中的品质要求，氢气纯度应大于 99.97%（摩尔分数），具体要求可参考表 3.1。

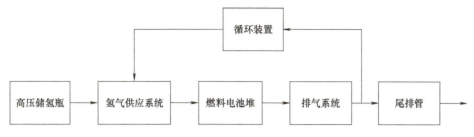

图 3.6　燃料电池系统中氢气子系统示意图

全新的高压储氢瓶在使用前一般预充氮气或者空气，经 3 次以上置换，达到要求后方可使用。如果供给的氢气品质未达到要求，可能对燃料电池堆性能和寿命造成不利影响。

　　需要注意的是，燃料电池系统的供氢子系统在关闭时仍会有压力存在。因此，在切断氢气供应之前，要核查这条线是否处于无压力状态。另外，即使在燃料电池堆模块已从系统中移除的情况下，模块内的氢管路仍可能有残留氢气。因此，在移除燃料电池堆之前，需要将管路中的氢气安全释放。

3.6.3　空气子系统安全设计

　　燃料电池空气子系统的简化示意图如图 3.7 所示。典型的燃料电池空气子系统主要部件包括空气过滤器、空压机、中冷器、加湿器、进气总管、背压调节阀、水分离器和消声器（可选）等。空气过滤器用于防止空气中的杂质颗粒进入阴极堵塞流道；空压机用于增加空气压力，达到阴极进口压力条件。根据能斯特方程，增加燃料电池堆压力，也可在一定程度上增加电压。经过压缩机压缩后的空气温度较高，为防止高温空气进入燃料电池堆，须经过中冷器冷却，达到相应的温度要求。为保持质子交换膜中水的含量，需要给空气进行加湿，达到一定的湿度条件。进气总管用于稳定空气进气压力和流量，防止进气压力和流量波动。可见，过滤后的空气经过由空压机、中冷器、增湿器等组成的供气系统，达到燃料电池堆对空气流量、温度、压力和湿度的要求后，进入燃料电池堆。背压调节阀用于调节阴极出口压力，各个部件配合使用，保证空气供应稳定可靠。燃料电池堆的尾排气通过排气系统后，进入尾排管排放出去。

图 3.7　燃料电池空气子系统的简化示意图

　　燃料电池空气子系统包括过滤器、管路、处理装置、传感器件、阀门等，应符合相应标准，空气子系统中过滤器仅对颗粒级灰尘进行过滤处理。一般情况下，燃料电池堆对空气质量有明确的要求，需要配备空滤对进入燃料电池系统的气体进行有效的过滤（包括颗粒物和相关化学物质），防止造成对电极材料的污染。选择空滤时应考虑进气流阻对空压机的影响。

　　针对燃料电池系统空气子系统的各个部件，其存在的风险主要有以下几点：

1）空气过滤器长时间工作后失效，空气中杂质进入燃料电池堆。

2）空压机在运转过程中机体润滑油进入空气，空气受到污染，进而影响燃料电池的正常工作。

3）中冷器冷却能力不足，经过中冷器冷却后的空气温度过高，对燃料电池堆造成热冲击。

4）加湿器加湿能力不足，空气中水蒸气不足，导致燃料电池堆中水分逐渐减少，燃料电池内部阻抗增加，输出电压急剧下降。

针对上述风险，进行空气子系统设计时应遵循以下几点原则：

1）需防止空压机润滑油等污染物进入燃料电池堆，影响正常工作。

2）采用传感器实时采集空气供应管路中的空气温度和压力，并输入到燃料电池控制器中，并且提供温度和压力过高和过低报警功能。

3）根据燃料电池的运行工况，动态调节中冷器、加湿器等部件的运行条件，保证各个部件运行在最佳工作状态。

3.6.4　废气和废水的排放

燃料电池系统应设有直通车外的废气、废水排放口，为便于排水，从燃料电池系统至自然环境管道不应出现高度上升的布置。

燃料电池系统废气、废水排放应考虑以下事项：

1）废气、废水的排放应不会引起危险。

2）排放系统应采用抗冷凝物腐蚀的材料制作，非金属材料应鉴定其耐温、强度和抗冷凝反应的性能；制造排气系统所用材料的耐受温度应高于输送废气的最高温度。

3）在排放燃料废气时，排放的氢气浓度三秒平均值不超过 4%，瞬时值不超过 8%，测试方法见 GB/T 24549—2020《燃料电池电动汽车　安全要求》。

4）可能排出或泄漏出燃料废气的出口应远离可能产生火花、过热的部件和室内通风口，应在可能存在可燃性气体的燃料稀释空间之外，且与带电部件之间的距离应符合 GB/T 31037.1—2014《工业起升车辆用燃料电池发电系统　第 1 部分：安全》中 4.3.2.4 节的规定。

5）燃料废气排放口禁止堵塞，当排放口因堵塞导致压力过高达到制造商设定的值时，燃料电池发电系统应能自动关机并切断氢气供应源。

6）排气管道应具有适当的支撑，并配备防雨盖或其他不限制或不阻碍气体垂直向上排放的部件；应配备排水装置或措施，以防水、冰、雪和其他杂物在排气管道内积聚或阻塞排气管道。

7）除出口外的排气系统应密封，不得有泄漏。

本 章 小 结

本章从燃料电池电动汽车关键部件的角度介绍了其安全要求及设计规范。从功能要求、安全要求、启动与关断等方面详细介绍了燃料电池电动汽车车载氢系统的安全设计技术；介绍了质子交换膜、MEA、GDL、极板及端板等燃料电池堆关键材料及部件的安全影响因素，从散热设计、密封设计、绝缘设计等方面介绍了燃料电池堆的安全影响因素及设计技术；从控制系统及保护部件、辅助系统核心部件、外壳管路及连接件、导线及接地等方面介绍了燃料电池辅助系统的安全影响因素；介绍了热管理子系统、空气子系统、氢气子系统及废气和废水的排放四大燃料电池关键辅助系统的安全设计技术。

第**4**章

燃料电池电动汽车安全测评

在燃料电池电动汽车运行过程中，燃料电池动力系统功率通常能够达到几十至上百千瓦，具有氢气流量大、产热较多和输出高电压、高电流等工作特点，危险来源广。其安全性能涉及机械、电气、热和化学等多种因素，同时，车辆行驶中还会受到振动冲击和冷热雨尘等环境影响。因此，需要对燃料电池整车、车载氢系统、燃料电池堆及其关键辅助部件等提取运行安全要素，开展燃料电池电动汽车 EMC、氢-电安全、机械振动和冲击、高/低温运行安全性能等快速、精准的安全测评。

4.1 整车通用安全的关键测评技术

4.1.1 整车 EMC 测评技术

1. 整车辐射骚扰测评

燃料电池电动汽车的整车辐射骚扰包含保护车外接收机的无线电骚扰特性（30MHz～1GHz）、保护车载接收机的无线电骚扰特性（150kHz～2.5GHz）、整车电磁场辐射发射（150kHz～30MHz）和整车乘员所处车辆环境的低频磁场发射（10Hz～400kHz）。以上项目分别按照 GB 34660—2017《道路车辆　电磁兼容性要求和试验方法》、GB/T 18655—2018《车辆、船和内燃机　无线电骚扰特性　用于保护车载接收机的限值和测量方法》、GB/T 18387—2017《电动车辆的电磁场发射强度的限值和测量方法》和 GB/T 37130—2018《车辆电磁场相对于人体曝露的测量方法》进行测试评价。

（1）保护车外接收机的无线电骚扰

整车对外的辐射骚扰应满足 GB 34660—2017 的宽窄带辐射发射的相关要求，以保护车外的无线电通信设备正常工作。

车辆辐射发射试验推荐采用 10m 法进行测试。测量天线应以计量校准时的参考点作为测量参考点。测量天线参考点到车辆车身边缘的水平距离为 10.0m±0.2m，距离地面的高度为 3.00m±0.05m。测量天线与车辆车身在水平面的投影应成直角布置。车辆应为空载状态。作为一种替代方法，也可采用 3m 测量距离。此时如果车辆的长度大于 3dB 天线波束宽度值，则需要确定多个天线位置，对于每一个测量位置均要进行水平极化和垂直极化的测量。车辆辐射发射试验测试位置如图4.1所示。

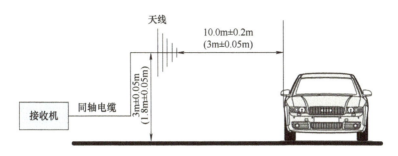

图4.1 车辆辐射发射试验测试位置

1）车辆宽带辐射发射评估。在进行车辆宽带辐射发射试验过程中，应打开长时工作的、能产生宽带发射的所有设备，使其工作在最大负载状态，短时工作的设备除外。

由燃料电池驱动的车辆，应在燃料电池发动机工作模式下，使车辆以40km/h速度运行的状态下测试。如果条件不允许，也可用非导电轴架将车辆顶起。表4.1规定的燃料电池车辆宽带电气设备（如果有）应开启。

表4.1 燃料电池车辆宽带电气设备及状态要求

名称	状态
燃料电池系统	稳定运行
刮水器电机	最高档
暖风电机	最大风量
电动空调压缩机	空调温度调至最低，压缩机稳定运行
闪光继电器	开启
各类照明灯具（LED类和/或气体放电类）	开启
各类信号灯具（LED类）	开启
电动汽车驱动电机	按规定转速运行，冷却液温度正常
电动汽车驱动电机控制器	稳定运行
电动汽车DC/DC变换器	稳定运行
车载能源管理系统	开启

试验应在30~1000MHz的整个频率范围内进行测量，在每一个测量频率（包括起始、终止频率）上应分别进行水平极化和垂直极化的测量。试验应在车辆左右两侧分别进行测量。

2）车辆窄带辐射发射评估。在进行车辆窄带辐射发射试验过程中，所有可连续运行的含有大于9kHz内置振荡器或重复信号的设备，都应处于正常运行状态。

燃料电池电动汽车处于车辆上电且驱动电机不运转（车辆处于ready状态），表4.2规定的车辆窄带电气设备（如果有）应开启。

表 4.2 车辆窄带电气设备及状态要求

名称	状态
车载音视频系统	开启
刮水器电机	最高档
暖风电机	最大风量
电动空调压缩机	空调温度调至最低，压缩机稳定运行
闪光继电器	开启
各类照明灯具（LED 类和/气体放电类）	开启
各类信号灯具（LED 类）	开启
显示屏（娱乐应用除外）	开启
行驶记录仪	开启
车载视频记录系统	开启
间接视野装置（CMS）	开启
电动汽车 DC/DC 变换器	稳定运行
车载能源管理系统	开启
电动汽车动力电池组	稳定运行
燃料电池	稳定运行

试验应在 30~1000MHz 的频率范围内进行测量，在每一个测量频率（包括起始、终止频率）上应分别进行水平极化和垂直极化的测量。试验应在车辆的左右两侧分别进行测量。

（2）保护车载接收机的无线电骚扰

整车车载天线端接收到的发射测量骚扰应满足 GB/T 18655—2018 的相关要求，以保护车载接收机能正常工作。考核指标见 GB/T 18655—2018，业务波段适用性应依据车辆实际使用的无线电业务选择。

试验应在整车半电波暗室内开展，应优先选择车载天线开展本项目的测试，对于不具备商用车载天线测试条件的车辆，应采用模拟天线测试。骚扰电压测量应在接收机天线射频信号输入端进行，天线插接器接地端应和车载无线电接收机的地（如金属外壳）共地，无线电接收机的地（如金属外壳）应适用产品线束在车身处接地。若车载天线是有源天线，推荐在测试报告中注明有源天线本底噪声值（试验数据不用修正）。试验布置如图 4.2 所示。

（3）整车电磁场辐射发射（150kHz~30MHz）

整车电磁场辐射发射特性（150kHz~30MHz）应满足 GB/T 18387—2017 的相关要求，考核指标见 GB/T 18387—2017。试验在整车半电波暗室内开展，所有的车辆运行模式（表 4.3）中电驱动系统应处于驱动模式，道路负荷按照车辆满载情况设置。

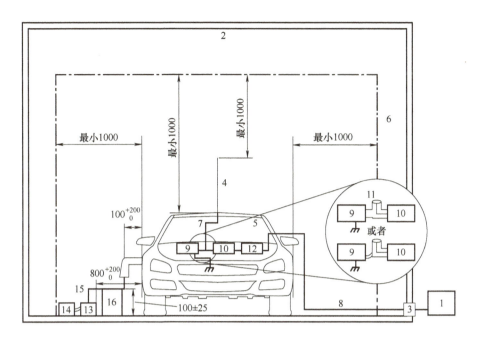

图4.2 车载天线端的发射试验布置（使用杆天线的视图，单位：mm）

1—测量设备 2—暗室 3—壁板插接器 4—天线 5—车辆 6—典型吸波材料 7—天线的同轴电缆

8—优质同轴电缆，例如双屏蔽电缆（50Ω） 9—车载接收机外壳 10—阻抗匹配单元（如需要）

11—改进的"T"形插接器 12—调幅广播段的地隔离网络（如需要） 13—人工电源网络（仅对充电模式）

14—动力电源（仅对充电模式） 15—充电电缆（仅对充电模式） 16—绝缘支撑（仅对充电模式）

表4.3 车辆运行模式

运行模式	说明
低速	车速为16km/h，道路负荷按照车辆满载情况设置
高速	踩下加速器或设置巡航控制系统产生额定车速70km/h，道路负荷按照车辆满载情况设置。如果车辆在电驱动系统工作情况下无法达到70km/h的速度要求，车辆应工作于最大车速

注：如果车辆无法在测功机上完成试验，可使用轮轴支架支起车辆进行试验。

测量电场时，单极天线置于地面上，距车辆的最近部分3m±0.03m。测量时单极天线的四个位置为：车前和车后位置，位于车辆中心线上；车辆左右两侧位置，位于前后轴之间的中线上，如图4.3所示。

测量磁场时，环天线中心距地面1.3m±0.05m，距车辆最近部分3m±0.03m。环天线的方向：径向方向，环天线的最大磁场响应方向是垂直指向车辆的方向；横向方向，环天线的最大磁场响应方向是水平的并垂直于径向方向。

环天线与车辆相对位置为：车前和车后位置，位于车辆中心线上；车辆左右两侧位置，位于前后轴之间的中线上，如图4.4所示。

试验采用先预扫再终测的方式进行，试验过程如下：

1) 将测试车辆固定在转鼓上，以40km/h的速度稳定运行。

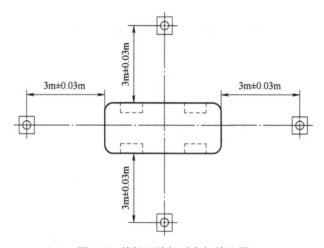

图 4.3　单极天线相对车辆的位置

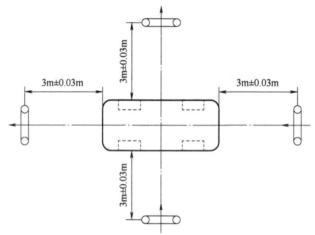

a) 环天线径向方向（环天线中心距地面 1.3m±0.05m）

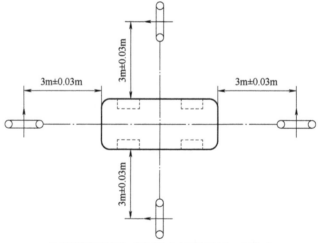

b) 环天线横向方向（环天线中心距地面 1.3m±0.05m）

图 4.4　环天线相对车辆的位置

2）布置单极天线，记录电场测量数据。

3）布置环天线，记录磁场两个方向的测量数据。

4）依据步骤2）和3）相对于限值的最大测量结果，确定最大发射方向，如果车辆的两个不同侧面的最高电平大致相等，那么可以选择其中一个侧面作为最大辐射方向。

5）按照表4.3的运行模式运行车辆。

6）在车辆最大发射侧面进行电场峰值扫描和磁场峰值扫描。

7）判定终测结果是否低于标准限值。

（4）整车乘员所处车辆环境的低频磁场发射

整车电磁场辐射发射特性（10Hz～400kHz）应满足GB/T 37130—2018的相关要求，考核指标见GB/T 37130—2018的附录A。

试验可以在整车半电波暗室或室外平坦干燥路面上进行，室外路面坡度应在-2%～2%之间，测量场地环境中磁感应强度低于GB/T 37130—2018要求；如在测功机上进行测量，应根据车辆整备质量设置道路负荷。车辆工作状态分为静止状态、行驶状态（匀速、减速和加速）和充电状态。试验流程如图4.5所示。

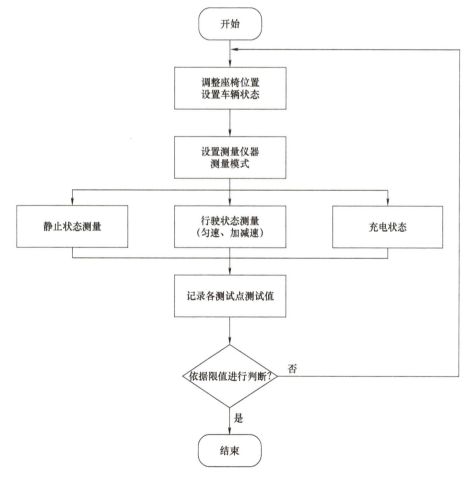

图4.5　整车乘员所处车辆环境的低频磁场发射试验流程

2. 整车辐射抗扰度测评

整车辐射抗扰度分为电场抗扰度和磁场抗扰度，其中整车辐射抗扰度（ALSE 法）按照 GB 34660—2017《道路车辆 电磁兼容性要求和试验方法》进行测试评价、磁场抗扰度按照 SAE J 551-17：2015 *Vehicle Electromagnetic Immunity-Power Line Magnetic Fields* 进行测试评价。

（1）整车辐射抗扰度（ALSE 法）

整车辐射抗扰度（ALSE 法）应满足 GB 34660—2017 的相关要求，在 20MHz ~ 2GHz 的 90%以上频段内，场强应为 30V/m（均方根值），其余剩余频段内场强应不低于 25V/m，试验在整车半电波暗室进行，试验分场标定和车辆测试两个阶段。一些情况下地板上不铺设吸波材料，如果需要铺设吸波材料，应确保在场强校准和 DUT 测试过程中保持一致，并应在测试报告中注明频段、铺设的位置。在进行抗扰试验的过程中，车辆不应出现抗扰度相关功能的性能降低，其试验条件和失效判定准则见表 4.4。

表 4.4 车辆抗扰度试验条件和失效判定准则

车辆试验条件	失效判定准则
车速为 50km/h ± 10km/h（L1 和 L2 类车辆车速为 25km/h±5km/h，若达不到，则以最高车速运行）。如果车辆装备有定速巡航控制系统，使系统运行	车速变化大于规定运行速度的±10%或自动退出定速巡航或出现故障提示
可调节悬架处于正常位置	非预期明显位置变动或超出车辆制造商说明书规定的变化范围
方向盘处于中间位置	试验中位置变化大于总范围的 10%或试验后电子助力转向功能异常
制动工况：应包含制动踏板的操作（除非因技术原因不能这么做），防抱死制动系统可以不起作用；非制动工况：制动灯和高位制动灯熄灭状态	制动工况：制动灯或高位制动灯不亮、制动故障警告灯亮（制动功能失效）、其他非预期激活或非制动工况：制动灯或高位制动灯亮
限速装置处于正常工作状态	非预期报警或故障报警
可调节缓速制动杆或档位开关处于常规位置	非预期激活
电子防盗系统处于解除警戒状态	非预期报警
电子喇叭关闭状态	非预期激活
前照灯（LED 类或气体放电类）开启，近光灯工作模式	近光灯熄灭或 AFS（如果有）误动作
前刮水器最大速度（手动模式）	前刮水器完全停止
开启 AC，空调为除雾模式，最高温度	试验中暖风停止工作或 AC 灯熄灭
间接视野摄像监视系统正常工作	试验中非预期关闭、无显示或试验后功能异常
组合仪表正常工作状态	仪表指示、警报功能出现异常
行驶记录仪正常工作状态	试验中或试验后，存储功能异常
车载视频行驶记录系统正常工作状态	试验中或试验后，存储功能异常

（续）

车辆试验条件	失效判定准则
显示屏（娱乐应用除外）正常工作状态	显示异常
驾驶员电动座椅处于中间位置	位置变化大于总范围的 10%
气囊和安全约束系统正常运行	非预期激活
电动车窗处于中间位置	非预期动作
自动门关闭	非预期打开
整车控制器正常工作	与整车控制器相关的功能异常
DC/DC 变换器正常工作	出现低压蓄电池电压不足报警或 DC/DC 变换器故障报警
动力电池正常工作	故障报警或动力电池高压切断或显示数据异常
燃料电池系统正常工作	故障报警或燃料电池系统停止工作

（2）整车磁场抗扰度

整车磁场抗扰度应满足 SAE J 551-17：2015*Vehicle Electromagnetic Immunity-Power Line Magnetic Fields* 的相关要求，试验在整车半电波暗室进行，试验分场标定和车辆测试两个阶段，应分别在 50/3Hz、50Hz、60Hz、150Hz 和 180Hz 频点下进行测试，磁场强度为 30A/m，车辆应分别在驻车充电状态、车辆上电状态和车辆恒定运行状态进行试验。在进行磁场抗扰性试验的过程中，驻车充电状态和车辆上电状态时，车辆不应出现性能下降；恒速运行时，运行条件和失效判定准则见表 4.4。试验分为车辆横向和纵向试验，磁场辐射抗扰性能测试布置图如图 4.6 所示。

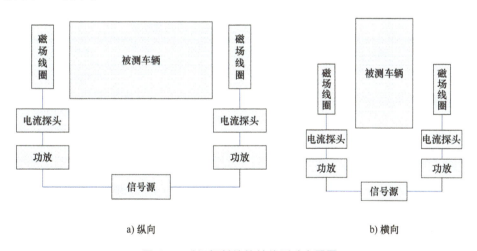

a) 纵向   b) 横向

图 4.6 磁场辐射抗扰性能测试布置图

3. 整车充电状态 EMC 测评

插电式燃料电池电动汽车或增程式燃料电池电动汽车在充电状态下的 EMC 性能必须满足 ECE R10-6*Uniform provisions concerning the approval of vehicles with regard to electromagnetic compatibility* 的相关要求。具体项目见表 4.5。

表 4.5　插电式燃料电池电动汽车充电状态 EMC 试验项目

项目类型	项目名称	参考标准	技术要求
电磁骚扰	辐射发射（宽带）	CISPR 12	30MHz~1GHz，峰值、准峰值、平均值限值
	谐波发射	IEC 61000-3-2	充电模式下输入电流：每相≤16A（A 类）
		IEC 61000-3-12	充电模式下输入电流：16<每相≤75A
	电压波动/闪烁	IEC 61000-3-3	充电模式下输入电流：每相≤16A
		IEC 61000-3-11	充电模式下输入电流：16<每相≤75A
	传导发射	IEC 61000-6-3	AC 端，0.15~30MHz，准峰值、平均值限值
电磁抗扰性	电磁辐射抗扰性	ECE R10-3	20MHz~2GHz，30V/m 故障判断标准：车辆意外移动
	脉冲群抗扰性	IEC 61000-4-4	±2kV，上升时间 5ns，持续时间 50ns，重复率 5kHz 故障判断标准：车辆意外移动
	浪涌抗扰性	IEC 61000-4-5	电源线与地线之间：±2kV，各电源线之间：±1kV 上升时间 1.2μs，持续时间 50μs 交流相位：0°、90°、180°、270° 故障判断标准：车辆意外移动

4. 高压线束屏蔽效能测评

高压线束及插接器应具有良好的屏蔽效能，高压屏蔽线缆的走向布置不应使整车辐射发射增强。高压屏蔽线缆的屏蔽层应与高压导电外壳有效连接。高压屏蔽线缆及插接器的表面转移阻抗应满足 IEC 62153-4 系列标准要求。高压屏蔽线缆及插接器的屏蔽性能测试方法包括三同轴法、管中管法和线注入法，各测试方法对应的测试标准见表 4.6。

表 4.6　转移阻抗测试方法对应的测试标准

测试对象	测试方法	测试标准	技术参数
高压屏蔽线缆、连接系统总成	三同轴法	IEC 62153-4-3：2013 IEC 62153-4-4：2015	表面转移阻抗 9kHz~2MHz（≤10Ωm/m） 2~30MHz（≤40Ωm/m） 屏蔽衰减 30~108MHz（≥60dB）
高压屏蔽线束	三同轴法	IEC 62153-4-15：2015	表面转移阻抗 9kHz~2MHz（≤10Ωm/m） 2~30MHz（≤40Ωm/m） 屏蔽衰减 30~108MHz（≥60dB）
高压屏蔽插接器	管中管法	IEC 62153-4-7：2018	表面转移阻抗 9kHz~2MHz（≤10Ωm/m） 2~30MHz（≤40Ωm/m） 屏蔽衰减 30~108MHz（≥60dB）

（续）

测试对象	测试方法	测试标准	技术参数
高压屏蔽线缆	线注入法	IEC 62153-4-6：2017	表面转移阻抗 9kHz～2MHz（≤10Ωm/m） 2～30MHz（≤40Ωm/m） 屏蔽衰减 30～108MHz（≥60dB）

4.1.2　整车电气系统测评技术

　　燃料电池电动汽车需要完成电气可靠性测试并达到要求，具体测试项目及参考标准见表4.7。

表 4.7　电气可靠性测试项目及参考标准

测试项目	参考标准
过电压	① UN＝12V 系统：在 $T=(T_{max}-20℃)$ 下试验，功能状态至少应达到 GB/T 28046.1—2011 定义的 C 级，试验装置/系统一个或多个功能不满足设计要求，但试验后所有功能能自动恢复到正常运行；必要时可要求达到更严酷的 A 级，试验中和试验后，装置/系统所有功能满足设计要求 在室温下试验，功能状态至少应达到 GB/T 28046.1—2011 定义的级 D，试验装置/系统一个或多个功能不满足设计要求且试验后不能自动恢复到正常运行，需要对装置/系统通过简单操作重新激活；必要时可要求达到更严酷的 C 级，试验装置/系统一个或多个功能不满足设计要求，但试验后所有功能能自动恢复到正常运行 ② UN＝24V 系统：在 $T=(T_{max}-20℃)$ 下试验，功能状态至少应达到 GB/T 28046.1—2011 定义的 C 级，试验装置/系统一个或多个功能不满足设计要求，但试验后所有功能能自动恢复到正常运行；必要时可要求达到更严酷的 A 级，试验中和试验后，装置/系统所有功能满足设计要求
叠加交流电	功能状态应达到 GB/T 28046.1—2011 定义的 A 级，试验中和试验后，装置/系统所有功能满足设计要求
供电电压缓升和缓降	在 GB/T 28046.2—2011 表1 或表2 的供电电压范围内，功能状态应达到 A 级，试验中和试验后，装置/系统所有功能满足设计要求；在供电电压范围外，功能状态至少应达到 GB/T 28046.1—2011 定义的 D 级，试验装置/系统一个或多个功能不满足设计要求且试验后不能自动恢复到正常运行，需要对装置/系统通过简单操作重新激活；必要时可要求达到更严酷的 C 级，试验装置/系统一个或多个功能不满足设计要求，但试验后所有功能能自动恢复到正常运行
供电电压瞬时下降	功能状态应达到 GB/T 28046.1—2011 定义的 B 级，试验中装置/系统所有功能满足设计要求，但允许有一个或多个超出规定允差，试验后所有功能应自动恢复到规定限制，存储器功能应符合 A 级；经协商可选择其他等级
电压骤降复位性能	功能状态应达到 GB/T 28046.1—2011 定义的 C 级，试验装置/系统一个或多个功能不满足设计要求，但试验后所有功能能自动恢复到正常运行
启动特性	在车辆启动期间工作的有关 DUT 功能应达到 GB/T 28046.1—2011 定义的 A 级，试验中和试验后，装置/系统所有功能满足设计要求

（续）

测试项目	参考标准
抛负载	所有电子保护输出端应确保能承受短路电流且在切断短路电流后能恢复到正常工作（最低级到 GB/T 28046.1—2011 定义的 C 级，试验装置/系统一个或多个功能不满足设计要求，但试验后所有功能能自动恢复到正常运行） 所有常规熔断器保护输出端应能承受短路电流且在熔断器替换后能恢复到正常工作（最低级到 GB/T 28046.1—2011 定义的 D 级，试验装置/系统一个或多个功能不满足设计要求且试验后不能自动恢复到正常运行，需要对装置/系统通过简单操作重新激活） 即使所有 DUT 材料符合 UL94-V0 的可燃性要求，所有无保护输出端可以被试验电流烧坏（功能状态为 GB/T 28046.1—2011 定义的 E 级，试验中装置/系统一个或多个功能不满足设计要求且试验后不能自动恢复到规定运行，需要对装置/系统进行修理或更换）
反向电压	恢复正常的熔断器连接后，功能状态应达到 GB/T 28046.1—2011 定义的 C 级，试验装置/系统一个或多个功能不满足设计要求，但试验后所有功能能自动恢复到正常运行

4.1.3　整车碰撞测评技术

1. 整车碰撞后泄漏测评

在进行碰撞试验前，如果车辆没有安装符合精度要求的测量设备，则应在储氢系统中安装测量设备用以进行需要的压力和温度测量。

压力测量的精度应达到 0.5%。若储氢系统由多个储氢瓶组成，应分别测量各储氢瓶的压力和温度。向储氢系统中充入测试气体前，应清除储氢瓶中的杂质。因为储氢系统的压力随温度变化，所以目标压力应由下式确定

$$P_{\text{target}} = \frac{\text{NWP}(273+T_0)}{288} \tag{4-1}$$

式中　NWP——储氢系统的公称工作压力（MPa）；

　　　P_{target}——储氢系统温度稳定后的目标充装压力（MPa）；

　　　T_0——储氢系统温度稳定后的环境温度（℃）。

在进行碰撞试验前，应确保储氢瓶充装至目标充装压力的 95% 以上，并达到稳定。下游氢气管路上的氢气主截止阀，应在碰撞前保持开启状态。

根据测试现场的条件，测试过程中充装的气体介质可以是氢气或氦气，具体测试方法见以下要求。

（1）碰撞后氢气介质泄漏试验

在碰撞前和碰撞后的规定时间间隔（Δt）内，测量氢气的压力（P_0）和温度（T_0）。时间间隔 Δt 按下式计算

$$\Delta t = V_{\text{CHSS}}\frac{\text{NWP}}{1000}\left[R_{\text{s}}(-0.027\text{NWP}+4)-0.21\right]-1.7R_{\text{s}} \tag{4-2}$$

式中　NWP——公称工作压力（MPa）；

　　　R_{s}——$R_{\text{s}} = P_{\text{s}}/\text{NWP}$；

　　　P_{s}——压力传感器的压力范围（MPa）；

V_{CHSS}——储氢系统的容积（L）；

Δt——时间间隔（min）。若 Δt 的计算值小于 60min，应将 Δt 设定为 60min。

储氢系统中氢气的初始质量（M_0）可按下式计算

$$P_0' = \frac{288P_0}{273+T_0} \tag{4-3}$$

$$\rho_0' = -0.0027(P_0')^2 + 0.75P_0' + 0.5789 \tag{4-4}$$

$$M_0 = \rho_0' V_{CHSS} \tag{4-5}$$

式中　P_0'——初始压力的测量值（MPa）；

T_0——初始温度的测量值（℃）；

V_{CHSS}——CHSS 的容积（L）。

在时间间隔（Δt）结束时，CHSS 中氢气的最终质量（M_f）可按下式计算

$$P_f' = \frac{288P_f}{273+T_f} \tag{4-6}$$

$$\rho_f' = -0.0027(P_f')^2 + 0.75P_f' + 0.5789 \tag{4-7}$$

$$M_f = \rho_f' V_{CHSS} \tag{4-8}$$

式中　P_f'——时间间隔（Δt）结束时最终压力的测量值（MPa）；

T_f——最终温度的测量值（℃）；

V_{CHSS}——CHSS 的容积（L）。

因此，在时间间隔（Δt）内氢气的平均流量为

$$V_{H_2} = \frac{22.41(M_f - M_0)}{2.016\Delta t} \frac{P_{target}}{P_0} \tag{4-9}$$

式中　V_{H_2}——时间间隔内的平均体积流量（NL/min）；

P_{target}/P_0——用于抵消初始压力测量值（P_0）与目标充装压力（P_{target}）之间的差异。

（2）碰撞后氦气介质泄漏试验

在碰撞前和碰撞后的规定时间间隔（Δt）内，应测量氦气的压力（P_0）和温度（T_0）。时间区间（Δt）数值通过以下公式计算，如果计算时间小于 60min，则按 60min 计算，大于 60min 以计算时间为准。

$$\Delta t = V_{CHSS} \frac{NWP}{1000}[R_s(-0.028NWP+5.5)-0.3] - 2.6R_s \tag{4-10}$$

式中　$R_s = P_s/NWP$；

P_s——压力传感器的压力范围（MPa）；

NWP——公称工作压力（MPa）；

V_{CHSS}——CHSS 的容积（L）；

Δt 为时间间隔（min）。若 Δt 的计算值小于 60min，应将 Δt 设定为 60min。CHSS 中氦气的初始质量可按下式计算

$$P_0' = \frac{288P_0}{273+T_0} \tag{4-11}$$

$$\rho_0' = -0.0043(P_0')^2 + 1.53P_0' + 1.49 \tag{4-12}$$

$$M_0 = \rho_0' V_{CHSS} \tag{4-13}$$

式中　P_0——初始压力的测量值（MPa）；

T_0——初始温度的测量值（℃）；

V_{CHSS}——CHSS 的容积（L）。

在时间间隔（Δt）结束时，CHSS 中氦气的最终质量（M_f）可按下式计算

$$P_f' = \frac{288P_f}{273 + T_f} \tag{4-14}$$

$$\rho_f' = -0.0043(P_f')^2 + 1.53P_f' + 1.49 \tag{4-15}$$

$$M_f = \rho_f' V_{CHSS} \tag{4-16}$$

式中　P_f'——时间间隔（Δt）截止时最终压力测量值（MPa）；

V_{CHSS}——CHSS 的容积（L）。

在时间间隔内氦气的平均流量为

$$V_{He} = \frac{22.4(M_f - M_0)}{4.003\Delta t} \frac{P_0}{P_{target}} \tag{4-17}$$

式中　V_{He}——时间间隔内的平均体积流量（NL/min）；

P_0/P_{target}——用于抵消初始压力测量值（P_0）与目标充装压力（P_{target}）之间的差异。

用下式将氦气平均流量转化为氢气平均流量

$$V_{H_2} = \frac{V_{He}}{0.75} \tag{4-18}$$

式中　V_{H_2}——相当的氢气平均体积流量。

根据上述方法测得氢气平均体积流量，并规定，在发生碰撞后的 60min 之内，车载供氢系统的平均氢气泄漏率不得超过 118NL/min。

2. 碰撞后整车氢气浓度测评

氢气/氦气浓度传感器应确保在目标判定值处（体积分数 4% 氢气或 3% 氦气）有 ±5% 的精度，满量程测定值应至少大于目标判定值 25%。传感器应能在 10s 内测量出 90% 的满量程浓度变化。

在碰撞前，浓度传感器应位于车辆的乘客舱、行李舱和货箱，具体位置如下：

1）距驾驶员座位上方车顶 250mm 以内或乘客舱顶部的中心附近。

2）距不受碰撞冲击直接影响的车辆行李舱和货箱顶部 100mm 以内。

浓度传感器应牢固安装在车辆构架或座位上，并对传感器进行保护，防止其在碰撞试验中受到碎片、气囊排出气体和抛射物的损害。使用安装在车辆内的仪器或利用远程传输，记录碰撞后的测量值。

车辆可位于室外不受风和阳光影响的区域。车辆也可位于室内，其空间应足够大或能够进行通风，以防止乘客舱、行李舱和货箱中的浓度超过目标判定值的 10% 以上。

当车辆停止行驶后，开始进行碰撞后封闭空间内的数据采集。车辆静止后，传感器数据采样时间应 ≤5s，持续测量 60min。测量中应滤掉失真数据点的影响。

在 60min 的碰撞后试验过程中，每个浓度传感器的滤波后读数应始终低于目标判定值（4%氢气或 3%氦气）。

4.1.4　整车氢气泄漏排放测评技术

燃料电池电动汽车的整车氢气泄漏排放直接涉及整车的氢安全，国内外的主要标准有 GB/T 24549—2020《燃料电池电动汽车　安全要求》、GB/T 37154—2018《燃料电池电动汽车　整车氢气排放测试方法》、T/CSAE 123—2019《燃料电池电动汽车密闭空间内氢泄漏及排放试验方法和安全要求》、ISO 23273：2013（*Fuel Cell Road Vehicle-Safety specifications-Protection against-hydrogen hazards for vehicles fueled with compressed hydrogen*，燃料电池道路车辆　安全规范压缩氢气燃料车辆的氢安全防护）、GTR 13（*Global technical regulation on hydrogen and fuel cell vehicles*，氢和燃料电池汽车全球技术法规）、SAE J 2578：2014（*Recommended Practice for General Fuel Cell Vehicle Safety*，燃料电池汽车通用安全推荐规程）、SAE J 2579：2013（*Standard for Fuel Systems in Fuel Cell and Other Hydrogen Vehicles*，燃料电池和其他氢燃料汽车的燃料系统）等。

在具体试验中，跟整车氢安全直接相关的测试项目主要有氢气排放、氢气泄漏、氢气浓度报警、仪器仪表几个方面。但不同标准对氢气排放泄漏的规定也有一定的差异，主要体现在环境温度、测试压力、测试工况几个方面，具体见表 4.8。

表 4.8　整车氢气排放泄漏标准内容简要对比

	具体项目	测试环境		储氢瓶压力	车辆工况			安全要求		
标准	GTR 13	密闭，55℃		115%NWP	静置	怠速	尾排	三秒平均值 ≤4%	瞬时值 ≤8%	周围 ≤1%
	SAE J 2578：2014	密闭无通风	密闭有通风	最大设计能力	静置	组合工况	尾排	三秒平均值 ≤4%	瞬时值 ≤8%	周围 ≤1%
	GB/T 24549—2020	密闭，常温		未明确	静置	组合工况	尾排：不明确	周围 ≤3%	—	—
	T/CSAE 123—2019	泄漏：30~55℃，密闭无通风、密闭有通风	排放：常温（20~30℃）	NWP	高温环境及停车、怠速、空调开启状态下的怠速、频繁启停状态、可靠性行驶试验后停车状态		无通风：静置8h，≤1%	有通风：任意时刻，≤1%	—	—

1. 燃料电池电动汽车氢气泄漏排放测评

（1）氢气排放试验方法

GB/T 37154—2018《燃料电池电动汽车　整车氢气排放测试方法》规定了两种情况下的氢气排放测试方法，6.1 节为怠速热机状态氢气排放，用于测试尾气中的氢气排放情况；6.2节为循环工况下热机状态氢气排放，通过采用计算方法确定排放情况，具体规定如下：

1）怠速热机状态氢气排放。具体包括：

① 试验车辆的准备。在试验之前，按照制造商规定的程序，启动燃料电池发动机，使其运行在一定功率，使燃料电池发动机本身温度处于制造商规定的范围内，然后关闭燃料电池发动机。

② 试验过程。按照制造商的规定，启动燃料电池发动机，使其保持在怠速状态，完成一次排气吹扫过程后保持1min，然后按照制造商规定的程序停机。

③ 测量氢气排放的相对体积分数。氢气排放相对体积分数按照以下要求进行测量：

a）从燃料电池发动机启动开始进行氢气排放相对体积分数测量，直至燃料电池发动机完全停机。

b）测量点位置：距离排气口外100mm，且在排气口几何中心线延长线上。

④ 试验要求。试验过程满足以下要求：

a）试验进行一次。

b）连续记录氢气排放相对体积分数的时间历程曲线，采样频率不低于5Hz。

2）循环工况下热机状态氢气排放。GB/T 37154—2018中规定了循环工况下热机状态的氢气排放。该测试一方面可以综合评价整个汽车在模拟使用情况下的氢气排放情况，另一方面也反映了汽车氢气利用率的情况。实际排放情况会影响周围密闭空间中的氢气浓度，但其不能反映尾排中氢气浓度的具体情况。

（2）整车氢气泄漏排放测试

中国汽车工程学会团体标准T/CSAE 123—2019《燃料电池电动汽车　密闭空间内氢泄漏及排放试验方法和安全要求》对燃料电池电动汽车密闭空间内的氢气泄漏排放进行了详细的规定。整个测试共分为五种不同情况，具体测试方法规定如下：

1）车辆在高温环境及停车状态下的氢气泄漏试验。该试验是为了检验燃料电池车辆停放在高温且无机械通风的密闭空间内的氢气泄漏情况，步骤如下：

① 车辆在密闭舱外完成一次完整的启动、吹扫、停机过程。

② 车辆进入密闭舱后，停机，在车内弧顶最高点安装氢气浓度传感器。

③ 关闭密闭舱，车辆在规定的环境条件下浸车12h，从密闭舱温度达到设定温度后开始计时到浸车结束，密闭舱内温度控制在设定温度的±3℃内，否则浸车无效。

④ 浸车完成后，打开密闭舱通风装置，检查环境和密闭舱内的氢气浓度，当氢气的体积分数为0时，关闭通风，并开始记录氢气浓度传感器数据。

⑤ 试验持续至少8h，采样频率至少为1Hz。

2）车辆在怠速状态下的氢气排放安全试验。该试验是为了检验车辆在有机械通风的密闭空间（每小时空气交换率不大于6）内，在怠速状态下的氢气排放情况，步骤如下：

① 车辆在密闭舱外完成一次完整的启动、吹扫、停机过程。

② 试验车辆进入密闭舱后，停机，并在规定的环境条件下浸车12h。

③ 浸车完成后，检测环境和试验舱内的氢气浓度，当氢气体积分数为0时，关闭密闭舱。

④ 启动车辆，并使燃料电池发动机保持怠速状态累计至少 10min。

⑤ 从启动车辆开始记录氢气浓度传感器数据，采样频率为 1Hz。

⑥ 燃料电池发动机保持怠速状态累计至少 10min 后，停机，直到空间内各位置氢气浓度基本稳定并呈现下降趋势时，停止记录数据。

3）车辆在空调开启状态下的怠速氢气排放安全试验。该试验是为了检验车辆在有机械通风的密闭空间（每小时的空气交换率不大于 6）内，空调开启状态下怠速时的氢气排放，步骤如下：

① 车辆在密闭舱外完成一次完整的启动、吹扫、停机过程。

② 试验车辆进入密闭舱后，在车内弧顶最高点安装氢气浓度传感器。

③ 车辆停机，并在规定的环境条件下浸车 12h。

④ 浸车完成后，检测环境和试验舱内的氢气浓度，当氢气体积分数为 0 时，关闭密闭舱。

⑤ 启动车辆，开启空调，设定空调温度为最高或最低档，设定风量为最大，制热时打开外循环，制冷时打开内循环，并使燃料电池发动机保持怠速状态累计至少 10min。

⑥ 从启动车辆开始记录氢气浓度传感器数据，采样频率至少为 1Hz。

⑦ 燃料电池发动机保持怠速状态累计至少 10min 后，停机，直到密闭舱内各位置氢气浓度基本稳定并呈现下降趋势时，停止记录数据。

4）车辆在频繁启停状态下的氢气排放安全试验。该试验是为了检验车辆在有机械通风的密闭空间（每小时的空气交换率不大于 6）内，频繁启停状态下氢气的排放情况，步骤如下：

① 车辆在密闭舱外完成一次完整的启动、吹扫、停机过程。

② 试验车辆进入密闭舱后，停机，并在规定的环境条件下浸车 12h。

③ 浸车完成后，检查环境和试验舱内的氢气浓度，当氢气体积分数为 0 时，关闭密闭舱。

④ 启动车辆，待车辆启动吹扫完成或燃料电池发动机进入怠速状态后，停机。

⑤ 从启动车辆开始记录氢气浓度传感器数据，采样频率至少为 1Hz。

⑥ 待车辆完成停机吹扫后，再次启动车辆。

⑦ 重复步骤 4）~ 步骤 6）5 次，停机，直到空间内各位置氢气浓度基本稳定并呈现下降趋势时，停止记录数据。

5）车辆进行可靠性行驶试验后停车状态下的氢气泄漏及排放试验。该试验是为了检验车辆在完成可靠性行驶试验后，在密闭空间内的氢气泄漏和排放情况。试验步骤如下：

① 车辆的可靠性行驶试验宜在试验场地内进行，可靠性行驶试验的总里程为 15000km，里程分配为强化坏路 3000km，平路 2000km，高速跑道 5000km，耐久工况 5000km（按照 GB/T 19750—2005《混合动力电动汽车　定型试验规程》附录 B 的规定进行）。

② 可靠性行驶试验后，按照步骤 1）~ 步骤 4）对车辆的氢气泄漏排放情况分别进行测试。

2. 氢气泄漏报警装置功能测评

（1）试验条件

1）试验车辆。启动车辆燃料电池系统，预热至车辆正常运行时的温度，车辆处于静止状态。

2）试验气体。应使用氢气体积分数不大于 4% 的氢-空气混合气体，根据车辆制造商的设定值，选择合适的氢气浓度。

（2）试验过程

氢气泄漏报警功能验证试验如下：

1）把试验气体吹入氢气泄漏探测传感器。

2）当达到车辆制造商推荐的发出警告浓度时，报警装置应该发出警告信号。

3）当达到车辆制造商推荐的关断氢供应浓度时，主关断阀应实施关闭动作，通过主关断阀的供电情况和其动作的声音确认主关断阀已经关闭。

4.2　车载氢系统测评技术

车载氢系统测试分为公告测试及一般测试。

公告测试即目前国家强制要求的测试。按照 GB/T 29126—2012《燃料电池电动汽车　车载氢系统　试验方法》中 6.1.1.3 节的描述，"当储氢容器安装紧固后，分别在车辆坐标系 X、Y、Z 三个方向施加 8 倍于充满标称工作压力氢气的储氢容器重力的力，测量检查储氢容器与固定座的相对位移"，以及 GB/T 26990—2023《燃料电池电动汽车　车载氢系统　技术条件》中 4.2.4 节的描述，"储氢容器安装紧固后，在上、下、前、后、左、右六个方向上应能承受 8g 的冲击力，保证储氢容器与固定座不损坏，相对位移不超过 13mm"，此外还有加氢口测试和储氢瓶型式试验报告。

一般测试涉及的方面比较多，主要有安装座的安全测试（氢泄漏、氢排放、功能要求、绝缘安全、加氢安全和碰撞安全等）、盐雾测试、高低温环境测试、零部件自身的型式试验、电子元器件的 EMC 测试、湿热循环测试、盐雾测试以及系统主体的振动测试等。

4.2.1　供氢系统管路气密性测评

供氢系统管路气密性检测，应在管路安装完成后或气体置换前进行。采用惰性气体（氦气 20%，氮气 80%）作为检测介质。对于压力调节器与燃料电池堆之间的管路，泄漏检测压力为实际工作压力；对于加氢口至高压储氢瓶之间的管路，泄漏检测压力为 1.25 倍的公称工作压力（NWP）。使用泄漏检测液进行目测检查，3min 内不应出现气泡。使用氦气检测仪进行检测时，应尽可能接近测量部位，其泄漏速度应满足不高于 0.005mg/s。

4.2.2　启动与关断功能测试

测试手动启动方式时，手动启动或关闭燃料系统，检查系统是否正常启动或关闭。测试遥控启动方式时，远程启动或关闭燃料系统，检查系统是否正常启动或关闭。测试自动方式时，定时启动或关闭燃料系统，检查系统是否正常启动或关闭。

4.2.3　安全相关测评

（1）泄漏量测试及评价

供氢系统应当将泄漏试验气体压缩到规定压力，并观测 3min 内表面活性剂是否产生气泡；或者使用已被证实等效的办法进行泄漏试验。允许的泄漏速率只适用于100%氢气，其他气体或者混合气体允许的泄漏速率应当被等效成100%氢气的泄漏速率。

在供气系统的出口处安装精度为0.5%的压力计和截止阀。关闭截止阀后打开氢气阀门及管路上其他的阀门，系统达到额定工作压力并稳定1min后，记录压力传感器测得的压力 p_1。关闭氢阀门，24h后记录压力传感器测得的压力 p_2。按照式（4-19）进行计算，泄漏率以平均每小时<0.5%为合格。当 p_1 和 p_2 只略高于大气压，且两者相差不大时，在式（4-19）中可不必代入氢气的压缩因子。

$$L=\frac{1-\dfrac{p_2 T_1 Z_1}{p_1 T_2 Z_2}}{T}\times100\% \tag{4-19}$$

式中　L——泄漏率；

　　　T——测试时间；

　　　p_1——测量开始时记录的压力（MPa）；

　　　p_2——测量结束时记录的压力（MPa）；

　　　Z_1——p_1 压力下的压缩因子；

　　　Z_2——p_2 压力下的压缩因子；

　　　T_1——记录 p_1 时的环境温度（K）；

　　　T_2——记录 p_2 时的环境温度（K）。

氢气的压缩因子（Z）按照式（4-20）进行计算

$$Z=\sum_{i=1}^{6}\sum_{j=1}^{4}v_{ij}p^{i-1}\left(\frac{100}{T}\right)^{j-1} \tag{4-20}$$

式中　v_{ij}——系数；

　　　p——需要计算压缩因子的压力（MPa）；

　　　T——热力学温度（K）。

（2）压力保护测试

检测系统是否有压力测量装置，当压力高于或低于设定压力时是否有报警。

（3）泄压装置测试

检测系统中是否有泄压装置，当系统压力大于设计压力时，泄压装置可以及时释放压力。

（4）接地性能测试

按以下步骤对接地性能进行试验：

1）被测系统的内部电路、监控设备及所有外部电路完全断开。

2）使用数字微欧计、开尔文电桥等微电阻测量仪器，按微电阻测量仪器测量接线方法（双线或四线），测量线主接线端接主保护接地端子，测量线另一端依次接可以触及的金属部件。

3）从微电阻测量仪器依次直接读出主保护接地端子与各测量点之间的连接电阻。

（5）防护性能测试

按照 GB/T 4208—2017 中 13.4 节和 14.2.4 节的规定分别进行防尘和防水试验。对于安装在舱室内或外壳内的供氢系统，进行试验时需要把供氢系统安装在舱室内或外壳内。

4.2.4　振动与冲击测评

车载氢系统的耐振动性能直接决定了整车的安全性以及使用寿命，振动试验的目的是模拟车载氢系统在汽车行驶过程中可能出现的振动激励，提前预测潜在故障和失效模式，从而在车载氢系统和汽车设计过程中加以避免，满足车辆全生命周期运行需求。

车载氢系统的振动测试应充分参考车辆类型、车辆运行设计重量、车载氢系统重量（或瓶组数）、车辆运行速度、车载氢系统安装布置位置等信息，制定相应的振动测试方法及流程。一般车载储氢瓶的振动测试如图4.7所示。

车载供氢系统根据整车布置要求，一般可分为单层排列或多层叠加排列结构形式，建议按表4.9所列顺序及时间进行试验，试验顺序应按照 Z、Y、X 方向依次进行。若振动顺序不按照此规定，应在试验报告中注明试验顺序。

图 4.7　车载储氢瓶的振动测试

表 4.9　随机振动试验方法

振动方向	功率谱密度（PSD）	振动时间/h	备注
Z		12	Z 对应产品在车辆上的上下方向
Y	见 Q/320582QYH101—2018 的附录 A 附录 B	12	Y 对应产品在车辆上前进方向的水平垂直方向
X		12	X 对应产品在车辆上的前进方向

注：单层排列结构按附录 A 要求进行，多层叠加排列方式按附录 B 要求。

车载供氢系统经历振动和撞击后，需满足气密性和泄漏量的要求，应有预防措施确保人员和财产安全。

4.3　质子交换膜燃料电池堆测评技术

4.3.1　燃料电池堆性能测评

燃料电池堆在确保运行安全的前提下可进行性能测试，主要进行燃料电池堆正常运行试验、持续和短时电功率试验。按照 GB/T 20042.2—2023《质子交换膜燃料电池　第2部分：电池堆通用技术条件》中 5 节的要求，进行燃料电池堆正常运行试验。

燃料电池堆在完成泄漏测试、电绝缘测试和耐高压测试后，确保没有泄漏、绝缘和耐高压问题才可以进行燃料电池堆性能测试。应采用相应的工装将燃料电池堆放置在燃料电池性能评价测试台上，避免燃料电池堆碰撞及掉落对工作人员或燃料电池堆模块造成损伤。测试台应配有防护舱，在燃料电池堆气密性及性能测试过程中，应保持舱门关闭，避免因零部件弹出及误触高压电导致人员伤害。

连接供气管路、冷却液管路前，应清洗管路，以免将污染物带入燃料电池堆内部堵塞流道、损伤 MEA；应保证紧固件有效，避免接头处泄漏；保证流体进出管路通畅，以免因堵塞造成压差过高损伤燃料电池堆；连接负载线路、巡检线路，应保证接触良好，避免因接触电阻过大导致局部过热造成的伤害。

连接工作完成后，关闭测试台舱门，先进行燃料电池堆与测试台的保压测试，防止因管路或接头泄漏而造成气体泄漏。保压测试通过后，开始给燃料电池堆加热，待燃料电池堆温度达到指定温度后开始给燃料电池堆通气和加载。加载电流根据电池堆的设计有所区别，一般加载至额定工作电流，同时检测燃料电池堆电压情况，单体电压最低不能低于 0.3V，避免燃料电池堆中单体电压过低引起反极，将质子交换膜烧穿导致氢空混合，出现安全隐患。当单体电压低于 0.3V 时，应及时减小电流输出，提升燃料电池单体最低电压，如果减小电流后单体电压仍然低于 0.3V，应立即停止测试，寻找原因。若燃料电池堆运行正常，待达到热稳定后，测量下述参数并记录结果，确认测试结果是否符合燃料电池堆相应的规定值。

1）满载电流条件下燃料电池堆的终端电压。

2）燃料电池堆的运行温度、最高表面温度及环境温度。

3）氢气压力，其测得值应不超出规定值的 ±5% 或相应规定值的 ±1kPa（两者中取较高值）。

4）氢气耗用速率，其测得值应不超出规定值的 ±5%。

5）氧气消耗速率，其测得值应不超出规定值的 ±5%。

6）空气压力，其测得值应不超出规定值的 ±5% 或相应规定值的 ±1kPa（两者中取较高值）。

7）冷却剂的入口和出口温度、压力、流量。

按照 GB/T 29838—2013《燃料电池　模块》中 5.7 节的规定，进行燃料电池堆持续和短时电功率试验，应在额定电流下待燃料电池堆稳定后将电流上升到规定的短时电功率输出并维持规定的时间。系统不得有破裂、裂缝、永久变形或其他物理损坏。所有测试结果均应符合制造商的规定。

4.3.2　电性能测试中的氢、电安全测评

燃料电池堆在出厂前需要进行相关的氢、电安全测试，在保证性能的同时保证安全，同时需要对燃料电池堆的外观进行检测，保证燃料电池堆外观没有明显缺损。

（1）燃料电池性能测试中的氢气泄漏监测

根据标准 GB/T 29838—2013，根据设计的不同，燃料电池堆性能测试时应检测氢气外漏率，以便于燃料电池系统集成商确定通风系统的最小通风能力、吹扫和通风流量要求。若燃料电池模块不含渗漏保护装置，产品说明书应说明，系统集成商必须提供防护设备或操作程序。

（2）泄漏测试

为确保电池堆的气密性，需要对燃料电池堆进行泄漏测试。将电池堆的氢气、空气和冷

却液端口与泄漏测试机的三个端口相连接，打开测漏机开始进行泄漏测试，测试电池堆的外部泄漏量（总外漏、空气腔外漏、燃料腔外漏、冷却腔外漏）。电池堆中每片单体电池外部泄漏量不得超过相应的规定值，该规定值由测量使用气体的类型、压力以及 MEA 的面积来确定。按照 GB/T 20042.2—2023《质子交换膜燃料电池　第 2 部分：电池堆通用技术条件》中 5.2 节的规定进行气体泄漏试验，试验结果应不超过给用户提供的技术文件中对于气体泄漏速率的规定。

对于氢泄漏测试，燃料电池堆应先在满载电流下运行，直至最高温度下达到热稳定。达到这些条件后，停止运行，吹扫燃料电池堆并关闭气体出口；燃料电池堆的温度降至规定的最低运行温度甚至更低。然后逐渐充入阳极气体，也可以是充入氦气或氮气，直至压力达到最高工作压力，并稳定 1min。在泄漏试验过程中入口压力应稳定不变，用位于燃料电池堆进气口、泄压装置上游、精度不低于 2% 的流量计测量漏气速率。如果用氦气或氮气作为试验气体，漏气速率应该进行校正，校正公式如下

$$R = \frac{q_{fuel}}{q_{test}} \tag{4-21}$$

式中　q_{fuel}——氢气气体泄漏速率（标准状态，mL/s 或 mL/min）；

　　　q_{test}——试验气体泄漏速率（标准状态，mL/s 或 mL/min）；

　　　R——修正系数，见式（4-22）或式（4-23）。

$$R = \left(\frac{d_{test}}{d_{fuel}} \right)^{1/2} \tag{4-22}$$

式中　d_{test}——试验气体的相对密度；

　　　d_{fuel}——氢气气体的相对密度。

或者

$$R = \frac{\mu_{test}}{\mu_{fuel}} \tag{4-23}$$

式中　μ_{test}——试验气体的运动黏度；

　　　μ_{fuel}——氢气气体的运动黏度。

应采用式（4-22）和式（4-23）计算修正系数 R，取较高值，并写入试验报告。

记录包括气体通过泄压阀的流速率在内的气体泄漏速率，并写入试验报告。如果因为压力滞后现象或压力设定而在试验中没有采用泄压装置，总泄漏值应该是测得值与泄压装置在最大氢气供应压力下的单独测得的泄漏量之和。

考虑参考条件和气体种类的修正，若用氢气气体或氦气作为试验气体，则将测得的气体泄漏率乘以 1.5；若用氮气作为试验气体，则将测得的气体泄漏率乘以 2。这一最终计算的结果，应不超过给用户提供的技术文件中气体泄漏速率的规定，并应向燃料电池系统集成制造商说明，要求将此信息提供给产品最终使用者，以便计算必要的通风量。

（3）窜气测试

按照 GB/T 20042.2—2023《质子交换膜燃料电池　第 2 部分：电池堆通用技术条件》中 5.6 节的规定进行窜气试验，试验包括燃料腔向氧化剂腔窜气速度的测定，以及燃料腔和

氧化剂腔向冷却剂腔的窜气速度的测定。所测得的窜气泄漏速度不大于制造商所提供的最大窜气速度（包括燃料腔对氧化剂腔和燃料腔对冷却剂腔）的规定值可判定为符合要求。

燃料腔向氧化剂腔窜气速度的测定试验中，除燃料腔和氧化剂腔的各一个进气接口，其余进出接口全部封住。将氧化剂腔的进气接口接上精度不低于 2% 的流量计（如皂泡流量计），由燃料腔的进气接口通入氮气，调整压力至允许最大工作压力差，稳定 1min 后，读出在时间 t_1 内流量计读数 Q_1。相应窜气速度 X_1 按下式求得

$$X_1 = 2RQ_1/t_1 \tag{4-24}$$

式中　X_1——燃料腔向氧化剂腔的窜气速度（标准状态，mL/min）；

　　R——按式（4-22）和式（4-23）计算得出的修正系数中的较大者；

　　Q_1——时间 t_1 内测得的燃料腔向氧化剂腔的气体窜漏量（标准状态，mL）；

　　t_1——测量时间（min）。

燃料腔和氧化剂腔向冷却剂腔的窜气速度的测定试验中，除燃料腔、氧化剂腔和冷却剂腔的各一个进气接口，其余进出接口全部封住。将冷却剂腔进口接上精度不低于 2% 的流量计（如皂泡流量计），由燃料腔和氧化剂腔的进气接口同时通入氮气，调整气压至燃料腔的最大运行压力，并稳定压力 1min，读出在时间 t_2 内流量计读数 Q_2，相应窜气速度可按式（4-25）求得。

$$X_2 = \frac{2RQ_2}{t_2} \tag{4-25}$$

式中　X_2——燃料腔和氧化剂腔向冷却剂腔的窜气速度（标准状态，mL/min）；

　　R——按式（4-22）和式（4-23）计算得出的修正系数中的较大者；

　　Q_2——时间 t_2 内测得的燃料腔向氧化剂腔的气体窜漏量（标准状态，mL）；

　　t_2——测量时间（min）。

需要注意的是，对于无冷却剂腔或冷却剂腔为开放型的燃料电池堆，燃料腔和氧化剂腔对冷却剂腔窜气的测定不必进行。

（4）易燃气体浓度试验

本项试验仅适用于带有集中安全通风系统和吹扫程序的封闭系统，其运行温度低于易燃气体的自燃温度。按照 GB/T 20042.2—2023《质子交换膜燃料电池　第 2 部分：电池堆通用技术条件》中 5.13 节的规定进行试验，安全通风和吹扫过程与燃料电池堆的具体特征和要求密切相关，此试验应测定正常运行时燃料电池堆外壳内易燃气体的最高浓度。

试验应在安全正常条件下进行，试验区域内应没有可感知的气流。燃料电池堆在正常温度范围内运行，直至达到热稳定。然后在距吹扫口和气体排放出口一定距离的位置测量，以保证测得的易燃气体浓度是外壳内的浓度。此试验应连续进行，两个测量读数间的时间间隔应不少于 30min，直到连续两个测得值的增量不超过连续 4 个测得值平均值的 5%。

测得的易燃气体浓度应低于可燃极限下限的 25%。

（5）气密性测试

按照 GB/T 36288—2018《燃料电池电动汽车　燃料电池堆安全要求》中 6.2 节的规定，对燃料电池堆进行气密性试验。

测试方法为，非风冷燃料电池堆处于冷态，关闭燃料电池堆的氢气排气端口、空气排气端口和冷却液出口，同时向氢气流道、空气流道和冷却液流道加注氢氮混合气体，氢气浓度不低于10%，压力设定在正常工作压力（表压），压力稳定后关闭进气阀门，保压20min。采用压降法测试燃料电池堆的气密性，结果不应低于初始压力的85%。

（6）允许工作压力测试

按照 GB/T 20042.2—2023《质子交换膜燃料电池 第2部分：电池堆通用技术条件》中5.4节的规定，对燃料电池堆进行允许工作压力试验。

燃料电池堆应进行氢气、空气和冷却剂腔许可工作压力试验。燃料电池堆应在最高或最低运行温度下进行试验，以要求更高者为准。在本试验中，如果燃料电池堆模块在正常运行时氢气和空气两侧压力相同，氢气和空气侧可相互连通测试。进行单腔测试时，关闭所有出口腔和非测试腔的进口，向测试腔进口通入氮气或空气，逐步加压到不低于1.3倍许可工作压力，并维持稳定不低于1min。如果无法实现试验温度条件，则应在环境温度下加压到不低于1.5倍许可工作压力下进行试验。

试验中，燃料电池堆不应出现开裂、破碎、永久变形或其他物理损伤。

（7）压力差测试

按照 GB/T 20042.2—2023《质子交换膜燃料电池 第2部分：电池堆通用技术条件》中5.10节的规定，对燃料电池堆进行压力差试验。

试验在燃料电池堆最高允许工作温度或最低允许工作温度（取两者中更为严格者）下进行。向阳极和阴极通道通入适当的气体，并逐渐加压，直至达到最大允许工作压差的1.3倍，保持压力稳定不少于1min，测量泄漏速率。

试验中，燃料电池堆不应出现开裂、破碎、永久变形或其他物理损伤。在试验温度下，不应因为本项试验导致阴极和阳极之间的泄漏率增大。增压后的测得值与最初试验结果的偏差，不应超过仪器的精度要求。

（8）绝缘检测

按照 GB/T 36288—2018《燃料电池电动汽车 燃料电池堆安全要求》的规定，采用 GB 18384—2020《电动汽车安全要求》中的测量方法，测量燃料电池堆的绝缘电阻。

绝缘电阻的测量应在出现露点的阶段，以适当的频次进行测量，以便得到绝缘电阻的最小值。测量时应闭合全部开关，关闭车辆绝缘电阻检测系统，以免影响测量值；应当将测量设备适当稳定的读数作为测量值。

燃料电池堆在加注冷却液且冷却液处于冷冻循环状态下，正负极的对地绝缘性要求分别不应低于 $100\Omega/V$。

（9）耐高压测试

按照 GB 18384—2020 中6节的试验方法，对燃料电池堆进行耐电压试验，试验中不应发生介质击穿或电弧现象。

（10）接地保护测试

按照 GB/T 36288—2018《燃料电池电动汽车 燃料电池堆安全要求》的规定，对燃料电池堆进行测试。

测量前,断开与燃料电池堆相连的其他供电电源和负载;测量时,测量仪表端子分别连接至接地端子和燃料电池堆外壳。当燃料电池堆输出电压高于60V时,燃料电池堆需有接地点,接地点与所有裸露的金属间电阻小于0.1Ω。

(11)电气过载测试

按照GB/T 20042.2—2023《质子交换膜燃料电池 第2部分:电池堆通用技术条件》中5.8节的规定,对燃料电池堆进行电气过载试验。

燃料电池堆应在额定电流下稳定运行,然后将电流逐渐增加到规定值并在规定时间内保持不变。过载试验后,燃料电池堆不应出现开裂、破碎、永久变形或其他物理损伤。

(12)介电强度测试

按照GB/T 20042.2—2023《质子交换膜燃料电池 第2部分:电池堆通用技术条件》中5.9节的规定,对燃料电池堆进行介电强度试验。

如果燃料电池堆不能保持运行温度不变,介电强度试验应该在最高允许温度下进行,并应记录试验时的温度。对进行介电强度试验的燃料电池堆,应切断氢气供应,并用吹扫气体进行吹扫。在带电部分和不带电金属构件之间施加试验电压,采用直流电或50Hz±2Hz的正弦交流电,试验电压应在不少于10s的时间内稳定增加到规定值,然后至少维持1min。

如果没有出现绝缘击穿,且泄漏电流不超过1mA乘以试验电压与开路电压之比,则认为燃料电池堆的介电强度符合要求。

4.3.3 机械振动、冲击测试中的安全测评

燃料电池堆在使用中经常受到运行中的短时、瞬态振动所引起的短持续时间脉冲和振荡力的作用,这些力的特性和被测样品的阻尼使样品的振动响应达不到稳态条件。当用正弦或随机振动进行了初始振动响应检查之后,时间历程试验将使样品经受由具有模拟动态应力特性的响应谱确定的振动(加速度、速度或位移)时间历程。为了满足产品在整车应用中的机械振动和冲击的要求,需要对产品的抗振动和抗冲击进行试验验证。基本测试流程包括以下几步。

1)初始检测:燃料电池堆被测样品应按有关规范的要求进行外观、尺寸和功能检测。

2)一般要求:除非有关规范另有规定,燃料电池堆被测样品应按照标准要求,在优选的每条轴向上进行振动。若有关规定没有另做规定,轴向间的顺序是不重要的。

3)中间检测:当有关规范有规定时,在所规定的时间历程试验或正弦扫频试验期间,样品应工作,并检测其性能。

4)最后检测:应按有关规范的规定对样品进行外观、尺寸和功能检查。有关规范应提供接受或拒收样品的判据。

(1)机械振动测试

振动测试模拟车辆长时间在复杂路况行驶(如搓板路、颠簸路、起伏路等)过程中的性能变化。燃料电池堆长时间振动颠簸后,其内部不能出现错位从而发生短路和气体泄漏等安全问题。按照GB/T 20042.2—2023《质子交换膜燃料电池 第2部分:电池堆通用技术条件》中5.7节的要求,对燃料电池堆进行耐振动试验,试验方法按照GB/T 2423.10—2019中第8章的规定进行。

试验要对燃料电池堆进行依次 X、Y、Z 三个方向的振动测试，轴向的选择应选最可能暴露故障的方向，每个方向振动21h。要求测试结束后，电池堆连接可靠、结构完好，不应出现开裂、破碎或其他物理损伤，且应能承受介电强度试验、压力差试验、气体泄漏试验、正常运行试验和易燃气体的浓度试验并符合相关要求；最小监控单元电压无锐变，电压差的绝对值不大于0.15V，无泄漏、外壳破裂、爆炸或着火等现象；燃料电池堆的绝缘性能和气密性能无明显下降。

振动测试后，燃料电池堆中的零部件无明显位移、扭转和弯曲；零部件的谐振频率与初始值的偏差应小于10%，各个紧固螺钉的剩余紧固力不低于初始值的60%；各个电气连接点的电阻与初始值的偏差应小于5%。

（2）机械冲击测试

按照 GB/T 36288—2018《燃料电池电动汽车　燃料电池堆安全要求》中6.1节的规定，对燃料电池堆进行机械冲击试验。燃料电池安装固定后，在 X 向、Y 向、Z 向上分别以5.0g 的冲击加速度进行冲击试验。机械冲击脉冲采取半正弦波形，持续时间15ms，每个方向各进行一次。

燃料电池堆冲击测试之后，机械结构应不发生损坏，气密性满足气密性检测要求，绝缘性应满足绝缘性要求。

4.3.4　高、低温储存及低温启动测试中的安全测评

燃料电池堆储存温度要求及高、低温储存测试应符合国家标准相关细则规定。其中，模块储存温度范围为-40~60℃。

（1）高温储存试验

按照 GB/T 33978—2017《道路车辆用质子交换膜燃料电池模块》中6.13.2节的规定，对燃料电池堆进行高温储存测试。

将燃料电池堆置于高温储存试验环境中，静置12h以上，至燃料电池堆内温度达到预定的储存温度（如60℃）；将燃料电池堆试验环境温度降至室温，静置12h以上；重复以上过程共3次。

试验后，燃料电池堆不应出现裂缝、扭曲变形等缺陷；按照 GB/T 20042.2—2023 中5.6节的规定进行模块的燃料腔、氧化剂腔、冷却剂腔的窜气试验，并能满足相关要求。

（2）低温储存试验

按照 GB/T 31035—2014《质子交换膜燃料电池电堆低温特性试验方法》中8.4.2节的规定，对燃料电池堆进行低温储存试验。

燃料电池堆正常稳定运行条件下且燃料电池堆内部温度达到正常工作温度，按照关机程序进行燃料电池堆关机，记录关机所用的时间与消耗的能量与物质的量；将燃料电池堆置于低温储存试验箱中，按试验要求设置试验箱温度，静置12h以上；将燃料电池堆试验环境温度升至室温，静置12h以上，按照启动程序进行燃料电池堆的启动；重复上述过程，达到连续成功启动两次。

试验后，观察燃料电池堆模块封装壳体和封装安装固定部件是否出现裂缝、扭曲变形等

缺陷；燃料电池堆模块按照 GB/T 29838—2013 中 5.3 节和 5.4 节的规定进行气密性和运行试验；按照 GB/T 20042.2—2023 中 5.6 节的规定进行燃料腔、氧化剂腔、冷却剂腔的窜气试验，试验中，燃料电池堆模块应能满足相关要求。

（3）低温启动试验

按照 GB/T 31035—2014《质子交换膜燃料电池电堆低温特性试验方法》中 8.4.3 节的规定，对燃料电池堆进行低温启动试验。

燃料电池堆正常稳定运行情况下，按照关机程序对低温储存前的燃料电池堆进行关机；将燃料电池堆置于低温储存试验箱中，按照试验要求设置试验箱温度，静置 12h 以上；将燃料电池堆在低温试验环境中按照启动程序启动，记录达到额定功率输出的时间、气体消耗及相关的电流、电压；将燃料电池堆在额定功率下输出稳定运行 10min（功率加载误差 ≤ 2%）；重复上述过程，达到连续成功启动两次。

试验后，在室温下对燃料电池堆进行气密性试验、运行试验、允许工作压力试验、冷却系统压力试验、窜气试验、压力差试验、启动试验、关机试验、发电性能试验，燃料电池堆应能满足相关要求。

4.3.5　防水防尘测试中的安全测评

质子交换膜燃料电池堆应具备防水防尘能力，保护燃料电池堆内部材料与部件不受水、灰尘影响。若整车对燃料电池堆模块有进一步要求，则按照整车的要求；若无特殊要求，按 GB/T 4208—2017 中的规定执行测试，模块防水应满足 GB/T 4208—2017 中 IPX5 等级要求，防尘应满足 GB/T 4208—2017 中 IP5X 等级要求。

（1）防水试验

按 GB/T 4208—2017《外壳防护等级（IP 代码）》中的规定，对燃料电池堆进行防水试验。

防水试验包括滴水箱试验、摆管或淋水喷头试验、喷嘴试验、浸水试验和喷水试验，不同外壳防护等级防水试验和试验方法见表 4.10。

表 4.10　不同外壳防护等级防水试验和试验方法

防护等级	防水试验	试验方法
IPX1	滴水箱试验	使用滴水箱，外壳置于转台上
IPX2		使用滴水箱，外壳在四个固定的位置上倾斜 15°
IPX3	摆管或淋水喷头试验	使用摆管，与垂直方向 ±60° 范围淋水，最大距离 200mm 或使用淋水喷嘴，与垂直方向 ±60° 范围淋水
IPX4		使用摆管，与垂直方向 ±180° 范围淋水，最大距离 200mm 或使用淋水喷嘴，与垂直方向 ±180° 范围淋水
IPX5	喷嘴试验	使用喷嘴，喷嘴直径 6.3mm，距离 2.5~3m
IPX6		使用喷嘴，喷嘴直径 12.5mm，距离 2.5~3m
IPX7	浸水试验	使用潜水箱，水面在外壳顶部以上至少 0.15m，外壳底面在水下至少 1m
IPX8		使用潜水箱，水面高度由用户和制造厂协商

（续）

防护等级	防水试验	试验方法
IPX9	喷水试验	扇形喷嘴在转台上对小型外壳进行试验，转速（5±1）r/min，在0°、30°、60°、90°方向喷射或者按预期使用对大型外壳进行试验从距离（175±25）mm 的位置喷射

依据 GB/T 33978—2017《道路车辆用质子交换膜燃料电池模块》，若燃料电池整车对燃料电池模块防水有要求，则按照整车的要求，若无特殊要求，模块防水应满足 IPX5 等级要求。

（2）防尘试验

按 GB/T 4208—2017《外壳防护等级（IP 代码）》中 13.4 节的规定，对燃料电池堆进行防尘测试。

防尘试验应在防尘箱中进行，密封试验箱内的粉末循环泵可以用能使滑石粉悬浮的其他方法替代。滑石粉应用金属方孔筛滤过，金属丝直径 $50\mu m$，筛孔尺寸为 $75\mu m$。滑石粉用量为每立方米试验箱容积 2kg，使用次数不得超过 20 次。被试验的外壳按正常工作位置放入试验箱内，可不与真空泵连接。在正常情况下开启的泄水孔，试验期间应保持开启。防尘试验持续 8h。

如不能将整台设备置于试验箱内做试验，可选用下列方法之一进行：

1）用外壳的各个封闭部分做试验。

2）用外壳有代表性的部件（包括组件）试验，试验时这些部件应安装就位。

3）用具有相同结构、按比例缩小的设备进行试验。

对于后两种情况，试验时抽出设备的空气体积，应与整台设备时规定相同。试验后，观察滑石粉沉积量及沉积地点，如果同其他粉尘一样，不足以影响燃料电池堆的正常操作或安全，即认为试验合格。除非燃料电池堆设计时明确规定了特例，在可能沿爬电距离导致电痕化处不允许有灰尘沉积。

依据 GB/T 33978—2017《道路车辆用质子交换膜燃料电池模块》，若燃料电池整车对燃料电池模块防尘有要求，则按照整车的要求，若无特殊要求，模块防尘应满足 IP5X 等级要求。

4.3.6 盐雾腐蚀测试中的安全测评

燃料电池堆应对腐蚀环境具有耐受性，满足腐蚀工作环境的安全要求。按照 GB/T 28046.4—2011 中 5.5.2 节所述的测试方法和 GB/T 2423.17—2008《电工电子产品环境试验 第2部分：试验方法 试验 Ka：盐雾》，进行燃料电池堆的盐雾腐蚀测试。

盐雾腐蚀试验应在试验箱中进行，试样应按正常使用状态进行试验，试样之间不应有接触，也不能与其他金属部件接触。试验箱的温度应维持在（35±2）℃。所有的暴露区域都维持盐雾条件，至少用两个面积为 $80cm^2$、放置在不受试样遮挡、不同位置处的器皿在暴露区域的任何一点连续收集至少 16h 的雾化沉积溶液，平均每小时收集量应在 1.0~2.0mL。器皿内的溶液用于测试 pH 值和浓度，在（35±2）℃测量时，溶液浓度满足（5±1）%（质量比）要求，pH 值在 6.5~7.2。试验结束后，小试样应在不超过 35℃自来水下重洗 5min，然后用不超过 35℃的蒸馏水或者去离子水重洗，最后晃动或者用气流去掉水滴。试验在标准恢复条件下放置 1~2h。一般测试盐溶液采用氯化钠（化学纯、分析纯）和蒸馏水或去离子水配置，其浓度为 5%±1%（质量分数），35℃±2℃下测量 pH 至在 6.5~7.2。

试验后，可通过目视检查盐雾腐蚀情况，然后对燃料电池堆进行气密性试验、运行试验、窜气试验、绝缘试验、电气过载试验、介电强度试验，并能满足相关要求。

4.4 质子交换膜燃料电池系统测评技术

4.4.1 电性能测试中的氢、电安全测评

（1）气体泄漏测试

根据 GB/T 27748.1—2017《固定式燃料电池发电系统 第 1 部分：安全》中 5.4 节和 GB/T 31037.1—2014《工业起升车辆用燃料电池发电系统 第 1 部分：安全》中 5.2 节规定的测试标准，对燃料电池系统进行气体泄漏试验。

在进行该试验前，应按照氢系统、空气系统、冷却系统进行分类。确定上述子系统在燃料电池系统正常运行过程中的实际压力，按照相应的设计要求，作为独立试验段分别加压。在试验段的入口处连接一个能够为气体介质提供试验压力的、合适的加压系统或稳压系统以及一个能够精确测量泄漏量的流量测量装置，测量装置的精度应满足 GB/T 23645—2009 中的相应规定（≤1%）。流量测量装置应位于加压系统和试验段之间，应通过合适的方法对试验段的出口进行密封。测试中，使所有功能部件处于开启位置，在试验段的所有部件上均保持所要求的测试压力。

气体介质应逐渐进入试验段，以便试验段在大约 1min 内逐渐达到不低于表 4.11 所列的规定压力值。该压力应保持 30min 时间，试验过程中记录在此时间段内流量监测装置显示的任何泄漏量。

在自然通风的条件下，燃料电池系统在进行该项试验时气体泄漏量不得超过表 4.11 所列的规定极限值。

表 4.11 气体泄漏量试验要求

危险类型	试验类型	系统设计条件	试验参数	通过/失败判据
易燃	气压	所有压力	最大允许工作压力的（110%±5%）	使用行业认可的检漏液无气泡且系统外壳内氢气泄漏量总和不超过 1%

（2）强度测试

根据 GB/T 27748.1—2017《固定式燃料电池发电系统 第 1 部分：安全》中 5.5 节的规定，强度测试要进行气动强度试验和液压强度试验两部分。

采用与正常运行过程预期的气/液体组分接近的流体进行测试，测试压力达到规定值时，燃料电池系统部件应不出现破裂、断裂、变形或者其他可见的物理损坏和液体泄漏。

在进行该试验前，应按照氢系统、空气系统、冷却系统分类。确定上述子系统在燃料电池系统正常运行过程中的实际压力，按照相应的设计要求，作为独立试验段分别加压。必要时可通过便捷方法将被测试验段与燃料电池系统的其他部分隔开。此外，上述系统正常运转的定义应符合 GB/T 29838—2013《燃料电池 模块》中的相应标准。

应在试验段的入口处连接一个能够为气体介质提供试验压力的、合适的加压系统或稳压系统和一个能够使得试验段充满规定压力液体介质的液压系统。使所有功能部件处于开启位置，在试验段所有部件上均保持所要求的测试压力。此外还需要一个能够保持所需试验压力的压力测试装置。气/液介质应逐渐被加注到试验段，在 1min 内达到不低于表 4.12 中所列的规定测试压力，该压力下至少保持 1min 及以上时间，然后将压力降低至设计压力。依据表 4.12 所列要求确定测试是否通过。

表 4.12 强度试验要求

危险类型	试验类型	系统设计条件	试验参数	通过/失败判据
氢气	气压	≥13kPa	1.3 倍设计压力	无破裂、断裂、变性或者其他物理损坏
		13kPa>P>3.5KPa（燃料电池堆为>5.5kPa，<13kPa）	17kPa	无破裂、断裂、变性或者其他物理损坏
		≤3.5kPa（燃料电池堆为5.5kPa）	5 倍设计压力（燃料电池堆为 3 倍）	无破裂、断裂、变性或者其他物理损坏
空气	气压	≥100kPa	1.3 倍设计压力	无破裂、断裂、变性或者其他物理损坏
		<100kPa	无要求	无要求
冷却介质	气压	≥1.1MPa 或者≥120℃	1.3 倍设计压力	无破裂、断裂、变性或者其他物理损坏
		<1.1MPa 且 120℃	无要求	无要求
	液压	≥1.1MPa 或者≥120℃	1.5 倍设计压力	无破裂、断裂、变性或者其他物理损坏
		<1.1MPa 且 120℃	无要求	无要求

（3）欠气测试

根据 GB/T 29838—2013 中 5.15.2 节和 5.15.3 节的要求，进行欠气测试，测试包括燃料（氢气）饥饿测试和氧化剂（氧气）饥饿测试两部分。

燃料电池系统应以标称功率和正常运行参数运行至稳定状态后，将燃料/氧化剂减少到代表最坏情况的水平。

电压监测系统或其他安全系统应提供一个信号，用于在达到危险状态之前，将燃料电池系统转换到安全状态。

（4）冷却缺失/损失试验

根据 GB/T 29838—2013 中 5.15.4 节的要求进行冷却损失试验。开始试验后，在制造商规定的最大允许功率输出及制造商规定的稳定条件下运行时，将冷却液流（如果与氧化剂分开的话）立即停止，以模拟冷却系统出现缺失或受损等故障。在冷却损失的条件下，系统实现下列其中一种响应：

1）冷却剂断开后燃料电池系统在制造商规定的允许时间内运行。

2）在达到结构材料的使用温度极限之前，燃料电池系统因性能下降而关闭。

3）在达到危险状态之前，系统的安全装置提供信号将燃料电池模式切换到安全状态。

若在冷却缺失的条件下，燃料电池系统不能置于运行状态，则应被视为符合测试。

（5）电气过载测试

根据 GB/T 27748.1—2017《固定式燃料电池发电系统 第 1 部分：安全》中的 5.7 节的试验规定，燃料电池发电系统应能够承受电气过载。

在高于额定电流的条件下工作一段时间，该系统不应有起火、振动、破裂、断裂、永久变形或者其他物理损坏的危险。

若制造商不准许较高的电流，则不应进行该测试。

（6）触电防护

通常情况下，燃料电池系统上易触及的导电部件不应存在带电风险。为防止意外接触带电部件，燃料电池系统可根据 GB 18384—2020《电动汽车安全要求》的要求设计相应结构和防护外壳，系统的接触防护和间接接触防护要求应能通过上述标准 7.1 节中给出的触电防护试验要求。

（7）耐电压测试

燃料电池系统内部的绝缘体应有足够的耐电压能力，在进行 GB/T 18384.3—2015 中规定的耐电压试验中，系统不应发生绝缘击穿或电弧现象。

（8）绝缘要求

对于任何 B 级电压电路的带电部件应采取绝缘措施，提供危险接触的防护，绝缘措施包括但不限制于基本绝缘或遮挡/外壳或多种绝缘方式组合，无论采用何种方式都应达到 GB/T 18384.3—2015 规定的要求。同时，根据 GB/T 31037.1—2014《工业起升车辆用燃料电池发电系统 第 1 部分：安全》中 5.5 节的规定，燃料电池系统 B 级电压电路在按照 GB/T 16935.1—2023《低压供电系统内设备的绝缘配合 第 1 部分：原理、要求和试验》所给出的测试方法进行测试，电阻检查结果如符合表 4.13，则认为符合规定。

表 4.13 绝缘电阻要求 （单位：kΩ/V）

设备类型	测量阶段最小瞬间绝缘电阻	测量阶段计算最小绝缘电阻
Ⅰ类设备	0.1	1
Ⅱ类设备	0.5	5

注：绝缘电阻按照发电系统的额定电压计算。

4.4.2 机械振动、冲击测试中的安全测评

燃料电池系统激励源主要是由于汽车行驶过程中路面的不平整造成的，路面的激励频率大部分集中在低频端，燃料电池系统设计中应据此考虑燃料电池系统的整体固有频率。

　　根据 GB/T 31037.1—2014《工业起升车辆用燃料电池发电系统　第 1 部分：安全》中5.3 节的规定，燃料电池系统应具有一定的抗冲击振动的能力，保证正常使用、运输或储存过程中产生的冲击振动不会对系统各个部件产生损害。按 GB/Z 18333.1—2001 中的规定进行试验后，若燃料电池系统能正常启动和运行，则可认为通过测试。

4.4.3　高、低温储存及冷冻/解冻循环测试中的安全测评

　　（1）高、低温储存测试

　　高、低温储存测试，试验参考 GB/T 33979—2017，具体要求如下：

　　1）高、低温储存试验前应保证没有泄漏、绝缘、耐高压问题。

　　2）常温下进行气密性、极化曲线测试，确定试验前系统性能。

　　3）试验前按照制造商规定的关机程序进行关机，系统置于低温（高温）储存试验环境温度中，静置 12h 以上，至系统内温度达到预定的储存温度。

　　4）试验环境温度升至室温，静置 12h 以上。

　　5）重复以上过程，共 2 次。

　　6）观察系统各部件壳体和封装安装固定部件是否出现裂缝、扭曲变形等缺陷。

　　7）常温下进行气密性、极化曲线测试，确定试验后的系统性能。

　　注意：在上述试验过程中，人员应尽量避免进入环境舱，以免造成人员伤害。

　　（2）低温气密性测试

　　低温气密性测试，试验参考 GB/T 33979—2017，具体要求如下：

　　1）低温气密性测试前应保证没有气密性、绝缘、耐高压问题。

　　2）气密性测试管路连接好后，将系统置于低温环境温度中，将管路引出环境舱。

　　3）试验前按照制造商规定的关机程序进行关机。常温下进行气密性试验，确定试验前系统的气密性。

　　4）系统置于低温储存试验环境温度中，静置 12h 以上，至系统内温度达到预定的储存温度。

　　5）低温下进行气密性试验，确定试验后系统的气密性。

　　注意：在上述试验过程中，人员应尽量避免进入环境舱，以免造成人员伤害。

　　（3）低温启动测试

　　低温启动测试，试验参考 GB/T 33979—2017，具体要求如下：

　　1）低温启动前应保证没有泄漏、绝缘、耐高压问题。

　　2）低温启动前应保证系统已通过低温气密性试验。

　　3）系统正常稳定运行情况下，按照制造商规定的关机程序，对低温储存前的系统进行关机。

　　4）将系统置于低温储存试验箱中，按试验要求设置试验箱温度，静置 12h 以上。

　　5）将系统在低温试验环境中，按照制造商规定的低温启动程序启动，记录达到额定功率输出的时间、气体消耗及相关的电流、电压。

　　6）将系统在额定功率输出稳定运行 10min（功率加载误差≤2%）。

7）重复上述步骤，达到连续成功启动 2 次。

8）常温下进行气密性、极化曲线测试，确定系统性能。

注意：在上述试验过程中，人员应尽量避免进入环境舱，以免造成人员伤害。

（4）解冻测试

解冻测试仅适用于储存温度或工作温度低于 0℃ 的质子交换膜燃料电池系统。在以稳定方式正常运行后，应关闭燃料电池系统，然后将燃料电池系统冷冻在制造商指定的最低环境温度条件下。冷冻后，根据制造商的规定升温速率将其解冻，直至系统内最低温度达到 10℃。冷冻/解冻温度也可参照 GB/T 33978——2017《质子交换膜燃料电池发电系统低温特性测试方法》中 6.13 节中的推荐值。该冻结/解冻循环重复 10 次之后，应重复进行泄漏测试。

4.4.4　电磁兼容测试中的安全测评

根据 GB/T 27748.1—2017《固定式燃料电池发电系统　第 1 部分：安全》中 4.8 节的要求，燃料电池发电系统不得在其预期使用处，产生超过规定水平的电磁干扰，并且系统中的电气设备应对电磁骚扰有足够的抵抗能力以便在其工作环境中正确地运行。

燃料电池系统必须满足电磁发射和抗扰度试验要求，具体的要求见表 4.14。

表 4.14　燃料电池系统 EMC 测试标准与要求

试验类别	端口	试验项目	参考标准及技术要求
发射类	ETU	辐射发射	满足 GB/T 18655—2018 中的表 7
	信号线	传导发射-电流法	满足 GB/T 18655—2018 中的表 6
	电源线	传导发射-电压法（LV 和 HV）	低压端满足 GB/T 18655—2018 中的表 5 高压端满足 GB/T 18655—2018 中附录 I 的表 I.1
		瞬态传导发射（LV）	满足 GB/T 21437.2—2021 附录 C 等级 3
抗扰类	EUT	辐射抗干扰（ALSE 和 BCI）	根据 GB/T 33014.2—2016 和 GB/T 33014.4—2016，进行测试，频率：20MHz~2GHz，等级：60mA 和 100V/m，功能特性状态等级为 A
		静电放电抗扰度	采用表 GB/T 19951—2019 中的 C.1、C.2、C.3 中类别 2 试验严酷等级 L3 进行试验；样品不通电时、样品通电时、间接放电时的功能特性状态等级分别为 C、A、A
		磁场抗扰度	按照 ISO 11452—8：2015 附录 A.1 的等级Ⅲ进行测试，产品功能特性状态等级达到 A
		便携式发射机抗扰度	按照 ISO 11452—9：2012 中的表 A.1 施加骚扰，产品功能特性状态等级为 A
	电源线	沿电源线的电瞬态传导抗扰度（LV）	按照 GB/T 21437.2—2021 中的表 A.1 和表 A.2 中等级Ⅳ施加骚扰，在波形 1、2a、2b、3a、3b、4、5a、5b 骚扰下，对应的功能特性状态等级分别为 C、A、C、A、A、C、C、C
	信号线	沿信号线的电瞬态传导抗扰度	采用 GB/T 21437.3—2021 中的表 B.1 和表 B.2 中 CCC 模式以及等级Ⅳ的骚扰，产品功能特性状态等级达到 A

4.4.5　报警与关机测试

根据 GB/T 31037.1—2014《工业起升车辆用燃料电池发电系统　第1部分：安全》中5.8节的规定，燃料电池系统在进行下列报警与关机测试过程中，系统应能实现相应的响应（包括显示器、声音和灯光警告以及自动关机、安全联锁等）。

（1）氢气泄漏或氢气积聚情况下的燃料电池发电系统报警与关机试验

本试验应对安装在燃料电池发电系统内的每个氢气浓度传感器分别进行。按照制造商规定的程序启动燃料电池发电系统后，燃料电池发电系统处于正常工作状态。氢气探测器的测试条件为1%和2%，可以选用以下方法达到：

1）将氢气浓度传感器放置在一个容器中，该容器内的氢气浓度可以调节和控制。

2）根据氢气浓度传感器的信号输出特性，用一个信号发生器取代氢气浓度传感器，向系统输入与测试条件相对应的信号。

当测试的条件为氢气浓度达到1%时，燃料电池发电系统应可以正常工作，但是控制系统应在10s内通过显示屏、声音或灯光的方式警示操作者。维持该测试条件10min，警示信号应持续工作。

当测试条件为氢气浓度达到2%时，燃料电池发电系统的控制系统应在10s内自动切断氢气供应源并自动关机。自动关机后，将氢气浓度降到0.8%以下，在没有人工复位的情况下，燃料电池系统不能正常启动。

（2）紧急关机与启动试验

本试验开始时，按照制造商的规定程序启动燃料电池发电系统，燃料电池系统应处于正常工作状态。触发本机上的紧急关机按钮，燃料电池系统的响应满足如下要求：

1）应能触发系统的安全联锁装置，应能自动切断氢气的供应和电输出。

2）应不会造成燃料电池发电系统的额外故障。

3）应优先于燃料电池发电系统所有模式下除安全保护以外的功能和操作。

4）应不会在燃料电池发电系统重启初始化过程中被自行复位。

5）若系统配有重启锁定装置，则仅当重启锁定装置被有意复位后，一个新的启动命令方可起作用。

完成紧急关机后，在没有人工复位的情况下，系统应不能正常启动；系统重新启动开始运行应建立在燃料电池发电系统故障排除且所有安全装置均已被有意复位并开始工作的前提下。

（3）燃料废气排放口堵塞自动关机试验

按照制造商规定程序启动燃料电池发电系统，燃料电池发电系统应处于正常工作状态。堵塞燃料电池发电系统的燃料废气排放口，当排放口因堵塞导致压力过高，达到制造商设定的值时，燃料电池发电系统应能自动监测到系统的非正常运行情况，自动关机，并切断氢气的供应源。故障排除后，燃料电池发电系统应能正常启动。

（4）电路过流报警与关机试验

提供超过额定输出电流100%的过流信号至燃料电池发电系统，电路短路保护装置应启动，同时控制系统应立即通过显示屏、声音或灯光等方式警示操作者，并且应能自动切断发电总输出或自动关机。

本 章 小 结

　　本章主要对整车通用安全、车载氢系统安全以及燃料电池堆与系统的安全测评技术进行了深入阐述。在整车通用安全方面，重点探讨了 EMC 测评、电气系统测评、碰撞测评以及氢气泄漏排放测评等关键领域；对于车载氢系统，介绍了管路气密性测评、启动与关断功能测试、安全测评以及振动与冲击测试等技术手段；对于燃料电池堆的安全测评，主要关注氢电安全测评、振动冲击测试、高低温测试、防水防尘测试以及盐雾腐蚀测试等方面；最后，在燃料电池系统的安全测评中，注重氢电安全测评、振动冲击测试、高低温测试等环节，并增加了电磁兼容测试以及报警与关机测试等内容。通过本章的介绍，读者可以对整车通用安全、车载氢系统安全以及燃料电池堆与系统的安全测评技术有一个全面而深入的了解，为氢能源车辆的安全设计与评估提供有力的技术支撑。

第5章 燃料电池电动汽车氢安全风险监测技术

氢燃料电池电动汽车具有与纯电动汽车、混合动力汽车相似的电气特征，即通过输出电量驱动电动机工作从而促使车辆前进，从而使很多安全规范都可以参考电动汽车用储能系统的相关标准。但燃料电池电动汽车独有的特征是驱动过程中有氢气的参与。氢气是一种易燃范围广、火焰传播速度快、点火能量低的危险气体，易发生因氢气泄漏导致的火灾和爆炸事故。对于燃料电池电动汽车来说，氢泄漏风险也是制约其推广的主要因素之一。本章介绍了燃料电池电动汽车氢安全风险监测技术，对燃料电池电动汽车氢风险进行快速而准确的监测并及时采取相应的防控手段，对保障其安全使用具有重要意义。

5.1 燃料电池电动汽车氢泄漏风险分析

5.1.1 氢事故调查

从美国能源部支持的事件数据库中，统计了 120 起氢气事件数据，所有的事件数据来自世界各地的工厂、政府、研究机构和其他机构，统计结果如图 5.1 所示。从图 5.1 可以看出，实验室是最容易发生事故的地点，占事故的 38.3%；其次是加氢站和与氢相关的商业设施，分别占 10.64% 和 9.04%。进一步分析实验室事故的细节，发现人为失误和设备故障是造成事故的两个主要原因。例如，在一次氢气事件中，在合成液体燃料实验室加注操作过程中，氢缸意外注入了 40% 氢气和 60% 空气的高度爆炸性混合物。当两名化学工程师意识到这一错误并决定释放气体时，绝热压缩产生的热量导致发生了爆炸。这次事故导致两人丧生。

根据 120 起氢事故中涉及设备部件的分析结果，管道/配件/阀门、储氢设备、燃料电池电动汽车供氢系统是最容易发生故障的设备，如图 5.2 所示。特别是，管道破裂和配件、阀门故障是氢事故的主要表现，而氢脆和设备疲劳是事故发生的主要原因。储氢设备的故障主要有两个原因：调节器等阀门对组装好的储氢瓶出口造成的损坏，以及固定储氢瓶的系紧装置的故障。设备故障是事故的主要原因，占 35.78%，设备故障的例子包括管道破裂、配件和阀门故障导致的氢气泄漏。此外，人为错误和设计缺陷分别占14.22%和12.07%，不容忽视。人为错误主要表现为无意识或无意错误导致的不正确拆卸、组装、移动和更换，而设计缺陷可能以多种形式出现，如传感器假警报、设备寿命短和提前退役。通过对这些事件造成的损害和伤害进行分析，发现损害主要是财产损失，占41.83%；此外，10.27%的事故将导致人身伤害，而5.32%的事故将导致死亡。根据与天然气事故的10.87%受伤率和2.65%死亡率相比较，尽管受伤率几乎相等，但氢气事故的死亡率是天然气事故的2倍。

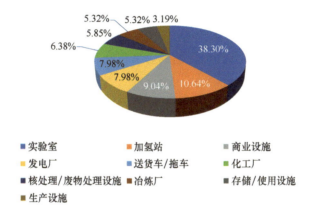

图 5.1　氢事故发生地点及占比

图 5.2　氢事故相关设备及占比

通过上述统计图可以看出，在车载氢气系统、氢气运输以及加氢站三个场景下，氢相关的事故率较高。因此，针对上述三个场景，应进行相应的风险分析工作，提高系统的安全性和可靠性。

5.1.2　故障树分析法

车载氢系统风险源的识别和分级操作通常采用 HAZOP–LOPA–风险矩阵联合分析方法。在风险源识别部分，主要采用的方法为危险与可操作性分析（HAZOP）和保护层分析（LOPA），通过广泛的走访调研与线上资料查找，识别车载氢系统的重大危险源、危险发展过程与事故后果，并构建事故树。

HAZOP 是一种系统和结构化的技术，用于识别、评估和减轻复杂过程中的潜在风险和危害，在包括燃料电池电动汽车安全在内的许多领域都有广泛的应用。结合燃料电池电动汽车和场景工艺参数（如氢系统流量、压力、温度、路面摩擦力、通风设施风量等）并应用一组指导词（如"否""更多""更少""更早""更晚""一部分""反向""其他"等），以识别可能导致危险情况或危及系统可操作性的与预期设计或操作条件的偏差。例如，考虑车载氢系统中泄压装置"失效"后导致的压力超过限值以及之后的一系列衍生事故。一旦识别出潜在偏差，就可以根据偏差程度评估其后果和发生的可能性，并与 LOPA 进行下一步的联合分析。

为弥合定性危险分析技术和更详细的定量风险评估方法之间的差距，使用 LOPA 作为一种半定量风险评估技术做 HAZOP 的后续工作。HAZOP 分析的结果数据将作为 LOPA 的输入，将产生偏差的原因及造成的后果作为事故场景链条进行事故场景的模拟和假设，根据这种假设作为 LOPA 分析的事故场景。然后，根据初始事件的发生频率和模拟的事故场景中所包含的各种有效的独立保护层（IPL）失效概率（PFD），计算事故场景的发生概率。最后，根据模拟事故场景后果的严重性等级和事故场景发生频率的大小，评估事故场景的风险等级，同时判断事故场景的风险是否在可接受的范围内。

利用 HAZOP-LOPA 联合分析结果，梳理出燃料电池电动汽车转运与集中存放多场景事故树。首先应找出识别结果中不期望的事件（顶部事件），并将其置于事故树的顶部；结合风险定性分析结果，将首要事件分解为其直接原因或促成其发生的事件，这些可能是组件故障、人为错误或其他可能直接导致意外事件的因素；进一步将促成事件分解为其自身的原因或子事件，直到达到基本事件（无法进一步分解的最低级别事件），直至创建一个完整的层次树结构；之后选择适当的逻辑符号，如 AND 门和 OR 门，来表示树中事件之间的关系；最后基于历史数据、行业标准等相关信息的查找以及项目团队评判，将半定量分析所得的概率分配给基本事件。

根据有关车载氢系统氢气泄漏的故障事件统计和相关数据定量计算，车载氢系统氢气泄漏的典型故障树模型如图 5.3 所示。

5.1.3　氢泄漏风险定性与定量分析

1. 定性分析

故障树定性分析的目的在于寻找导致顶事件发生的原因，识别导致顶事件发生的所有故障模式，即找出故障树的所有最小割集。它有助于判明潜在故障，以便改进设计，还可用于指导故障诊断改进使用、运行与维修方案。车载氢系统氢气泄漏的最小割集见表 5.1。

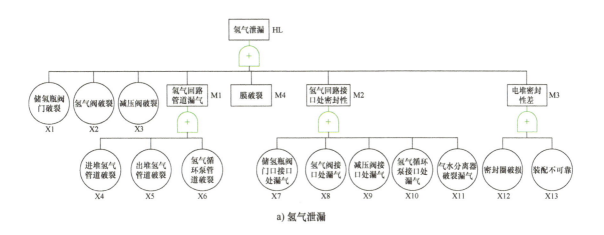

a) 氢气泄漏

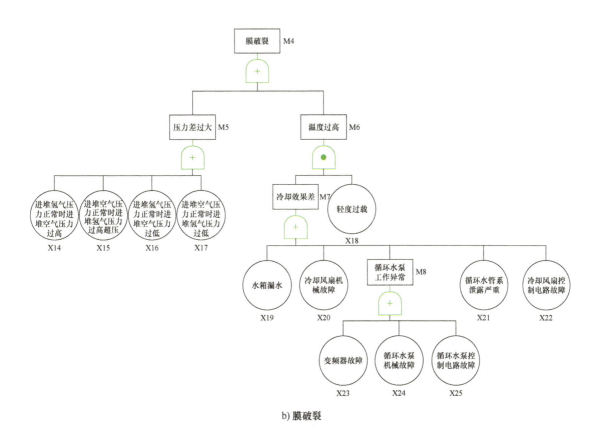

b) 膜破裂

图 5.3　车载氢系统氢气泄漏的典型故障树模型

表 5.1　车载氢系统氢气泄漏的最小割集

事件标号	事件含义	事件标号	事件含义	事件标号	事件含义
X1	储氢瓶阀门破裂	X10	氢气循环泵接口处漏气	X19	水箱漏水
X2	氢气阀破裂	X11	气水分离器破裂	X20	冷却风扇机械故障
X3	减压阀破裂	X12	密封圈破裂	X21	循环水管系泄漏严重
X4	进堆氢气管道破裂	X13	装配不可靠	X22	冷却风扇控制电路故障
X5	出堆氢气管道破裂	X14	进堆氢气压力正常时进堆空气压力过高	X23	变频器故障
X6	氢气循环泵管道破裂	X15	进堆空气压力正常时进堆氢气压力过高超压	X24	循环水泵机械故障
X7	储氢瓶阀门口接口处漏气	X16	进堆氢气压力正常时进堆空气压力过低	X25	循环水泵控制电路故障
X8	氢气阀接口处漏气	X17	进堆空气压力正常时进堆氢气压力过低		
X9	减压阀接口处漏气	X18	轻度过载		

2. 定量分析

各基本事件的概率见表 5.2。

表 5.2　各基本事件的概率

事件标号	事件概率	事件标号	事件概率	事件标号	事件概率
X1	0.002	X10	0.002	X19	0.0001
X2	0.0001	X11	0.0001	X20	0.0002
X3	0.0001	X12	0.0001	X21	0.0003
X4	0.0001	X13	0.0005	X22	0.009
X5	0.0001	X14	0.002	X23	0.002
X6	0.0001	X15	0.001	X24	0.0001
X7	0.007	X16	0.0001	X25	0.006
X8	0.008	X17	0.0001		
X9	0.006	X18	0.006		

将顶事件（T）表示为

$$T = \sum_{i=1}^{n} C_i \tag{5-1}$$

式中　C_i——最小割集。

在实际工程问题中，可采用如下近似方法计算顶事件概率（P_T）

$$P_T = \sum_{i=1}^{n} p(C_i) \tag{5-2}$$

如图 5.3 所示的氢气泄漏故障，可由式（5-2）计算得到顶事件发生的概率

$$P_T = P1+P2+P3+P4+P5+P6+P7+P8+P9+P10+P11+P12+P13+P14+P15+P16+P17+$$
$$P18 \cdot P19+P18 \cdot P20+P18 \cdot P21+P18 \cdot P22+P18 \cdot P23+P18 \cdot P24+P18 \cdot P25$$
$$=0.02915375$$

换言之，氢气不发生泄漏的可靠度为 97.08%。

顶事件发生概率随基本事件故障概率的变化率称为重要度。设 $q_i(t)$ 对应基本事件的发生概率，$Q(t)$ 对应顶事件的发生概率，则各基本事件的概率重要度（$I_i(t)$）为

$$I_i(t) = \frac{\partial Q(t)}{\partial q_i(t)} \qquad (5-3)$$

各基本事件的关键重要度（$I_i^{CR}(t)$）为

$$I_i^{CR}(t) = \frac{q_i(t)}{Q(t)} I_i(t) \qquad (5-4)$$

对于图 5.3 所示的氢气泄漏故障，利用式（5-3）、式（5-4）计算得到各基本事件的概率和关键重要度，见表 5.3。

表 5.3 概率和关键重要度

事件编号	概率重要度	关键重要度	事件编号	概率重要度	关键重要度
X1	0.972792	0.066735	X14	0.972792	0.066735
X2	0.970943	0.003330	X15	0.971818	0.033334
X3	0.970943	0.003330	X16	0.970943	0.003330
X4	0.970943	0.003330	X17	0.970943	0.003330
X5	0.970943	0.003330	X18	0.017093	0.003518
X6	0.970943	0.003330	X19	0.005237	0.000020
X7	0.977690	0.234750	X20	0.005724	0.000039
X8	0.978676	0.268556	X21	0.005724	0.000059
X9	0.976706	0.201011	X22	0.005775	0.001783
X10	0.972792	0.066735	X23	0.005734	0.000393
X11	0.970943	0.003330	X24	0.005724	0.000020
X12	0.970943	0.003330	X25	0.005757	0.001185
X13	0.971332	0.016659			

根据表 5.3 中各基本事件的概率重要度和关键重要度数据可知，管道破裂和配件、阀门处故障等相关事件的重要度较高，也是造成氢气泄漏的主要原因。因此，氢气泄漏安全监测系统的设计应当考虑到这一点，加强对这些薄弱环节的监测。

5.1.4 氢泄漏危险源分类

在车载氢系统应急过程中，二次事故的发生是一系列具有因果关系的基本事件的链接，

按照事故的发展过程，从事故的最终后果出发自上而下逐层剖析可最终获得应急过程中潜在的事故风险源。故障树分析法正是按照结果-原因的方法自上而下对事件逐层分解，并能用逻辑图把事件之间的逻辑关系清晰地表达出来，正符合应急过程事故风险源的识别思路和过程。因此，可运用故障树分析法找出导致二次事故发生的所有可能的事故风险源。

基于故障树分析法，可将危险源分为电堆系统因素、管道系统因素、环境因素、人为因素和冷却系统因素。具体如下：

1）电堆系统因素，包括年久失修、装配不可靠、密封圈破裂。

2）管道系统因素，包括回路管道漏气、气阀接口处漏气、气水分离器破裂漏气、干燥系统故障、高压管道系统故障、储氢瓶阀门破裂、减压阀破裂。

3）环境因素，包括外部火源、遭遇车祸、地震、雷暴等自然灾害。

4）人为因素，包括驾驶员玩手机、误操作、检查不及时、行车不规范。

5）冷却系统因素，包括中控室设备故障、冷却风扇故障、循环水管泄漏严重、循环水泵工作异常。

车载氢系统危险源分类见表5.4。

表 5.4　车载氢系统危险源分类

序号	场所	分类	危险源	风险等级	安全性
1	车载供氢系统	电堆系统	年久失修	Ⅱ级低风险	较好
2			装配不可靠		
3			密封圈破裂		
4		管道系统	回路管道漏气	Ⅱ级低风险	较好
5			气阀接口处漏气		
6			气水分离器破裂漏气		
7			干燥系统故障		
8			高压管道系统故障		
9			储氢瓶阀门破裂		
10			减压阀破裂		
11		环境因素	外部火源	Ⅱ级低风险	较好
12			遭遇车祸		
13			地震、雷暴等自然灾害		
14		人为因素	驾驶员玩手机	Ⅱ级中风险	一般
15			误操作		
16			检查不及时		
17			行车不规范		
18		冷却系统	中控室设备故障	Ⅱ级低风险	较好
19			冷却风扇故障		
20			循环水管泄漏严重		
21			循环水泵工作异常		

5.2 燃料电池电动汽车氢泄漏风险识别方法

5.2.1 氢气泄漏诊断与安全隐患快速识别

（1）氢泄漏前兆信息

汽车正常行驶过程中，流出储氢瓶组的氢气质量应该与维持车辆运行所消耗的氢气质量相等。在正常行驶工况下氢气消耗量较小，所以储氢瓶温度和压强并不会发生很大变化，而发生氢气泄漏时，储氢瓶内温度和压强会发生明显降低。通过电流传感器获得正常行驶工况下氢气的消耗量，依照传感器读数的变化来判断是否有泄漏情况的发生，如果阳极区内压强传感器的读数变化范围大于正常情况下的读数变化，则可认为阳极区发生氢气泄漏。

在运输管两端安装流量传感器，通过比较监测流量的读数变化，可以判断氢气是否在氢气运输管路泄漏。如果两端的传感器读数存在较大差距，则可认为氢气运输管路发生了氢气泄漏，因此管道内的压力也是一个值得关注的特征信息。同时，考虑到无论是燃料电池电动汽车车载储氢系统哪三个区域发生氢泄漏，其前兆信息都会在储氢瓶组压力变化上有所体现，因此，重点监测储氢瓶压力信息，也可实现燃料电池电动汽车氢系统微量泄漏诊断。

（2）氢泄漏特征图谱

车载储氢系统空间按照各零部件所在位置划可分成形状较为规则的子空间区域（图5.4中子区域1、2、3、4）。其中，子区域1、2、3、4内分别包含风险部件为燃料电池、供氢管路，储氢瓶、氢气瓶阀、压力调节阀，供气管路、调压阀、空气压缩机，热交换器、供氢管路。通过氢气泄漏诊断的前兆信息可以获得某一时空下子模块中各个零部件发生氢气泄漏的概率，并实时更新，为实际泄漏检测提供有效保障。在此基础上，根据子区域内各个零件氢气泄漏的概率，图5.4给出了车载供氢系统氢泄漏的特征图谱，表示子区域内各部件随时间推移的风险概率，在进行零部件检修时可作为参考。

从特征图谱可以清晰地看出，在空间维度上，子区域1中的燃料电池系统发生氢气泄漏的概率最大，这是由于燃料电池系统结构复杂，氢气进堆、出堆的管路接口等易发生泄漏，此处应作为重点监测区域。子区域2中储氢瓶与氢气瓶阀组件发生氢气泄漏的概率比其余部件稍大，且考虑到储氢瓶内含有最多的高压危险气体，因此为提高整体的有效寿命，在选配整个系统时，瓶阀等零部件的质量需要重点关注。子区域3中调压阀是易损坏零部件，容易导致氢气发生泄漏。子区域4中有大量的供氢管路，且存在与地面发生碰撞、摩擦的可能性，从统计数据上来看，发生泄漏的概率也比较高，应在进行供氢管路布置时加以考虑。此外，在时间维度上，所有车载供氢系统零件的泄漏风险都随时间增加而显著上升，且上升速度越来越快，对年限较长的燃料电池电动汽车，应进行重点监测。

综上所述，通过监测氢泄漏前兆信息，可以提前对燃料电池电动汽车的泄漏提供预警。氢泄漏特征图谱给出了车载供氢系统各零部件发生氢气泄漏的概率，应根据其概率大小明确氢气监测重点区域，从而进一步提高燃料电池电动汽车的安全性。

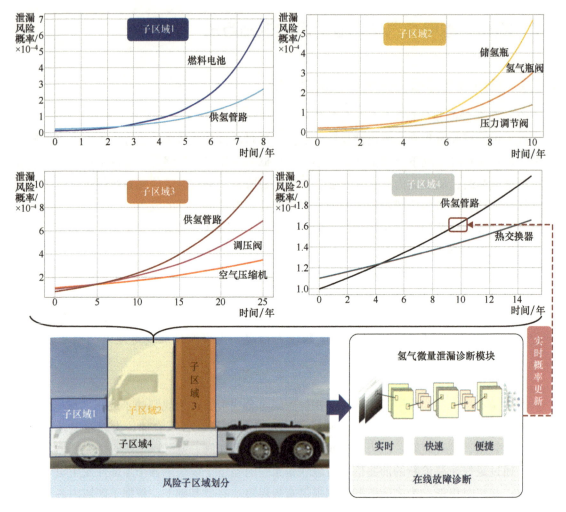

图 5.4　氢泄漏特征图谱

5.2.2　车载储氢系统氢安全区域识别

1. 氢泄漏后果评价指标

将车载储氢系统空间按照各零部件所在位置划分成形状较为规则的子区域，如图 5.5 所示。根据每个氢泄漏风险源泄漏时的氢气浓度分布仿真结果，并结合风险源概率重要度、空气流动状态等，可评估每个子区域对应的后果危险系数。

第一个后果评价指标 q^{I} 是每个子区域内氢气浓度超过安全阈值的危险空间所占体积。该体积可以从固定时间的氢泄漏仿真中得到，一般安全阈值可以取氢气的燃烧下限 4%。为了体现泄漏氢气浓度对危险等级的影响，从 4% 开始设立 n 个浓度等级，研究不同氢气浓度等级下的空间占比，同时考虑氢气浓度的加权计算式如下

$$q^{\mathrm{I}}=\mathrm{ave}(q_j^{\mathrm{I}})=\dfrac{\left(\displaystyle\sum_{j=1}^{m}\sum_{i=1}^{n}\varphi_{i,j}\dfrac{V_{i,j}}{V}\right)}{m} \tag{5-5}$$

图 5.5　车载储氢系统子区域划分示意图

其中，对于第 j 种泄漏情况，$\varphi_{i,j}$ 为第 i 个氢气浓度等级，其取值为 4%～100%；V_i 为浓度达到 φ_i 的空间区域体积，V 为子区域的气体总体积；对于每一种泄漏情况，都应单独进行仿真分析并对应计算一个评价值 q_j^{I}，最终的评价指标是所有泄漏情况评价值的加权平均。后果评价指标 q^{I} 的取值越大，该子区域内的危险气体浓度越高，分布区域越大，说明其对应的危险程度越高。

第二个后果评价指标 q^{II} 引入了在真实环境中空气体积流量对危险评价模型的影响，从而对原先的评价指标起到修正和补充的作用。空气体积流量较大会吹散原本聚集的氢气，使子区域的危险评价降低。空气在储氢系统内部的流动可视为不可压缩流动，利用连续方程可以得到每个子区域的空气体积流量。

$$q^{\mathrm{II}} = \oint_{\mathrm{CS}} (\boldsymbol{V} \cdot \boldsymbol{n}) \, \mathrm{d}A \tag{5-6}$$

式中　q^{II}——空气的体积流量；

　　　$\boldsymbol{V}$——在子区域某截面的空气速度矢量；

　　　$\boldsymbol{n}$——子区域某截面的法向矢量，以流入子区域为正，流出子区域为负。

计算空气每秒的流动体积占每个子区域的体积百分比。将空气流动体积百分比也作为危险评价模型的一个评价指标。该后果评价指标 q^{II} 越大，说明通风条件越好，则子区域的危险程度将会降低。

第三个后果评价指标 q^{III} 考虑了在有风情况下，泄漏位置和泄漏方向对危险评价模型产生的影响。可以按照泄漏位置和泄漏方向与空气流向关系细分出四种类别，如图 5.6 所示。

1）情况①泄漏位置处于迎风区，泄漏方向逆风。此时无法形成氢气聚集点，极大程度减小了危险系数。

2）情况②泄漏位置处于背风区，泄漏方向逆风。在小空气体积流量时，会在零部件背风区的凹面区域形

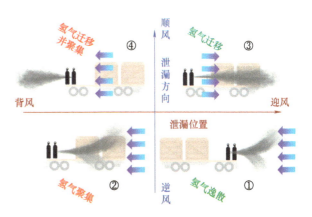

图 5.6　氢气泄漏方向与泄漏位置示意图

成聚集点，危险系数大。

3）情况③泄漏位置处于迎风区，泄漏方向顺风。氢气会沿着空气运动方向到下一区域，该子区域的危险系数会减小，需根据空气流速判断下一子区域的危险性。

4）情况④泄漏位置处于背风区，泄漏方向顺风。只有在大空气体积流量下会被吹散，在小空气体积流量下会在该子区域或沿空气运动方向的下一子区域形成聚集点，危险系数较大。

综上所述，有空气流动下的泄漏位置和泄漏方向也应作为一个评价指标。

如果泄漏位置和泄漏方向对应情况①，q^{III}取值为0；对应情况②，q^{III}取值为1；对应情况③，该子区域和其下风向的下一个子区域q^{III}均取为0.5；对应情况④，q^{III}取值为0，其下风向的下一个子区域取值为1。

由于氢气泄漏事故最终将以氢气点燃为直接诱因，因此第4个后果评价指标q^{IV}即点火概率，可以通过氢安全分析软件获得。这一指标综合考虑了立即点火和延迟点火的危险程度。q^{IV}越大，说明点火概率越大，危险度越高。

$$q^{\text{IV}} = p(\text{立即点火}) + 0.5(\text{延迟点火}) \tag{5-7}$$

实际的危险评价体系包含了上述四种评价指标：加权危险体积占比、空气流动体积占比、泄漏位置和泄漏方向、点火概率。综合考虑了全部评价指标的经验公式如下

$$q_{\text{sum}} = q^{\text{I}}(1 - q^{\text{II}})(1 + q^{\text{III}})q^{\text{IV}} \tag{5-8}$$

利用上述危险评价模型，结合实际的环境就可以将车载储氢系统子区域划分为不同等级安全区间，明确氢泄漏高危区域及风险因素。

2. 人员损伤模型与安全区间

氢泄漏的危险在于氢气点燃产生的高温以及超压对人员的损伤，下述人员损伤模型可用于确定氢泄漏事故对人员的损伤程度。

（1）高温损伤

高压氢气持续泄漏时会形成射流，如果被点燃，则形成喷射火。假定火焰为圆锥形，距离火焰点源为r处接收到的热辐射通量可用经验公式表示为

$$I_r = \frac{\eta M H_c T_{\text{jet}}}{4\pi r^2} \tag{5-9}$$

式中　I_r——距离火焰点源r处的热辐射强度（kW/m^2）；

η——效率因子，取0.35；

M——氢气泄漏量（kg/s）；

H_c——物质燃烧热（kJ/kg）；

T_{jet}——辐射率系数，对于喷射火取1；

r——目标到泄漏口处的距离（m）。

（2）超压损伤

当氢气泄漏后与空气混合且浓度处于爆炸极限范围内时，一旦发生点火，就有可能导致蒸气云爆炸事故。蒸气云爆炸事故后果主要为爆炸冲击波超压危害。距离爆炸中心点X处的超压计算模型为

$$\Delta p(x)=6900\exp\left\{\frac{0.7241-\sqrt{0.524321-0.1592\times\left[3.5031\ln\left(\frac{X}{0.3697(0.0066W_fQ_f)^{1/3}}\right)\right]}}{0.0796}\right\} \quad (5\text{-}10)$$

式中 $\Delta p(x)$——距离爆炸中心点 X 处的超压值（kPa）；

X——计算点离爆炸中心点的距离（m）；

W_f——蒸气云中气体燃料的总质量（kg）；

Q_f——氢气的燃料热（MJ/kg）。

表 5.5～表 5.7 所列为高压高温、热辐射通量和冲击波对人体的危害结果。其中，P_r 为发生对应人员危害的概率，当其为负时，表示概率为 0。

表 5.5 高压高温对人体的危害

序号	故障	推演公式	人员危害
1	超压	$P_r=-77.1+6.91\ln(\Delta p(x))$	死亡（肺出血）
2		$P_r=-15.6+1.93\ln(\Delta p(x))$	耳膜破裂
3		$P_r=-23.8+6.91\ln(\Delta p(x))$	结构性肌肉损伤
4		$P_r=-18.1+2.79\ln(\Delta p(x))$	纤维组织损伤
5	热流	$P_r=-39.83+3.0186\ln(tQ(x)^{4/3})$	一度烧伤
6		$P_r=-43.13+3.0186\ln(tQ(x)^{4/3})$	二度烧伤
7		$P_r=-36.38+2.56\ln(tQ(x)^{4/3})$	死亡

表 5.6 热辐射通量对人体的危害

热辐射强度/(kW/m²)	对人的影响
1.6	长时间暴露不会造成伤害
4～5	20s 有疼痛感 30s 后一度烧伤
9.5	即时皮肤反应 20s 后二度烧伤
12.5～15	10s 后一度烧伤 1min 内 1%致死率
25	10s 内三度烧伤 1min 内 100%致死率
35～37.5	10s 内 1%致死率

表 5.7 冲击波对人体的危害

超压/kPa	程度（等级）	损伤程度
20～30	轻微	中耳轻度受损、肺挫伤
30～50	中等	听力中度受损、肺损伤
50～100	严重	心肌撕裂、脱臼
>100	死亡	体腔破裂、肝破裂、脾破裂

使用高温和超压判据进一步确定安全区间的指标，其中安全区域的标准是热辐射强度小于 4kW/m²，超压小于 20kPa，结合提出的危险评价指标，令其同样小于安全值 q_{sum}^Q，两指

标取交集，便可以大致分出任意子区域的安全区间范围。其安全区间范围见下式

$$\begin{cases} q^{\mathrm{I}}(1-q^{\mathrm{II}})(1+q^{\mathrm{III}})q^{\mathrm{IV}}<q_{\mathrm{sum}}^{Q} \\ Q<4\mathrm{kW/m}^2 \\ \Delta P<20\mathrm{kPa} \end{cases} \tag{5-11}$$

5.2.3 氢泄漏可视化试验设计

1. 纹影法原理

纹影法是力学、声学及光学等领域试验中常用的一种光学成像方法，早在 19 世纪就得到了应用。作为一种非接触式测量方法，纹影法在边界层观测、激波结构显示、风洞试验和燃烧研究等领域中具有广泛的应用。其成像的基本原理是利用被测区域中密度的不均匀变化引起折射率的变化，导致通过该区域的光束发生不均匀偏折，经过刀口切割后，光线通过量发生变化，因此能够在图像中观测到不均匀的明暗变化。根据光学元件的种类和安装方式不同，纹影法可分为透射式与反射式两种。反射式纹影法通常用于较大观测区域的流场测量，由于氢泄漏试验中一般需要观测较大区域内的射流特征，因此通常采用反射式纹影法。

气体混合物流场中密度的不均匀变化导致的折射率变化可以用格拉德斯通-戴尔关系（Gladstone-Dale Relation）表示

$$n-1=K_{\mathrm{GD}}\rho_{\mathrm{gas}} \tag{5-12}$$

式中 K_{GD}——格拉德斯通-戴尔常数，一般与气体性质有关；

n——流体的折射率；

ρ_{gas}——气体混合物的密度，与气体混合物各组分的密度和体积分数有关。

对于本试验中的氢气-空气混合气体，$\rho_{\mathrm{gas}}=\rho_{\mathrm{He}}\Phi_{\mathrm{He}}+\rho_{\mathrm{air}}(1-\Phi_{\mathrm{He}})$，其中 ρ_{He}、ρ_{air} 分别是试验条件下氢气和空气的密度，Φ_{He} 为氢气体积分数，可根据试验条件下气体的摩尔体积将 Φ_{He} 转化为摩尔分数。

由于流场中不同区域的折射率不均匀，当光线通过后，会发生不同程度的偏折，因此会产生相应的折射角。根据光速、折射率的公式 $n=c/v$ 和几何关系，可以得到光线偏折角与折射率梯度的关系为

$$\alpha=\frac{1}{n}\int_0^L\frac{\mathrm{d}n}{\mathrm{d}z}\mathrm{d}y \tag{5-13}$$

式中 α——光线偏折角；

n——介质折射率，由于流场中混合气体折射率变化非常微小，因此计算时可近似为空气折射率；

$\dfrac{\mathrm{d}n}{\mathrm{d}z}$——折射率在 z 方向上的梯度；

L——流场宽度。

光线在流场中发生的偏折角，经过主反射镜反射后，在刀口处反映为偏移距离。刀口的位置在主反射镜的焦点处，因此根据几何关系可得到发生偏折后的光线在刀口处的偏移距离为

$$\Delta L=f\tan\alpha\approx\alpha \tag{5-14}$$

式中　f——主反射镜焦距。

光线从刀口射出后，将在摄像机中成像。图像上会呈现出局部的明暗变化，表明流场中密度的变化，但这种明暗变化只能用于定性分析流动特性。为了进一步对流场物理特征量（如浓度、温度）进行定量分析，需要进行图像特征量（如灰度）和物理特征量的标定。对于传统纹影法，可以采用刀口标定法进行标定。调节刀口会引起图像亮度的整体变化，因此可以在不加流场时对刀口的位移和背景灰度值进行标定。刀口位移可等效为刀口处光线偏移量，由式（5-14）可反推出偏折角，进而由式（5-13）求解折射率分布，再由式（5-12）计算出密度场分布，最终根据密度求解其他待求物理量。

2. 可视化成像系统设计

基于反射式纹影法的可视化试验系统包括三个子系统：气源系统、可视化成像系统、数据采集与处理系统。

可视化成像系统包含的主要装置是纹影仪。纹影仪主要包括四大部件，分别是光源和狭缝部件、刀口部件、两个主反射镜部件。纹影仪部件实物图如图5.7所示。需要注意的是，在可视化试验过程中，需要对纹影仪各部件的位置、高度进行调整。纹影仪装置机械结构复杂，各部件的可调节自由度较多，在装配和调整中需要对其机械结构有比较深入的理解。为了保证成像效果，需要亮度较高的光源，并搭配风扇防止灯珠过热。另外，还需特制的调压器以调节光源亮度。

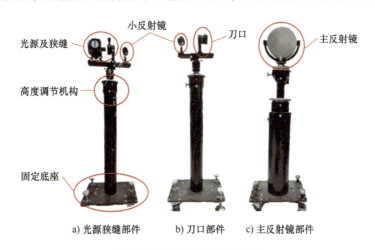

图5.7　纹影仪部件实物图

数据采集与处理系统的功能是对可视化成像系统输出的光信号进行采集和存储，得到氢（氦）泄漏射流的可视化图像，用于分析和处理。同时使用浓度传感器测量射流中氦气浓度并采集数据，用于灰度-浓度标定。图像数据的采集需要用到高速摄像机，其通过高带宽以太网与装有 Phantom PCC 软件的计算机连接进行数据实时传输。

3. 可视化试验方案设计

（1）设备安装与调试

由于可视化试验系统包含的设备较多且涉及精密光学仪器，所以在开始试验前，需要对试验设备进行安装和调试，以保证各系统能够协调工作，图像数据和浓度数据都能够正确传输和存储。以下是设备的安装和调试实例。

1）可视化成像系统光路调节。光路调节是试验设备安装调试中最关键的环节。光路调节的目的主要是根据纹影法成像原理，对纹影仪四个部件的位置和高度进行调节，使纹影仪光路能够正确通过泄漏观测区域并能够清晰成像。调节步骤具体如下。

① 部件定位：在不打开光源的情况下，根据纹影法原理，移动光源狭缝部件、两个主反射镜部件、刀口部件底座的位置，两个主反射镜部件须正对泄漏口且对称布置，以保证泄漏口在光路中点处。由于试验所用主反射镜焦距2000mm，因此调节主反射镜与小反射镜的距离为1850mm，小反射镜与刀口、狭缝的距离为150mm，以确保狭缝和刀口恰好在主反射镜的焦点处。本试验中纹影仪各部件的位置示意图如图5.8所示。调节完成后，将底座固定。

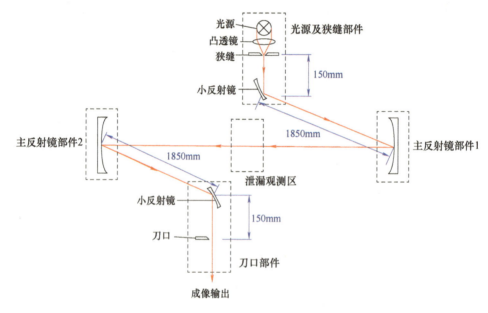

图 5.8　本试验中纹影仪各部件的位置示意图

② 高度调节：纹影仪导轨上所有光学器件（小反射镜、狭缝、刀口等）和主反射镜的中心线必须保证在同一高度上，因此试验前需要使用激光水平仪检查高度一致性。如不一致，则需要调节部件支架上的高度调节手轮以改变高度。

③ 光路调节：打开光源，依次调节光源小反射镜、主反射镜1、主反射镜2、刀口小反射镜的转角和俯仰角，使前一反射镜反射的光斑中心能够准确入射到下一反射镜的中心处。调节刀口小反射镜时，需要使刀口射出的光斑为一个亮度均匀的标准圆形。

④ 刀口位置调节：将刀口开至一半位置，移动刀口装置。如果调节刀口开度时图像明暗整体均匀变化，则说明找到了刀口的合适位置。将刀口固定到该位置，光路调节完成。

2）数据采集与处理系统调试。数据采集与处理系统调试主要是指高速摄像机和氢气浓度传感器的连接与调试。首先将镜头与摄像机连接，并固定在三脚架上，镜头光圈调至最大（f2.0），焦距调至最短。调节三脚架的位置使镜头正对刀口，如图5.9a所示。使用以太网线将相机与计算机连接，在计算机上打开Phantom PCC软件观测摄像机的实时画面，微调三脚架使泄漏区域成像清晰且位于画面中心，如图5.9b所示。摄像机的分辨率设置为1024×

1024，帧率 3000f/s。

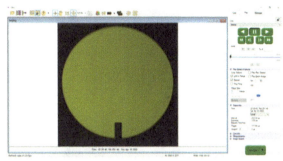

a) 摄像机与刀口部件位置　　　　　　　b) PCC软件中泄漏区域实时画面

图 5.9　数据采集与处理系统调试

氢气浓度传感器采用直流稳压电源供电，通过导线将传感器输出端与数据采集仪通道 1 端口连接时，要注意数据采集仪与传感器应共地。数据采集仪信号采样范围设置为 1~5V，开始测量后应能观测到空气中的实时氢气浓度（数量级为 10^{-5}）。如数值不正常，则需要进行传感器调零。

（2）动态浓度标定试验设计

在对可视化试验结果进行分析时，需要建立图像灰度与氢气浓度的对应关系。可采用的标定方法是在刀口开度固定的条件下，对不同浓度的动态氢气-空气混合气体射流进行拍摄，再采用图像处理和数学拟合方法建立灰度与浓度的关系，具体的方案设计如下。

1）调节泄漏口定位架，使泄漏口位置固定在图像视野正中心。录制此时的图像 1s（共 3000 帧）作为背景图像。

2）打开空压机，调节空压机节流阀使空气流量维持在较小的稳定值，录制此时的纯空气射流图像。根据纹影法原理，此时图像应与背景图像基本一致。

3）保持空压机开度不变，打开氢气瓶限压阀，缓慢开启氢气节流阀，观察流量计示数变化，氢气流量稳定在约 3 SLPM[⊖] 左右时停止旋转节流阀。

4）将氢气浓度传感器固定在泄漏口上方约 5mm 处，观察数据采集仪显示的浓度曲线。浓度值上升至稳定值后等待 5~10s，移开浓度传感器停止测量。取测量时间内的浓度时间平均值作为此时的氢气浓度值。

5）在计算机上录制此时的射流图像，录制时长 1s（共 3000 帧）。

6）调节氢气节流阀使流量增大，然后重复步骤 4）、5）。进行多组不同浓度的混合气体泄漏射流图像采集，并记录浓度数据。流量的调节范围为 3~30 SLPM，每次调节使流量增大 3 SLPM 左右。

7）完成上述步骤后，对图像数据和浓度数据进行整理和汇总，准备后续处理。试验中拍摄的原始图像数据（截取某一帧）和对应浓度如图 5.10 所示。

⊖　1 SLPM = 1.7×10^{-5} m³/s。

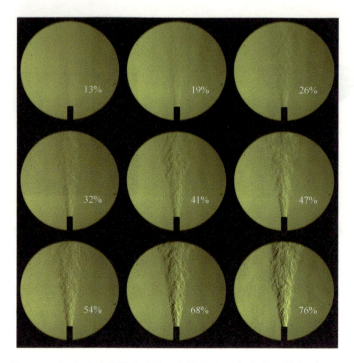

图 5.10　标定试验拍摄的泄漏瞬态图像和对应浓度（精确到 1%）

　　获得上述原始泄漏图像和浓度数据后，需要进一步对图像进行处理以提取有效特征信息，并标定图像特征与浓度的对应关系。

4. 可视化试验数据处理

　　可视化试验拍摄的氢泄漏射流图像原始数据为视频格式，每组试验的视频长度为 1s（帧率 3000f/s）。为了能够从大量数据中提取关键特征信息，需要对试验的原始数据进行转换和处理。

　　图 5.11a 所示可以看到，在喷口附近处，68% 浓度泄漏时，射流的灰度值比较均匀，随着射流向上发展，混合气受到浮力作用不断与空气发生掺混，在远离喷口的区域形成了随时间波动明显的羽流区。该区域射流锥的边缘不规则，射流锥内部的灰度值也存在较大波动。为了降低这些随机变化对结果的干扰，采用了时域内均值滤波的方法，对拍摄随时间连续变化的 3000 张泄漏射流瞬态图像取平均值，得到边缘规则且灰度值分布较均匀的均值图像。均值图像各点的灰度值按式（5-15）计算，得到的均值图像如图 5.11b 所示。

$$Y_{ave}(x,y) = \frac{1}{3000}\sum_{t=1}^{3000} Y_t(x,y) \tag{5-15}$$

式中　　$Y_{ave}(x,y)$ ——（x,y）位置处的平均灰度值；

　　　　$Y_t(x,y)$ ——t 时刻瞬态图像（x,y）位置处的瞬时灰度值。

　　对标定试验各组数据都进行平均化处理，得到不同浓度混合气泄漏射流的均值图像，如图 5.12 所示。这些图像将用于灰度-浓度标定。

　　标定区域选择位于喷口上方 4mm 处的矩形区域，区域宽度 3mm，高 1.6mm，矩形右侧与射流轴线重合，如图 5.13 所示。

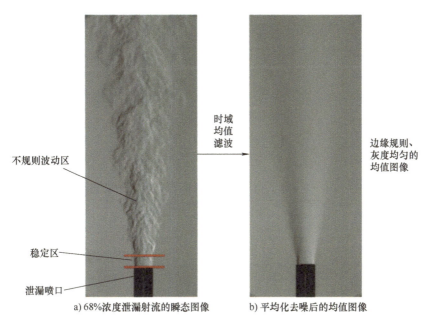

不规则波动区

时域
均值
滤波

边缘规则、
灰度均匀的
均值图像

稳定区

泄漏喷口

a) 68%浓度泄漏射流的瞬态图像　　　b) 平均化去噪后的均值图像

图 5.11　68%浓度泄漏可视化图像数据处理

图 5.12　不同浓度的均值图像（从左至右浓度依次增大，浓度范围 0%~76%）

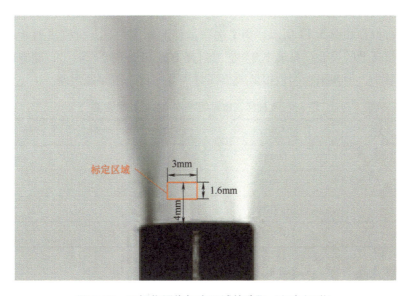

标定区域

3mm

1.6mm

4mm

图 5.13　可视化图像标定区域的选取（红色矩形）

使用特征灰度差值进行灰度-浓度标定。特征灰度差值可由式（5-16）计算

$$\Delta Y_{ave}^x = \left| \frac{\sum_{i=1}^{h}\sum_{j=1}^{w} Y_{ave}^x(i,j) - \sum_{i=1}^{h}\sum_{j=1}^{w} Y_{bg}(i,j)}{h \times w} \right| \tag{5-16}$$

式中　$Y_{ave}^x(i,j)$ 和 $Y_{bg}(i,j)$——$x\%$浓度下和背景的均值图像在（i,j）位置的灰度值；

　　　　ΔY_{ave}^x——$x\%$浓度下的特征灰度差值；

　　　　h、w——标定区域的高和宽。

计算结果见表5.8。

表5.8　各浓度均值图像的特征灰度值和特征灰度差值

试验组号	浓度（%）	特征灰度值 Y_{ave}	特征灰度差值 ΔY_{ave}
1	0（背景）	141.9839	0
2	13	139.2077	2.7762
3	19	137.4980	4.4859
4	26	134.9626	7.0213
5	32	133.7801	8.2038
6	41	132.5210	9.4629
7	47	131.1855	10.7984
8	54	129.8805	12.1034
9	68	126.7041	15.2798
10	76	120.4101	21.5738
11	99（纯氢气）	109.8172	32.1667

对结果进行拟合如图5.14所示。为了选取最佳的标定结果，分别求取4种标定结果的方差和在验证数据上的误差，见表5.9。通过对比方差和误差可以看出，随着拟合次数的增大，方差逐渐减小，但在拟合次数很低或很高时都存在较大的验证误差。

表5.9　4种标定结果的方差和验证数据误差

拟合多项式次数	拟合均方差	验证数据上的均方误差	综合误差
1	4.6152	0.8955	5.5106
2	1.5918	0.1042	1.6960
3	0.7108	0.3460	1.0568
4	0.6330	0.8757	1.5087

选取综合误差最小的三次多项式拟合作为最终的标定结果，得

$$\Delta Y_{ave} = 3.66 \times 10^{-5} x^3 - 3.488 \times 10^{-3} x^2 + 0.3139 x + 0.03077 \tag{5-17}$$

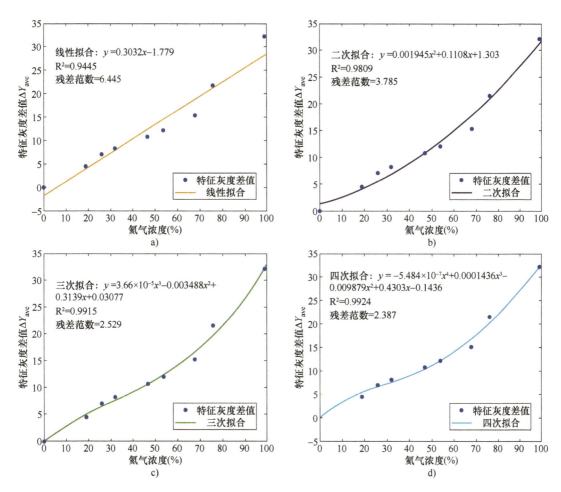

图 5.14　特征灰度差值拟合结果

5.3　燃料电池电动汽车氢安全风险监测方案

5.3.1　氢气传感器选型

　　氢气传感器是一种检测氢气并产生与氢气浓度成正比的电信号的传感器装置。氢气传感器比传统的氢气检测方法（气相色谱仪、质谱仪）具有的优点包括成本低、尺寸小、响应快。

　　氢气在空气中浓度达到 4%，电火花或者高温就会导致氢气爆炸。对氢气浓度的检测是氢燃料电池电动汽车安全的重中之重。一般来说，燃料电池电动汽车总共要求安装 4 个氢气传感器，且所有传感器信号需直接传送到仪表盘的醒目位置。

　　对氢气传感器有以下基本要求：

　　1）测量范围（1~40000）×10^{-6}。

　　2）启动时间（<2s）。

3）响应时间（<1s）。

4）精度。

5）抗干扰（氢气选择性、湿度影响）。

6）寿命。

现氢气检测传感器主要有四种，分别是催化燃烧型、电化学型、电学型、光学型。

1. 催化燃烧型氢气传感器

目前在氢燃料电池电动汽车上最常见的是催化燃烧型（热学型）。优点是计量准确、响应快速、寿命较长；缺点是需要加热、高浓度氢容易被点燃等。

热学型氢气传感器的工作原理是可燃气体与催化传感器表面的氧反应释放热量。利用敏感元件、补偿元件及固定电阻构成电桥，可燃气体催化燃烧所产生的热量传导到被包裹的铂线圈上，使线圈的电阻升高，从而引起传感信号桥路中的电压发生变化且与气体浓度成正比，这一原理可用于检测包括氢气在内的任何可燃气体。

另外一种热学型氢气传感器，不使用催化剂，但是在测试时将 MEMS 测试元件的温度设定在几百摄氏度。在这个状态下，氢气一旦接触元件，高导热率的氢气将夺走元件的热量，元件的温度降低。元件的温度降低后，使用微加热器进行加热，恢复到设定的温度。根据温度消耗的电流量，就可检测出氢气的泄漏量。

在氢燃料电池电动汽车中，在部分管路连接上我们一般会选择硅胶管，同时电堆的密封材料里也可能会有含硅物质。这些零组件如果选型不当，在使用过程中可能会释放硅氧烷（Siloxane）类物质。硅氧烷类物质会与氢气、氧气在检测元件表面进行反应聚合，产生二氧化硅。二氧化硅会附着在催化剂表面，隔断氢气与催化剂的接触，从而导致整个氢浓度传感器的性能衰减。

氢气与氧气在催化剂层上反应会产生热，以此作为基础来检测氢气浓度。但当传感器暴露在过高浓度的氢气中，瞬间会产生大量的热，使元件表面温度急剧升高，从而会导致催化剂层的剥落，使传感器失效。所以应尽量减少传感器暴露在>4%氢气浓度的氛围中。

现代汽车 NEXO 采用的氢浓度传感器由韩国本土供应商 SEJONG 提供。SEJONG 氢浓度传感器是一种基于 MEMS 技术的高性能接触燃烧式气体传感器。氢气浓度以线性模拟量输出，功耗低、结构紧凑、启动及反应时间快速，对氢气具有高度的敏感性和选择性，满足车用级电磁兼容性（EMC）要求。该款氢浓度传感器 2017 年 12 月实现量产，已在 NEXO 上得到万台级的验证应用，我国某头部企业从 2017 年就开始批量采用。SEJONG 氢浓度传感器为客户提供 12V 和 24V 两个版本的工作电压，分别适用于乘用车和商用车。该传感器反应时间小于 2s，启动时间小于 1s，响应快速。

2. 电化学型氢气传感器

电化学型氢气传感器的工作原理是氢气与传感电极发生电化学反应引起电荷传输或电学性质的变化，传感器通过化学信号的变化实现氢气浓度检测。电化学型氢气传感器可以分为两大类：电流型和电压型。

（1）电流型氢气传感器

电流型氢气传感器在商业应用中比较常见，其通过氢气与氧气的电化学反应产生与氢气浓度成正比的电流。在使用溅射镀膜法制备的铂催化电极时，可以在 0~104ppm 的范围内实现氢气浓度的快速检测，传感器响应时间为 30s，灵敏度为 4μA /100ppm。电流型氢气传感器的正常工作温度范围为 −20~80℃。

与氢燃料电池类似，温度、压强和湿度变化都对测量结果影响较大。电流型氢气传感器在氢气浓度较低时具有更高的灵敏度，但是响应时间较长。

（2）电压型氢气传感器

电压型氢气传感器可以检测常温或高温下气体、水溶液、融态金属中的氢气含量。电压型氢气传感器与氢气浓度成对数关系，检测范围宽，但不适合低氢浓度检测。

3. 电学型氢气传感器

电学型氢气传感器主要分为电阻型和非电阻型两类，优点是结构简单，缺点是工作所需温度较高，并且其工作时易产生电火花，稳定性较差，受环境影响较大。

（1）电阻型氢气传感器

在半导体金属氧化物吸附氧气时，电阻率会显著增加，当氢气等还原性气体将金属氧化物化学吸附层中的氧气还原时，电阻率会降低。氧化锡作为敏感材料，其平均响应时间在 4~20s，可测氢气浓度范围为 10~20ppm。采用单一的金属氧化物对于氢气的选择性不高，易受甲烷、一氧化碳、醇类物质等干扰，为了提高其选择性，可以掺杂钯、铂等。电阻型氢气传感器主要分为半导体金属氧化物型和非半导体型（即金属或合金型）两种类型。

1）半导体金属氧化物型氢气传感器包括具有半导体特性的金属氧化物层（通常是掺杂的氧化锡、氧化锌、氧化钨），该金属氧化物层沉积在加热器上，从而将该层的温度升高至工作温度（500℃）。

2）非半导体型氢气传感器一般采用金属纳米材料作为氢敏材料，尤其是基于钯（Pd）的电阻型氢气传感器因工艺简单、成本低、灵敏度高、响应时间短及在可以室温下工作等优点而受到广泛研究，被认为是目前最先进的氢气传感系统。室温下 Pd 与氢气进行可逆反应，从而形成电阻率高于 Pd 的氢化钯（PdH）。通过检测基于 Pd 传感器的电阻信号，实现氢气的定量检测。

（2）非电阻型氢气传感器

在半导体上沉积一层非常薄的金属就形成"肖特基结"，氢气接触到肖特基结时被吸附在具有催化性能的金属表面，催化分解为 H，经金属晶格间隙扩散至金属半导体界面，施加偏置电压，由于 H 的存在半导体二极管特征曲线发生漂移，传感器通过检测电压或电容的变化来检测氢气浓度。

4. 光学型氢气传感器

光学型氢气传感器利用光学信号变化来检测氢气，根据工作原理的不同，通常分为光纤氢气传感器、声表面波氢气传感器、光声氢气传感器 3 类，其中光纤氢气传感器具有本质安全性、耐腐蚀、适合遥感、抗电磁干扰等突出优势，已成为研究的热点。光纤氢气传感器是利用光纤与氢敏材料结合，当氢敏材料与氢气反应之后，光纤的物理特性改变从而导致光纤中透射光的光学特性发生变化。通过检测与输出光相对应的物理量变化来测量氢气浓度。

光纤氢气传感器主要是光纤布拉格光栅（FBG）氢气传感器，FBG 氢气传感器具有抗光源扰动、稳定性高、易于实现多路复用等优点，但是其钯膜易起泡脱落，寿命有限且信号解调难度较高。

FBG 氢气传感器的光纤纤芯包含成周期性排列的布拉格光栅，不仅能够对折射率进行周期性的调制，还能够反射特定波长的光。当光纤纤芯镀有钯膜时，如果待测气体中含有氢气，氢气渗透入钯膜，生成的 PdH 使得钯膜体积膨胀，从而使光栅栅距变大，进而导致光栅的反射光中心波长发生变化。通过测量光栅反射光中心波长的变化，可以测得氢气浓度。

5. 市场氢气传感器的应用现状

（1）美国 NTM Sensors 公司 Sense H_2 氢气传感器

美国 NTM Sensors 公司 Sense H_2 氢气传感器，这种金属氧化物陶瓷传感器展示了独特的高灵敏度、高选择性和快速响应等待点，燃料电池 H_2 传感器可以在一个很宽的温度和湿度范围内对氢气进行可靠的测量，甚至可以在可燃气体环境中测量氢气。另外，美国 NTM Sensors 公司的燃料电池 H_2 传感器区别其他传感器的显著特点是在连续的低浓度氢气中，氢气传感器的信号不会饱和，氢气消失后，传感器能够快速地恢复。美国 NTM Sensors 公司 Sense H_2 氢气传感器对氢气有高度灵敏度和选择性，广泛应用在电池舱、通信系统备用电池和燃料电池电动汽车等场合的氢气浓度测量和监控。

NTM Sensors 公司 Sense H_2 氢气传感器优点：

1）0.5%～4.0% H_2（5%～100% LFL）量程（在空气中）。

2）DC 1.0～4.5V 线性成比例输出。

3）±0.25% H_2 精度。

4）高灵敏性，只对氢气敏感。

5）快速响应和恢复时间。

6）抗其他可燃气体干扰，如 CO，CH_4 和 VOCs 等，不受温度、湿度和气体流速影响。

7）具有自诊断功能。

8）近 1000 只传感器的燃料电池电动汽车应用。

（2）日本 FIS 公司氢气泄漏传感器

图 5.15 所示为日本 FIS 公司氢气传感器，日本 FIS 公司氢气传感器和氢气监测模块具备高灵敏度和对氢气的选择性、快速响应和恢复时间、紧凑和坚固的设计特点等，FIS 传感器已在丰田 Mirai 车辆上得到了广泛的应用。具体参数见表 5.10。

表 5.10　日本 FIS 公司氢气监测模块 FH2-HY04、FH2-HY05、FH2-HY06 参数对比

类别	型号	FH2-HY04	FH2-HY05	FH2-HY06
性能参数	检测气体	氢气	氢气	氢气
	浓度范围	空气中体积比 0%～4%	空气中体积比 0%～4%	空气中体积比 0%～4%
	初始精度	10%	10%	10%
	响应速度（T80）	<2s	<2s	<2s

（续）

类别	型号	FH2-HY04	FH2-HY05	FH2-HY06
电气参数	启动时间	<1s	<1s	<1s
	电源电压	DC 9~16V	DC 9~16V	DC 16~32V
	额定功率	1W	0.3W	0.4W
	输出信号	PWM（10%~90%占空比）	CAN	CAN
工作环境	工作温度范围	−35~85℃	−35~85℃	−35~85℃
	存储温度范围	−40~105℃	−40~105℃	−40~105℃
	湿度	<95%RH	<95%RH	<95%RH
外形尺寸	规格尺寸（无附加部分）	62mm（W）×49mm（D）×225（H）mm	62mm（W）×49mm（D）×225（H）mm	62mm（W）×49mm（D）×225（H）mm
	质量	约58g	约58g	约58g

a)

b)

图 5.15　日本 FIS 公司氢气传感器

5.3.2　氢气传感器节点设计

1. 氢敏器件机理

传感器所用的核心氢敏器件基于金属氧化物半导体检氢原理，并且采用了 MEMS 工艺，因此具有较小的体积和较低的功耗，同时响应速度很快，检测浓度下限和饱和上限都较低。对于 SnO_2、ZnO 等 N 型半导体，在气体氛围中如果氧化物的功函较气体分子（原子）的电离能更低，则半导体将得到电子。这种对气体的吸附原理称为增强型吸附，它增加了整体的载流子浓度，因此半导体电阻将下降。反之，如果氧化物的功函较气体分子（原子）的电离能更高，半导体将倾向于失去电子。这种对气体的吸附原理称为耗尽型吸附，它降低了整体的载流子浓度，因此半导体电阻将上升。对于氢气等还原性气体，在 N 型半导体上将发生增强型吸附，元件电阻将随气体浓度增加而降低直至饱和。

常用接触粒界势垒模型（Grain Boundary Model）来解释金属氧化物半导体在气体中的行

为。根据模型，半导体在氢敏元件中以微粒的形式存在，在每个微粒表面上会发生气体分子的物理和化学吸附。对于 N 型半导体，在空气中表面吸附了氧气，将电子束缚在表面，形成势垒阻碍电子通过，降低电导率。如果半导体处于还原性气体中，还原性气体的吸附会与表面的电离态的氧结合，降低势垒高度从而使电导率恢复。这种特性决定了金属氧化物半导体在空气中刚通电时势必要经过一段电导不稳定的时期，直至其表面的氧吸附达到平衡，如图 5.16 所示。

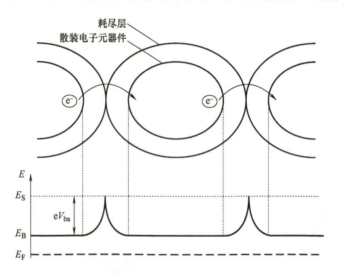

图 5.16　N 型半导体耗尽型材料的接触粒界势垒模型

2. 传感器安装结构设计

传感器能保证在管路接头处安装的可靠性，并且其外壳能形成包含泄漏点在内的内腔结构，同时综合考虑体积、加工难度和装卸难易程度。图 5.17 所示为一款近场传感器安装结构，其结合了卡套式接头螺母的六角外形和分体式安装，结构紧凑且易于操作。氢敏元件及其外围印制电路板放置在内腔中，电路部分由绝缘胶灌封防护静电。螺母前后部泄漏的氢气将进入敏感元件所在的腔室内，触发元件响应。腔室侧壁开有泄漏口，因此即使泄漏量较大也不会产生内压。顺螺母方向放入传感器上半部后，将下半部滑入槽中完成安装。

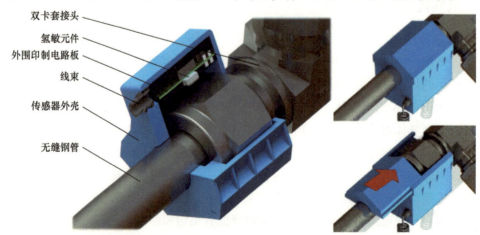

图 5.17　一款近场传感器安装结构

3. 传感器集成

要将传感器应用于实际场景，并实现近场检测，需要设计元件的外围印制电路板及机械安装结构。敏感元件工作时可以近似电阻，因此用分压电路引出信号，并用跟随器提高输出阻抗，避免后级电路对传感器响应造成影响，如图 5.18 所示。

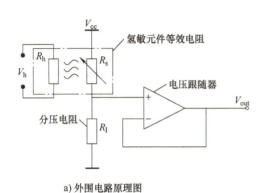

a) 外围电路原理图

b) 近场传感器实物

图 5.18　外围电路及传感器实物

将外围电路及信号-供电线，放置在所设计的壳体内，并使用环氧绝缘胶对印制电路板进行固定和胶封以避免可能的短路造成火花，同时保护电路元件。敏感元件的探测口留在胶封面以外，接触壳体内部的气体环境，如图 5.19 所示。

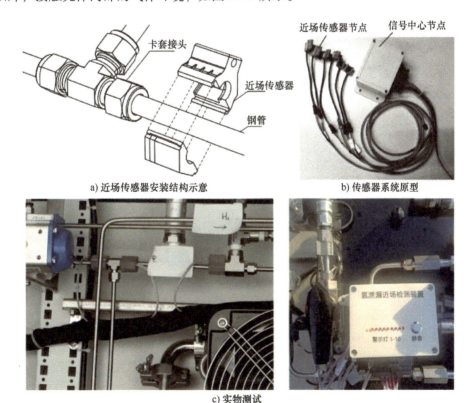

a) 近场传感器安装结构示意

b) 传感器系统原型

c) 实物测试

图 5.19　近场传感器的安装位置和实物测试

近场传感器节点的信号需要向上层发送，但逐个节点通过单独信号线直接接入上层并不现实。因此采用一个中心节点集中采集多节点信号，并进行信号处理和辨识后，将报警信号通过总线向上层传输。

4. 典型氢气传感器布局结构

氢燃料电池电动汽车在运行过程中，可能会遇到电池内部的氢气泄漏，当氢气聚集到一定浓度后（≥4%），易产生爆炸风险，从而造成严重的安全事故。未来氢燃料电池电动汽车中快速、有效地检测出氢气泄漏显得非常重要，这需要合理的燃料电池电动汽车氢气传感器布局结构以及快速氢气泄漏检测装置。

丰田 Mirai 一代、Mirai 二代及现代 NEXO 所用氢气传感器的布局形式如图 5.20~图 5.22 所示。

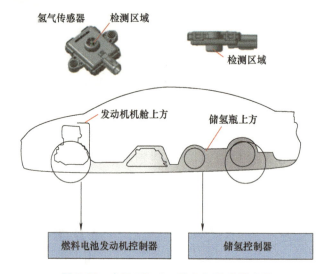

图 5.20　丰田 Mirai 一代氢气传感器布局

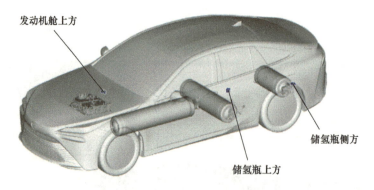

图 5.21　丰田 Mirai 二代氢气传感器布局

Mirai 一代布置了两个氢气传感器，发动机舱顶部一个，储氢瓶附近一个。Mirai 二代布置了三个氢气传感器，发动机舱顶部一个，储氢瓶附近两个。NEXO 布置了三个氢气传感器，燃料电池发动机附近两个，储氢瓶附近一个。

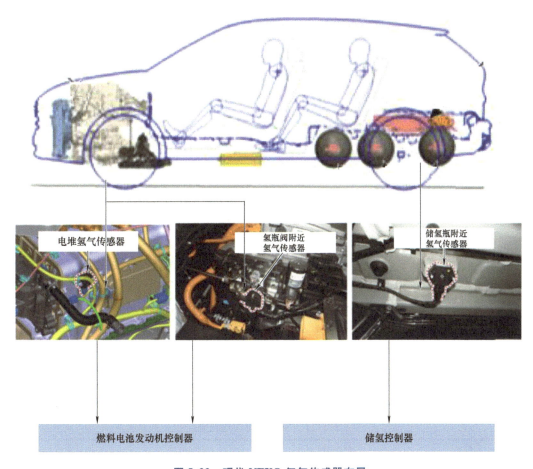

电堆氢气传感器

氢瓶阀附近
氢气传感器

储氢瓶附近
氢气传感器

燃料电池发动机控制器

储氢控制器

图 5.22　现代 NEXO 氢气传感器布局

5. 传感器测试试验

传感器试验参照如图 5.23a 所示的试验台进行。通过阀门控制测试气或压缩空气通入透明管内，测试气体包括 50ppm 氢-氮混合样气和纯氢气。

稳态测试步骤为：

1）在透明管中放入待测传感器及手持式氢气检测仪探头。

2）控制阀门向透明管中通入纯氢气。

3）控制节流阀，令透明管内氢气浓度在扩散作用下缓慢下降。

4）记录检测仪读数及待测传感器输出。

在对 10 个传感器进行测试后，绘制稳态响应测试结果如图 5.23b 所示。从图 5.23b 中可以看出，不同传感器响应特性存在较大偏差，这主要是由于所用氢敏元件存在制造上的不一致性。

5.3.3　整车耐久路况泄漏测试方法

本节以现代 NEXO 为例，通过整车耐久路况测试，介绍车载氢系统在承受外部的振动、冲击等路况后，车辆氢气传感器检测到泄漏后车辆控制器的响应动作及控制动作。具体测试

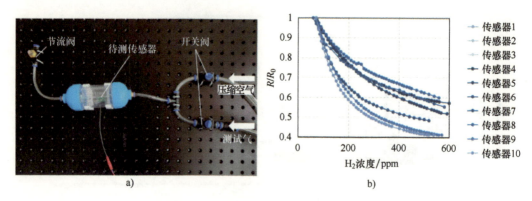

a)　　　　　　　　　　　b)

图 5.23　传感器测试试验台稳态测试结果

方法如下：

1）测试前，使用手持式氢气检测仪静态测量车载氢系统部件的泄漏情况，并记录测试位置及泄漏数值。

2）具体路况参照 GWT A A21-03：2021-07 SUV 车型结构耐久试验方法，路况包括比利时路、搓板路、国情路、坑凹路、大卵石路、井盖路、扭曲路、中卵石路、8 字路、ABS 制动、倒车制动等，具体行驶长度及要求车速见表 5.11。

3）测试完后，重复使用手持式氢气检测仪静态测量车载氢系统部件泄漏情况，并记录测试位置及泄漏数值。

表 5.11　NEXO 耐久路况表

引用标准	具体路况	长度/m	车速要求/（km/h）
GWT A A21-03：2021-07 SUV 车型结构耐久试验方法	比利时路	50	50
	搓板路	80	80
	国情路	30	30
	坑凹路	20	20
	大卵石路	30	30
	井盖路	30	30
	扭曲路 1	15	15
	扭曲路 2	15	15
	中卵石路	20	20
	ABS 制动	70	60
	8 字路	—	20
	倒车制动	50	30

5.3.4　模拟车载氢系统泄漏

模拟车载氢系统泄漏研究的目的在于：通过将氢气标气通入车载氢气传感器，模拟车载氢系统部件发生泄漏，检测车辆控制器、燃料电池发动机控制器、储氢控制器等部件的响应及控制策略是否与设计要求一致，是否能起到保障人员和车辆安全的效果。

1. 测试方法

1）将主动释放氢气装置的管路布置在车辆氢浓度传感器探头处。

2）启动车辆，在静态时燃料电池系统启动的条件下释放氢气，直到出现报警或急停，停止释放氢气，车辆关机。

3）启动车辆，在静态时燃料电池系统未启动的条件下释放氢气，直到出现报警或急停，停止释放氢气，车辆关机。

4）启动车辆，以蠕行车速行驶，在燃料电池系统未启动的条件下释放氢气，直到出现报警或急停，停止释放氢气，车辆关机。

5）启动车辆，以 30km/h 的车速行驶，在燃料电池系统启动的条件下释放氢气，直到出现报警或急停，停止释放氢气，车辆关机。

在车辆的行驶过程中，使用标准储氢瓶向电堆供氢阀门附近的氢气浓度传感器释放氢气。其中，标准气体类型为 5%氢气和 95%氮气的混合气体，氢气浓度传感器使用密封装置，防止行驶过程中氢气扩散影响试验的正常进行。

2. 测试结果

图 5.24 所示为 NEXO 氢泄漏测试过程显示界面，当氢气浓度达到 4%后，车辆发出警告，提示检测到燃料电池系统发生故障。

图 5.24　NEXO 氢泄漏测试过程显示界面

图 5.25 所示为在车辆行驶过程中氢气浓度的变化，该氢浓度传感器可测量范围为 0%~4%；释放氢气标气后，传感器浓度从 0%增加到 4%用时 1.3s。

当氢气浓度达到 4%后，车辆警告提示燃料电池系统发生故障，车辆仪表故障灯点亮，屏幕显示"燃料电池系统故障"的警告信息，并发出高频率的"嘀嘀"警报提示音提醒驾驶员。

氢气浓度传感器检测值降低至报警下线以后，车辆故障仍无法自动清除，此故障只能通过车辆下电关机再重新上电的方式清除。

散热风扇运行降低氢气浓度，氢气浓度传感器检测到氢气泄漏约 3s 后，发动机舱燃料电池冷却系统的散热风扇开始运行，此时电堆冷却液温度处于室温状态，无须风扇介入降温，所以风扇运行旨在加强发动机舱的空气流通，以迅速降低氢气浓度。该燃料电池系统配

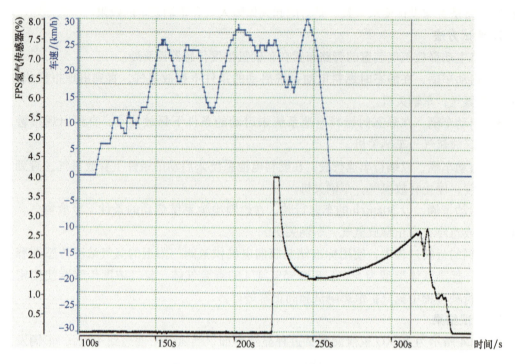

图 5.25 NEXO 氢泄漏测试过程

置左右 2 个散热风扇，检测到氢气泄漏后，左右风扇启动并保持恒速运行。模拟车载氢系统发生氢气泄漏后的真实状况，车辆氢安全控制流程如图 5.26 所示。

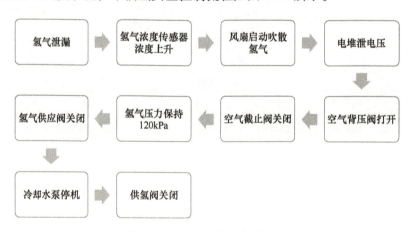

图 5.26 车辆氢安全控制流程

5.3.5 其他车型氢安全控制策略

现代 NEXO 整车与燃料电池系统处于运行状态下，将氢气浓度 5% 的氢氮混合气通入氢气传感器，整车控制策略如下：

1）仪表板会出现"燃料电池系统故障"，燃料电池进入急停模式。

2）车辆在检测出氢气浓度达到爆炸下限后（4%），车辆发出高频"嘀嘀"警报提示音提醒用户。

3）整车散热风扇同时启动，用于快速排除泄漏的氢气。

本 章 小 结

本章针对燃料电池电动汽车氢泄漏问题，介绍了事故调查、故障分析及危险源分类方法，并利用氢泄漏前兆信息给出了燃料电池泄漏风险识别方法，并根据氢泄漏后果分析给出了其安全区间范围，通过一个氢泄漏可视化试验的实施案例，介绍了完整的试验设计及数据处理方法，最后介绍了燃料电池电动汽车氢泄漏风险监测方案，并给出常用的安全控制策略。

第6章

燃料电池电动汽车应用、操作、维护及基础设施

前文主要侧重于燃料电池电动汽车整车、车载氢系统、燃料电池堆及系统的设计、制造相关的安全问题讨论。本章则主要讨论燃料电池电动汽车在使用过程中的安全问题。结合目前的技术水平，从汽车应用、操作、维护及相关基础设施等方面提出相关的安全要求，确保在用车环节的安全。

另一方面，目前国内燃料电池电动汽车的使用，不管是货运还是客运都主要为商业运营服务，形成该局面的一个重要原因是现阶段民众对于氢燃料电池安全仍有顾虑。因此，本章中进一步提出一些关联前端设计生产阶段的安全要求，从而推进商用民用两线并进的发展趋势。

6.1　燃料电池电动汽车日常使用安全注意事项

6.1.1　燃料电池电动汽车行驶过程中的安全

（1）行车前后的日常检查

同其他所有车辆一样，每次出车前驾驶员都需要对燃料电池电动汽车进行必要的日常检查，主要包括巡视车辆四周环境及车辆外观、车辆灯光是否正常、车窗车玻璃及各反光镜状态是否正常、胎压是否正常、制动片状态是否正常、燃料电池运行状态是否正常，以及车辆余氢及余电数等基本车况信息。此外，货运车的货箱以及乘用车的座位是否清洁、是否有异常也必须检查。

除以上常规检查，对于燃料电池运营车辆，运营驾驶员还需要在出车前对燃料电池电动汽车上裸露在外的供氢系统部件做目视检查，主要包括目测高压储氢瓶表面是否有损伤、连接管路和主要接口是否完好，以及氢系统框架是否有裂缝、变形等异常现象。另外，在管路供氢状态下使用肥皂水或检漏液检查氢系统的气密性，主要包括加注接口、加注口压力表、主电磁阀、减压阀、安全阀、放空阀及各接头等，用于提前发现和防止由于设备原因导致氢气轻微泄漏事故。

每次行驶完毕，驾驶员需要对车况做复检，主要包括：车辆外观是否正常、车辆供氢系统的外露管路及接口是否正常、氢系统的框架结构是否正常、货运车的货箱及乘用车内是否有异常的人或物体遗留等，确认是否影响到车辆的停放安全。

（2）行车及用车过程中的安全

燃料电池电动汽车驾驶员必须遵守国家交通法规，避免交通违法行为是对行车用车安全的基本保障。

车辆应严格按照整车产品使用说明书操作。对于燃料电池运营车辆，驾驶员在上岗之前必须接受针对燃料电池电动汽车的使用专业知识培训，学会使用车辆，学会认识必要的车上标志，以便提高行车及用车安全。

燃料电池电动汽车启动后，应先查看仪表中的储氢瓶压力和温度数据是否正常，有无故障报警，确认无故障后车辆方可起步行驶。

燃料电池电动汽车的底部遍布电子元器件，且很多涉及高压线路，对潮湿的空气及溅水较为敏感，因此在日常行车中应尽量避免涉水行驶。涉水行驶轻则可能因高压绝缘故障导致车辆抛锚，重则会对车辆的重要高压部件造成不可逆的损坏甚至当场报废。

遇积水达到车辆限定涉水深度的50%时，建议限速20km/h行驶，防止水波及溅水的冲刷导致车辆故障损坏；遇积水达到车辆限定涉水深度的70%时，建议绕行，如必须通过，建议限速5km/h行驶，并观察水位是否上升，防止涉水深度超过车辆规定的涉水深度。对于有涉水经历的车辆，事后需尽快联系车辆维修部门进行车辆检查，排除隐患。

氢燃料电池货运车除经过特殊设计改造的，不得承运易爆易燃、易腐蚀物品以及《危险货物运输规则》列明的危险物品。严禁驾乘人员携带易燃易爆等物品上车，避免发生火灾，引起氢气泄漏、爆炸等次生灾害。

对于燃料电池公交车，如果其储氢瓶组位于车辆顶部，车辆在行驶过程中需注意限高杆、路牌、桥梁和树干等，防止刮伤储氢瓶及其组件导致氢气泄漏。

车辆在行驶过程中，驾乘人员要及时关注车辆仪表报警的情况，发生氢气泄漏等问题时，须及时处理。

6.1.2 燃料电池电动汽车停车中的安全

在当前的技术条件下，燃料电池电动汽车建议单独存放，与内燃机及纯电动汽车分开停放并确保车辆外观整洁干净。同时，如果场地内有载货车辆，也需要将燃料电池电动汽车单独停放，与其他空车分区域停放管理。

氢燃料电池车辆储氢瓶中如已加注氢气的，建议停放于露天场地，确保场地、通道通风条件良好。

停车场地需确保通风条件良好，场内通道必须确保畅通，不得堆放其他杂物。停车场应远离加油站、加气站、热源、潮湿、可燃设施/可燃物质堆放区域、有腐蚀性气体以及灰尘较大的地方。同时还应避免其他车辆或移动的物体对车辆造成撞击或挤压，防止意外事件的二次影响。

对于大规模停车场，建议配备24h专职安保人员，并设定全天候的巡查安保制度。场地内设置合理的监控设施，确保场内无死角。场地内需注明行车导流标志，临时停车、维修车位、充电停车等区域建议与常规的停车区域分开，做到分区管理。燃料电池电动汽车停车场地内不得设置人员宿舍，外来人员及车辆进出必须做好相应的登记工作。

场地内停有燃料电池电动汽车时，尽量减少停车场地内的车辆维修，严禁对场内周边建筑物做明火、切割、装修等作业。燃料电池电动汽车停车场地内，禁止吸烟，并在醒目位置张贴禁烟标志。如有需要，必须在场地内设立独立的吸烟区并远离停车区域至少 10m。如条件允许，燃料电池电动汽车场地外张贴禁止燃放烟花爆竹标志。专用停车场应排水、通风良好，不能选择低洼地区做停车场。场地极端积水高度不得高于车辆涉水高度的一半。

燃料电池电动汽车存放期间，车辆加氢口必须盖上帽盖，防止雨水及灰尘的侵入，同时必须确保加氢口舱门处于锁闭状态。

任何车辆进入停车场地后，行车速度建议限速 5km/h，停车时建议车头面向通道，同时需要兼顾前后左右车辆方便进出，以及确保各处车门均能正常开启。

车辆在停放期间，需要确保车辆的排氢管路畅通，不得使用如油布之类的覆盖物，避免因空气不流畅导致微量外泄的氢气聚集，从而引发安全事故。

燃料电池电动汽车的停车场地，应避开高压电线及变电站等电力设施，电力设施可能产生的火花对燃料电池电动汽车的存放具有较大安全隐患。

停车场内按规定配置有效的消防器材及灭火设备，未经批准，严禁对停车场内的灭火器材及设备私自挪用或改变用途。每月对停车场消防器材进行检点，发现问题及时整改。停车场内应按规定配置不小于 35kg 的推车式干粉灭火器，设置密度不小于每 50 个车位一套。大型停车场内还需配置固定的消防栓+消防箱（50m 消防水带 1 根、灭火水枪 1 具），设置密度不小于每 200 个车位一套。停车场每年至少举行一次大型消防演习及消防安全大检查，重点检查车辆停放场所的消防通道、消防设施、消防标志、安全制度是否达到技术规范要求。力求通过消防演习和消防大检查，加强公司全员的消防安全意识，做到保安全促效益。

对于运营用燃料电池车辆，建议集中存放，集中管理，存放位置要远离加油站、加气站、热源、火源、腐蚀性气体、非密闭空间、潮湿的地方，同时还应避免尖锐物体的撞击、挤压。

若燃料电池电动汽车存放于厂房、车库等非露天环境，则存放场所顶部应有自然通风或强制排风等防止氢气聚积的措施，厂房内电器设备应采用防爆设备，且厂房顶部应配备氢泄漏探头等安全监控装置。

整车存放前注意按照燃料电池正常关机程序进行吹扫，保证堆内无残留水分；整车存放前需对存放车辆进行测漏，存放期间每月至少测漏一次。预期存放时间超过一月的车辆应断开快断器；长期停驶存放的汽车应关闭电源主开关，车上氢燃料储存压力应释放至厂商规定的最低值。对于运营车辆，如果长期停驶存放的，应由专业人员定期对车辆进行检查、维护。检测结果应详细记录并存档。停车过程中，整车断开低压电源，所有舱门应锁好，所有门窗应关好。

燃料电池电动汽车临时停车时，应尽可能将汽车停靠在不影响其他车辆行驶的场所，尽可能远离火源、热源、高压线、易燃、易爆物等危险物品。

6.2　燃料电池电动汽车加氢过程中的安全

6.2.1　加注车辆检查

加氢站建立加氢安全检查表，检查包括加氢前到加氢后整个过程，要求加氢工人员严格对照安全检查表对储氢瓶瓶体、供氢管路、阀门接口、管路连接件等部件做充装前、后检查，并记录检查结果。以下详细介绍加氢安全检查的基本内容，建议在此基础上依照实际情况予以调整扩展。

（1）加氢前的检查

1）车辆资质检查：确认加氢车辆是否携带了有效期内的储氢瓶《特种设备使用登记证》原件，如不符合规定则不予充装。

2）检查车况，确认是否符合充装要求，具体如下：

① 检查储氢瓶及其附属的框架外观，是否有凹陷、鼓包、裂纹、变形等状况。如发现异常情况，应立刻联系运营公司及储氢瓶维修检测公司，要求其对储氢瓶做相应的检测及维修，并暂停车辆后续的加气计划，直到储氢瓶维修确认后才予以恢复充装。

② 检查储氢瓶内残余氢气，一般压力不低于20bar（2MPa）方可允许充装。低于20bar的情况，属于异常，需要确认是否为新瓶首次使用或者大修、检测后的首次使用。对于首次使用的储氢瓶，应先进行氮气和氢气置换，然后才可正常充装使用。

③ 检查储氢瓶的配套管路接头是否有松动或脱落现象，用经过校准且在有效期内的便携式氢气探测仪对储氢瓶的各个接头和附件进行泄漏检测，如仪器显示为0，表示检测点无泄漏。如仪器有读数，表示检测点存在疑似氢气泄漏现象，应立刻联系运营公司（对于运营车辆）及储氢瓶维修检测公司，要求其对涉及异常的管路及阀门接口做相应的检测及维修，并暂停车辆后续的加气计划，直到储氢瓶维修确认后才予以恢复充装。

④ 目测瓶组进出口的压力表是否完好无损，如果存在压力表损坏或压力表没经过校验，应立刻联系运营公司及储氢瓶维修检测公司，要求其对压力表做相应的检测及维修，并暂停车辆后续的加气计划，直到储氢瓶维修确认后才予以恢复充装。

⑤ 引导驾驶员远离加氢区域，进入相应的驾驶员等候区域，待车辆加氢完毕后方可返回车辆驾驶室。加氢前驾驶员应离开驾驶室，取下车辆钥匙，注意检查车内是否有乘客，确保所有人员离开车辆。

⑥ 车辆在指定停车线内停放，保持本车与加氢机安全距离，并设立相关标志及警戒线。

⑦ 车辆到达加氢车位后，应关闭燃料电池系统、关闭低压电源总开关、拉紧驻车制动，确保车辆停靠平稳，禁止出现溜车等现象。确保车辆断电熄火并拔下钥匙。在车辆后轮放置前后轮挡，并对车辆进行静电接地处理，并确认车辆导静电接地装置是否正常连接。

⑧ 检查车辆仪表参数，高压储氢瓶内含氢气气体的温度必须<45℃，否则严禁开始新一轮的加氢。

⑨ 检查车辆上次的加氢记录，状态是否正常，如异常没有得到完全解决，禁止进行新一轮的加氢。

（2）加氢过程中到加氢后的检查

氢气充装过程中需时刻关注储氢瓶压力表的数值与上升速度，储氢瓶压力不得超过储氢瓶设计的压力值。

充装过程中需时刻关注储氢瓶外观，是否出现鼓包变形等影响安全使用的严重缺陷。如发现异常情况，应立刻停止加注并联系运营公司（对于运营车辆）及储氢瓶维修检测公司，要求其对储氢瓶做相应的检测及维修，并暂停车辆后续的加气计划，直到储氢瓶维修确认后才予以恢复充装。

充装过程中需时刻关注储氢瓶的瓶体温度，气瓶温度在85℃以内为正常。如瓶体温度超标即为异常，应立刻停止加注并联系运营公司（对于运营车辆）及储氢瓶维修检测公司，要求其对该车储氢瓶做相应的检测及维修，并暂停车辆后续的加气计划，直到储氢瓶维修确认后才予以恢复充装。

检查充装完成后的储氢瓶配套管路接头是否有松动或脱落现象，用经过校准且在有效期内的便携式氢气探测仪对储氢瓶的各个接头和附件进行泄漏检测，如仪器显示为0，表示检测点无泄漏。如仪器有读数，表示检测点存在疑似氢气泄漏现象，应立刻联系运营公司（对于运营车辆）及储氢瓶维修检测公司，要求其对涉及异常的管路及阀门接口做相应的检测及维修。

充装完毕，需将加氢口防尘帽归位并确保盖好，将加氢口舱门关闭，并确保处于锁闭状态。

车辆下线第一次加氢或检修供氢系统后第一次加氢，供氢系统应该先置换氢气，并对管路进行氢气保压检漏。

在加注氢气完毕后，驾驶员应确认加氢枪和静电接地线已拔下，加氢口压力表读数在正常范围内，加氢口防尘罩已归位，并将加氢口舱门锁好。驾驶员上车后，先查看仪表上储氢瓶压力和温度数据是否正常，有无报警故障，确认无故障后启动车辆，驶离加氢站。

6.2.2　氢气加注步骤

（1）通用步骤

加氢操作人员首先对照安全检查表对储氢瓶瓶体、供氢管路、阀门接口、管路连接件等部件做充装前、后检查，并记录检查结果。如下为储氢瓶安全检测及氢气加注作业流程：

1）加氢员佩戴合适的个人防护用品（Personal Protective Equipment，PPE），触摸静电释放装置，进入加氢区域。

2）引导加氢车辆进入加氢特定区域，记录车载仪表相关数据，驾驶员将车辆熄火、断电、拔下车钥匙，并进入指定等候区域。

3）加氢车后轮放置前后轮挡，对加氢车进行静电接地。

4）对加氢车储氢瓶进行检查，瓶内余压要不小于20bar且储氢瓶《特种设备使用登记证》在检验有效期内，才允许予以加注氢气。

5）加氢员用便携式氢气检测仪对车辆受气口及其附属连接管路进行检测，如有疑似泄漏情况，拒绝加氢。

6）加氢枪头接入加氢口，手动将开关拨至"ON"。

7）操作加氢机键盘按钮，开始加氢。

8）加氢完成后电脑控制器自动停止加氢，如不需要加到设定压力，也可按停止键手动停止加氢。

9）加氢枪开关拨至"OFF"，取下加氢枪，盖好加氢枪枪口防尘帽，放回枪座。

10）盖上车辆加氢口防尘帽，解除加氢车的静电接地，移除后轮前后轮挡。

11）对车辆做加注后安全检查，并记录检查结果。

12）记录加氢数据。

13）驾驶员将车辆驶离加氢区域。

（2）撬装式加氢的操作步骤

对于撬装式的加氢，其操作步骤如下：

1）将加氢设备的接地线与加氢口接地模块进行有效连接。

2）采用进气软管将氢气集装格的出气口与增压设备上低压进气口相连接，使用专用铜制工具进行紧固。

3）利用驱动气体（如压缩空气或氮气），经过气管与增压设备上的驱动气体入口相连接。

4）用加氢枪连接到车辆加氢口，旋转加氢枪上面操作手柄至"ON"位置，微拉加氢枪确认是否连接牢固。

5）各项准备工作完毕后，调节驱动气体减压阀，驱动气体压力表显示读数达到规定值（7bar 左右）。

6）确认相关阀门已经开启，加注设备处在正常状态中，缓慢开启储氢瓶阀和进气针阀，再慢慢打开高压出口球阀，氢气流经管路阀门及增压设备进入车载高压储氢瓶。

7）当车载高压储氢瓶压力与氢气气源压力达到平衡点时，打开增压设备上面的驱动球阀进行增压加注。

8）加注过程中操作人员不得远离加氢设备，但出于安全考虑，尽量避开加氢口。仔细听加注过程中的声音变化及有无异响，注意周围环境有无异常及是否存在安全隐患，注意观察燃料电池车辆的氢系统压力表压力数值，直至达到目标加注压力。

9）当增压到指定加注压力时，关闭驱动球阀和储氢瓶阀。

10）缓慢打开高压放空球阀，从而放空增压设备到加氢枪之间管路的气体。

11）气体放空完成，将加氢枪上面操作手柄旋转至"OFF"位置，退出加氢枪并放回原位。

12）按次序确保进气针阀、高压出口球阀、高压放空球阀处于关闭状态，氢气加注结束。

13）使用便携式氢气检测仪检测加氢口是否存在氢气泄漏情况。

14）将加氢口上的防尘罩复位，观察加氢口上压力表读数正常，并记录。

15）通知驾乘人员，驾驶员和加注人员签字确认，并取下静电接地线，将加氢口舱门锁好，引导驾驶员将车辆驶离加注站。

（3）移动式加氢设施加氢

利用移动加氢车或移动撬装式加氢设施上的储氢装置，通过移动式加氢设施上的增压装置进行增压，增加储氢瓶加注压力，通过加氢设施上的氢气加注装置，给车辆进行快速加氢。加氢具体操作需满足 GB/T 31139—2014、GB 4962—2008 中规定的使用要求，车辆服从加氢现场管理人员的引导指挥，并做好加氢记录。

（4）加氢站加氢机加氢

利用加氢站储存高压氢气进行加氢时间短，约 5~15min，采取平衡加注方式可以连续加注多辆车辆。加氢时，将加氢枪与车辆加氢口连接好，设定加注氢气质量或金额，达到设定条件或高压储氢瓶压力达到储氢瓶加注压力，加氢机自动停止加注。

燃料电池电动汽车在加氢站加注氢气时，车辆进出及驾驶员操作应遵守加氢站的管理规定，服从加氢站管理人员的引导指挥，并做好加氢记录。

6.2.3　氢气加注过程中的安全注意事项

按规定做好加氢前、加氢后的站内安全检查，并做好记录。对于异常情况车辆，严禁加氢作业。

加氢之前确认车辆熄火、下电、拉紧驻车制动，并在后轮放置前后轮挡；严禁在整车未断电、静电导出线未连接的情况下进行加注。

加气过程中时刻关注储氢瓶压力与储氢瓶状态，发现任何异常立刻停止加气并安排车辆储氢瓶检测维修，在异常情况未排除之前该车辆不得再次进行加注作业。如加气过程中发现储氢瓶存在漏气的情况，除停止加气，还需立刻启动站内车辆氢气泄漏事故应急处理预案。

指定驾驶员等候区域，加氢过程中驾驶员必须处于安全区域内，既有利于加氢过程中的车辆及站内设备安全，也对驾驶员的安全有利。

制定加氢车辆驾驶员操作安全指南，包括加氢车辆及驾驶员进出登记规范、站内区域行车路线、站内区域道路限速、站内禁止吸烟及禁止使用电子设备等，并在站内显著位置公示相关规定，并依证据对违规驾驶员做出相应的处罚。

参考监管部门相关规定，加氢站人员必须经过正规培训并持证上岗，严禁非专业人员操作；专业人员操作需遵守相关规定。

加注过程，禁止无关人员进入加注现场。

严禁在密闭的场地进行氢气加注。

严禁加注压力超出系统最大加注压力。

进行氢气加注时，储氢瓶瓶阀中的手动截止阀应为开启状态，在非特殊情况下严禁关闭储氢瓶阀上的手动截止阀。

PRD 口应保持通畅，不应该有物体妨碍氢气排出，出口防尘帽应无脱落。

严禁随意调整减压阀出口压力，严禁随意调整安全阀，严禁随意打开排空针阀。

6.3 燃料电池运营车辆的管理

燃料电池电动汽车运营企业需依据《中华人民共和国安全生产法》《中华人民共和国道路交通安全法》《中华人民共和国公路法》《中华人民共和国道路运输条例》《道路运输从业人员管理规定》《道路运输车辆燃料消耗量检测和监督管理办法》《国务院关于进一步加强企业安全生产工作的通知》《交通运输突发事件应急管理规定》《道路运输车辆动态监督管理办法》《道路运输车辆技术管理规定》等有关规定，结合企业自身情况制定相关的安全生产责任制度。该制度旨在加强企业安全生产管理工作，预防和减少运营车辆安全生产事故，确保人民群众生命财产安全。该制度应主要包含以下内容：企业主要负责人及安全管理部门负责任人岗位责任制度，安全员及驾驶员岗位责任制度，安全生产操作及监督检查规程制度，相关从业人员安全管理制度、运营车辆及生产设施设备安全管理制度、交通事故及交通违法行为处理规章制度、用氢安全规定及各紧急情况下的应急预案、GPS系统监督管理制度、安全生产费用提取和使用管理制度、安全例会制度、安全生产考核与奖惩制度、安全生产值班制度等。

燃料电池电动汽车运营公司需按自身实际情况，每年制定安全生产方针目标，确定下一年的安全生产控制指标，明确运营公司安全工作的目标，确保重大事故为零，一般事故率逐年降低，努力实现"零事故、零伤害、零损失"。

运营企业需安排承租人及车辆驾驶员分别签署"企业安全承诺书"以及"驾驶员安全承诺书"，对运营公司内部人员定期（一般每月一次）做安全培训，并且按员工岗位不同，签署对应的"安全管理人员责任书"。

建立与实施车辆驾驶员培训机制，以及驾驶员信息台账，汇总培训教育、随机抽查、上门拜访、车队自查等信息来源，及时更新驾驶员信息，为驾驶员跟踪管理打好基础。

对初次驾驶燃料电池电动汽车的驾驶员必须进行资质审核，确保车辆的驾驶员拥有有效的货运（或客运）行业从业资格证书以及与车辆相符的驾照级别。驾驶员资质审核通过后，必须对驾驶员做岗前培训，包括车辆基本驾驶技能考核、燃料电池电动汽车技术特点宣导及操作要领指导、基本安全法规宣导等。如驾驶员培训不合格，不予支持氢能源车辆驾驶资格。

对于在运营车辆的驾驶员，每月组织对其进行安全教育培训，并做好培训记录及培训台账。驾驶员的安全教育培训主要包含以下内容（可根据实际情况每次挑选若干内容进行培训教育）：车辆驾驶技巧与燃料电池电动汽车使用要领、车辆日检的重要性、交通违法案例警示、加氢站安全管理规定及加氢安全警示、行业内其他企业重大事故警示教育、公司内部重大交通事故公示与批评教育、当前安全生产形势、紧急事件处置等。

车辆出租期间，对车辆的实际使用情况做跟踪调查，可采取包括上路随机抽查、加氢站随机抽查、上门定点抽查、定期培训信息收集等途径来实施。抽查内容主要包括：未做上岗培训驾驶员驾驶燃料电池电动汽车问题、驾驶员的酒驾或毒驾行为、疲劳驾驶行为、车辆超速或超载行为、车内人员抽烟行为、车辆每日自检及行车日志的规范填写、事故车辆不及时维修、车辆实际使用场景不符合用车合同并对用车安全构成严重隐患的行为等。

配合加氢站对驾驶员加强安全管理，对屡次违反加氢站内安全管理规定的驾驶员，采取约谈、通报、处罚等措施，直至按合同强制收车。

建立与实施车辆日检制度，规定每天车辆出车前、行车中、收车后的车辆自检项目，并利用行车日志记录起来，日常安全点检项目见表6.1。

表6.1　日常安全点检项目

检查内容	零部件	检查方法	合格标准
气密性	加注面板	使用手持氢泄漏探头对所有管路接头进行气密性检测，检测前储氢瓶压力应不低于设定值	所有管路接头氢气泄漏值低于限定值
	储氢瓶组（顶置）		
	储氢瓶组（底置）		
	后舱、底置储氢瓶舱氢气管路		
	车顶氢气管路		
	安全阀、放空阀、PRD泄放口		
	燃料电池系统	使用手持氢泄漏探头对所有管路接头进行气密性检测，检测前燃料电池系统应处于开机状态（检测部位包括燃料电池系统外露供氢管路、氢气回路和尾排管接头）	
外观	储氢瓶	光线充足情况下目测	无割痕、刮伤、磕伤、凹坑、凸胀、破裂、材料损失和表面变色（积炭、烧焦和化学腐蚀等）
	管路		无明显划痕、擦伤、磕伤、锈蚀
	安全阀、放空阀和PRD泄放口防尘帽		防尘帽无脱落
	氢泄漏探头		氢泄漏探头检测口无杂质堵塞
	储氢瓶支架		储氢瓶支架焊缝处无裂纹，支架无褶皱、无明显变形
紧固	储氢瓶拉带固定螺母	检查螺栓螺母划线处是否有明显错位，若有明显错位或未观察到划线则用扳手或六角头等相应工具进行紧固检查	螺母或螺栓划线处无明显错位、松动
	储氢瓶遮阳罩螺栓		
	管夹		
探头校验	氢泄漏探头	采用1%~3%（氢气-空气）混合标准气对氢泄漏探头进行校验，查看氢泄漏探头显示读数	氢泄漏探头显示数值稳定后与标准气浓度对比误差不超过±3000ppm

建立与实施车辆保险购买及续保台账制度，运营企业应依法、按需购买车辆保险。

建立与实施车辆事故台账制度，加强同修理厂及保险公司沟通，以求实时掌控车辆的事故发生情况及车辆维修、事故理赔的进度。本着对本企业的资产及安全管理负责，对车辆承运人的人员安全负责、对第三方人员安全负责的"三负责"态度处理车辆事故，利用先进、人性化的管理手段，力求降低事故频率与事故发生后的综合经济成本。对频繁发生交通事故或单次事故损失金额超过 10 万元人民币的承运人及其驾驶员，需依合同采取必要的管理手段，包括但不限于约见面谈、增加专项警示教育、按合同予以罚款、按合同执行强制收车、列入限制合作名单等。

建立与实施车辆交通违法行为台账制度，定期更新在运行车辆的交通违法行为处罚清单，一般建议一周更新一次。及时告知相应的承租人及驾驶员，跟踪交通违法行为的处理进度，要求当月违章当月通知、隔月处理、跨月清零。对违章发生频率较高或者违章处理不及时的承运人及驾驶员，需依合同采取必要的管理手段，包括但不限于约见面谈、增加专项警示教育、按合同予以罚款、限制加气以敦促其处理违章、按合同执行强制收车、列入限制合作名单等。

建立与实施车辆保养台账制度，定期更新车辆保养台账，加强同修理厂沟通，以求实时掌控车辆的保养进度。定期保养是用车好习惯中的重要一环，尤其目前燃料电池电动汽车技术还不够完善，车辆一旦脱保将大大增加行驶中的安全隐患以及车辆发生故障的频率。对持续脱保且拒不履行保养义务的车辆，需依合同采取必要的管理手段，包括但不限于约见面谈、按合同罚款、按合同执行强制收车、列入限制合作名单等。

建立与实施车辆维修台账制度，定期更新车辆维修台账，加强同修理厂沟通，以求实时掌控车辆的维修需求以及维修进度。跟踪每一辆车的每一次维修，既是对公司财务负责，也是对车辆安全管理负责。对于频繁出现的某种故障表象，需汇总信息与上游供应商商讨长久的改善方案。如该故障有诱发安全事故的可能，视情况可暂停该车型的运营，直到找到解决方案并有效执行为止。

燃料电池电动汽车运营企业可依所属地区所属行业主管部门的规定，规范车辆维保行为，定期对运营车辆组织维保工作，包括一年至少一次一级维护和二级维护、每年按时执行营运证年审、车辆年检工作。

燃料电池电动汽车运营企业必须对其所有的车载储氢瓶安排定期的检测工作，通过当地有资质的第三方检测机构，参考当地市场监督局特种设备科所制定的储氢瓶检测标准来执行。如目前行业内对燃料电池电动汽车常用的 35MPa 的车载储氢瓶质检周期设定为每三年一次随车定检，每六年一次拆卸耐电压检测。检测完成后，检测机构需出具纸质的检测报告并更新对应的储氢瓶《特种设备使用登记证》，同时在储氢瓶上贴上"已检合格"标签。燃料电池电动汽车只有拥有了以上全套合格资质，才被认为可合法上路并有被加注氢气的资格。

由于燃料电池电动汽车技术目前还未完全成熟，运营企业需制定应急预案，配置相应的车辆故障应急处理小组及应急备用车辆，对故障抛锚车辆或具有重大安全隐患的车辆采取正确的处理措施，既提高客户满意度也符合当下行业的实际发展水平。

6.4　燃料电池电动汽车紧急情况处理

6.4.1　氢气泄漏处理

1. 燃料电池电动汽车发生氢气泄漏的若干预兆

燃料电池电动汽车发生氢气泄漏的主要预兆如下：

1）氢气管路松动。

2）压力表的压力读数持续下降。

3）氢气泄漏报警。

4）氢系统低压报警。

5）管路安全阀泄压。

6）储氢瓶PRD泄压。

7）氢气管路变形。

8）阀门变形。

9）储氢瓶表面出现损伤。

10）储氢瓶或阀门出现位移或错位。

11）加注时间异常。

12）加氢结束后储氢瓶压力快速降低（需排除加氢后储氢瓶压力受温度下降的影响）。

13）燃料电池低压报警。

2. 氢气泄漏应急处理措施

（1）氢气加注时发生泄漏

出现高压氢气泄漏，应立即停止高压氢气加注操作，将氢气供应源与泄漏系统隔开，并将管路中的压力释放掉，等待修复；现场作业人员立即按下停止加氢按钮或拍下急停按钮，拔下加氢枪。

对泄漏量较小的情况，应立即关闭储氢瓶阀，将车辆推离站区，疏散其他人员及车辆，并立即逐级上报，准备灭火器等消防设施防止发生火灾。泄漏量较大时立即停站，疏散人员车辆，准备灭火器，连接消防栓、消防水带等消防设施准备火灾事故应急响应，拨打119电话报警，并立即逐级报告。

无法控制的泄漏出现时，应首先保护现场人员的安全，立即疏散泄漏污染区的相关人员，按照设定好的指定路线撤离、集合，在集合地点清点人数。

氢气集装格或储氢瓶安全装置发生泄漏时，应先将氢气集装格或储氢瓶内的氢气排空，再检查修复。

发生泄漏时，车辆、设备等不得再次启动，及时通知相关人员进一步排查。

加氢现场需要技术人员前往处理时，及时沟通联系技术人员，并详细清晰地描述现场情况。

（2）车辆运行中发生泄漏

燃料电池电动汽车在行驶过程中，当发现氢气泄漏时，应立即靠边停车，疏散人员。停放地点尽量不得靠近道路公共设施，如桥梁、路基等，以及人员稠密地区，位置要求通风良好，附近严禁有明火。然后驾驶员要关闭氢阀开关，拔下车辆钥匙，关闭电源翘板开关，设立警戒标志，并通知整车厂售后人员及时到场。如果是客运燃料电池电动汽车，则立刻疏散车内人员并打开所有车窗进行通风。如果是货运燃料电池电动汽车，应立刻检查货箱内是否有易燃易爆物品，如有则尽快移除易燃易爆物品。

紧急查找漏气点，并查看车辆储氢瓶压力，当发现压力超压时立即打开超压排放阀进行压力排放，直到压力降到 0.1~0.3MPa，关闭阀门并确定阀门无泄漏；当车辆储氢瓶压力正常时，如能发现泄漏点，可先用专用工具对泄漏部位加以紧固，同时通知专职调度人。如果事态进一步恶化得不到有效控制或者出现着火现象，驾驶员应及时划出危险警戒区，禁止无关人员和车辆靠近。

由于车载储氢瓶内压力远大于外部气压，因此氢气泄漏最怕的就是氢气聚积与火源。一旦氢气泄漏严重，具体处置措施如下：

1）氢气发生大量泄漏或聚积时，首先应当拨打报警电话，并采取如下措施：及时切断气源，并迅速疏散所有人员至泄漏污染区上风处；对污染泄漏区域进行通风，对已泄漏的氢气进行稀释，防止氢气聚集。若不能及时切断气源，应采用水雾进行稀释，防止氢气聚积形成爆炸性气体混合物；高浓度氢气会使人窒息，应及时将窒息人员移至通风良好处，进行人工呼吸，并迅速就医。

2）当氢气发生泄漏并着火时，首先应切断气源，并采用水或者干粉强制冷却泄漏的储氢瓶，防止因着火导致储氢瓶气温以及储氢瓶内压力急剧上升带来的更大危害。其次，采取措施防止火灾扩大，如采用大量消防水雾喷射其他易燃物质和相邻设备，防止次生灾害。另外，由于氢气火焰肉眼不易察觉，消防人员应佩戴自给式呼吸器，穿静电服装进入现场，注意防止外露皮肤烧伤。

（3）发生交通事故后引起泄漏

当燃料电池车辆在运行中发生交通事故引起氢气泄漏等紧急情况，紧急处理措施如下：

1）交通事故发生后，应及时检查人员情况，驾驶员第一时间打开乘客舱门并疏散乘客，关闭车辆钥匙，按下高压应急开关，打开所有车窗进行通风，设置警戒标志。

2）对车辆供氢系统进行检查，查看是否有泄漏现象。

3）发现车辆有漏气情况时，应该立即打开超压排放阀进行压力排放，当驾驶员无法控制泄漏点时，及时将现场情况报告给专职调度人，按应急方案进行控制。

4）事故车的处理地点尽量避免在人口密集地区，如只能在原地进行处理，应在周围设置警戒线，及时疏散附近人员。

3. 氢气泄漏时的其他注意事项

燃料电池车辆氢气泄漏时的其他注意事项如下：

1）氢系统的应急处置应由经过专门培训的维修人员实施，维修人员应着装防静电服、防静电鞋，并去除身上的静电。

2）氢气属于易燃易爆的气体，在应急处置现场，维修人员应时刻注意不允许出现火花、高温热源、明火等易引燃氢气的操作，不允许使用电动工具、电焊、非防爆工具等。

3）严禁私自拆卸、敲击氢气管道和储氢瓶，严禁带压操作。

6.4.2　燃料电池电动汽车火灾处理

1. 火灾一般处理程序

当发现燃料电池电动汽车的起火征兆，应第一时间打开乘客舱门并疏散乘客，关闭车辆钥匙，关闭电源翘板开关，设立警戒标志。然后，采取合适的灭火器进行灭火，同时大声呼救，并迅速组织人员开展应急处置行动。同时，立刻报警求救。

2. 火灾处置措施

初起火灾，应迅速查明燃烧位置、燃烧物品的主要危险特性、火势是否有蔓延、燃烧产物是否有毒。

现场人员应就近取材，进行现场自救、扑救，控制火势蔓延。必要时，佩戴相应绝缘工具，防止触电。

正确选择最适合的灭火剂和灭火方法，对普通物品的火灾，可采用干粉、消防水等灭火；当发生电气火灾，首先应切断电源，然后用二氧化碳（或干粉）等灭火器扑灭。

遇有火势较大或人员受伤时，现场人员在组织自救的同时，应及时报告应急指挥部，紧急时可直接拨打火警电话"119"、急救中心电话"120"，求得外部支援；求援时必须讲明地点、火势大小、起火物资、联系电话等详细情况，并派人到路上接警。

将受伤人员及时转送医院进行紧急救护。

火灾扑灭后，应保护好现场，接受事故调查并如实提供火灾事故的情况。

3. 火灾处置注意事项

不可用消防水的情况：电气设备短路导致电弧放电但无明火的车辆应首先切断电源，然后用二氧化碳（或干粉）等灭火器扑灭，不可直接用消防水枪等水源对着电气设备进行喷射以免水作为导体引起二次灾害。

可用消防水的情况：当事故不是初起状态，而是某一部位处于明火燃烧状态且人员不可靠近时，应在人员远离车辆10~15m的情况下使用消防水灭火。

救援时要佩戴好防护用品，防止有毒气体或烟气侵入人体；没有穿戴相应防护器具的人员严禁参加抢险行动。

应正确使用抢险救援器材，不得冒险和蛮干；参与抢险的人员要注意观察风向、地形，选择正确位置，提高预防中毒的警惕性；在火场中或在有烟的室内行走时，应尽量低身弯腰降低高度，防止窒息；在火灾的自救与逃生时，首先应躲避浓烟，能向下跑的决不能向上跑，其次是躲避大火，然后撤离到安全地带。

险情发生至现场恢复期间，应封锁现场，禁止无关人员进入。

拨打120电话报警时，应说明受伤者的受伤情况，以便让救护人员事先做好急救的准备。

6.5 燃料电池电动汽车检修与维护

6.5.1 燃料电池电动汽车检修维护场地要求

燃料电池电动汽车的检修维护场地应符合以下要求：

1）燃料电池电动汽车检修与维护场地应设置防火墙，且防火墙要满足当地的防火管理部门要求。

2）必须防止氢气进入相邻的办公室，尤其是那些位置比车辆高的办公室。

3）在爆炸可能发生的地方设置相应的警告标志。

4）在维修工厂和车库以及相邻的一定区域内禁止吸烟。

5）工作人员必须穿着静电防护服，如100%的棉服。

6）在这些建筑中禁止对车辆进行燃料补给。

7）车辆在加氢之后的10min内禁止驶入封闭的建筑物。

8）发生氢气泄漏的车辆禁止进入维修车间，除非所有的氢气都已排出。

9）在车辆驶入一个封闭建筑物之前，必须检查车载安全控制系统以确保其没有故障。

10）仪表应指示没有任何氢气泄漏，无氢气泄漏报警。

11）对储氢瓶的压力检测正常，停机状态压力无明显下降。

12）在氢系统开始工作之前，首先应用便携式的氢气传感器检测所有接头是否有氢气泄漏。

13）电气设备（如正在移动升降的起重机）在车辆上方的危险区域操作时，必须事先检测车辆是否存在氢气泄漏。

14）那些能够产生火花的工作（如焊接，磨削）必须远离载有氢气的车辆；此外，还需使用便携式的防护装置将氢燃料电池电动汽车和产生火花的工作隔离开；除非燃料电池电动汽车与氢气释放管道相连，否则氢燃料电池电动汽车与能够产生火花的工作至少相离5m；当有氢气系统报警信息产生时，这些产生火花的工作必须立即停止。

15）各种包含有压缩氢气的管道必须装配紧密，在氢气排空后，需使用防爆扳手进行拆卸。

16）在进行维修工作的时候，燃料电池电动汽车必须接地，以防止产生静电。

17）将氢气从燃料电池电动汽车里排出之后，传统的维修工作（如维修车体和车轴）也可以在封闭的建筑物中进行，且在这种建筑物中不必装备专用的安全设备（如排空管和通风设备）。

18）警示灯必须提供足够的亮度，以警示技术人员从车顶区域安全撤离，保证所有工作人员离开维修厂并提醒消防队采取行动。

19）在载有氢气的燃料电池电动汽车上，推荐用手持式的防爆灯检测故障。

6.5.2 燃料电池电动汽车检修安全注意事项

非氢系统检查维修：如果不涉及动火的，检查维修工作只需要确保周围空气流通性良好，如在室内维修的，确保厂房内部净空高度不低于 8m；如果涉及动火的，必须将本车内氢气泄放完毕或将氢系统完整拆卸下来后方可动火。

氢系统动火检修前，保证系统内部和动火区域的氢气体积分数在安全范围以内；检修或检验设施应完好可靠，个人防护用品穿戴符合要求；防止明火和其他激发能源进入禁火区域，禁止使用电炉、电钻、火炉、喷灯等一切产生明火、高温的工具及热的物体；动火检修应选用铜质工具。

所有动火检测，必须确保明火周围 3m 范围内没有其他无关的氢燃料系统。

6.5.3　燃料电池电动汽车维护安全注意事项

对氢系统管阀件进行维护作业时，应选择通风良好的地点，将管路内的氢气排空再进行零部件的维护。

操作人员在放气作业前，应设置警示标志或隔离带，要触摸静电释放器，将身体静电导除；放气操作人员应经过培训、考试合格后上岗操作。

氢燃料电池电动汽车如需进行动火等整改工作时，需将氢气放空后方可作业；放气现场安全区域内禁止携带手机、打火机、非防爆对讲机、火柴等火源火种和易产生静电的物品入内；放气现场安全区域 30m 内禁止使用明火作业；放气现场严禁穿易产生静电的服装及带铁钉的鞋进入；放气现场安全区域内使用的工具应为防爆工具；放气作业区域仅用于放气作业，其他作业活动严禁在此区域内进行；放气过程中，应关闭车辆的电源及门窗，同时打开车厢顶部所有天窗；放气过程中，除指定的放气操作人员，其他人员一律不得入内；车辆放完氢气后，需对车辆四周、舱体和车厢内部进行检测，确保无余气后，方可驶离；雷雨天气禁止放气作业。

6.6　氢气加注基础设施的安全设计

6.6.1　工艺设施安全设计

加氢机应满足 GB/T 31138—2022《加氢机》、GB 50516—2021《加氢站技术规范》、GB/T 34584—2017《加氢站安全技术规范》的相关规定。

加氢机应设置安全限压装置，安全阀应选用全启式安全阀；进气管道上应设置自动切断阀；加氢软管上应设置拉断阀。拉断阀要符合如下要求：

1）拉断阀分离拉力为 220～1000N。

2）拉断阀在外力作用下分开后，两端应自行封闭。

3）拉断阀在外力作用下自动分成的两部分，可重新连接，保证加氢机可以继续正常使用。

加氢机应设置人体静电释放装置和伸缩式车辆接地夹；加氢机应设置紧急停车按钮，在出现紧急情况按下该按钮时，应能关闭阀门，停止加气，并可以向加氢站内控制系统发出停车信号。

加氢机内部氢气易聚积处应设置氢气检测报警装置，当发生氢气泄漏在空气中含量达0.4%时应向加氢站内控制系统发出报警信号；当发生氢气泄漏在空气中含量达1.6%时应向加氢站内控制系统发出停车信号，并自动关闭阀门停止加气。

工作压力为35MPa及以上的加氢机应当在上游设置氢气冷却装置，将氢气冷却后需保证车载储氢瓶温度不得高于85℃。

冷却设施中换热器材料和制冷剂应结合当地历年最低平均气温进行选择；冷却设施应配置与加氢站设备相匹配的通信接口，应具有远程启停功能；冷却设施的制冷剂管道应设置压力检测及安全泄放装置，并能在管道发生泄漏事故、高压氢气进入制冷剂管道时，立即自动停止加氢作业和系统运行；制冷剂管道需设置保护层。

6.6.2 电气设施安全设计

站内通信、控制系统应设置不间断供电电源，电池持续时间应达到120min。

低压进线断路器应设置分离脱扣器，引至端子排上，用于紧急切断电源用。

爆炸危险区域内的电气设备、照明灯具防爆等级不应低于 ExdⅡCT1，室外爆炸危险区域内的电气设备、照明灯具防护等级不应低 IP65。站内的压缩机间、加氢岛、营业厅等场所均应设置 A 型消防灯具作为事故应急照明装置，应急照明时间不应小于90min。控制室、配电室内照明灯具应选用正常、应急两用灯具，市电停电时，灯具的备用电池投入运行，电池持续运行时间180min。

站内的防雷分类不应低于第二类防雷建筑标准，其防雷设施应具有防直击雷、防雷电感应和防雷电波侵入的能力。防直击雷的防雷接闪器应使被保护的站内建筑物、构筑物、通风风帽、放空排气装置等突出屋面的物体均处于其保护范围内。

站房、罩棚、压缩机间及遮阳、防雨设施的屋面应根据 GB 50057—2016《建筑物防雷设计规范》设置相应的防雷接闪带。站内的设备、管道、构架、电缆金属外皮、钢屋架、铁窗和突出屋面的放空管、风管等，应接到防雷接地装置上。

全站设置联合接地网，包括电气工作保护接地、仪表工作保护接地、电子信息系统接地等，总接地电阻不应>1Ω。路灯灯杆应引至总接地系统。

现场摄像机前端箱、火灾报警模块箱、线缆接入系统机柜处应设置防浪涌保护器（Surge Protective Devices，SPD），雷电防护等级按 D 级选择。低压进线总柜内应设置防浪涌保护器（SPD），应满足 I 级试验。

爆炸危险环境内可能产生静电危险的物体，应采取防静电措施。在氢气压缩机间、加氢机等的进出管道处，不同爆炸危险环境边界、可燃气体管道分岔处及长距离无分支管道每隔50m，均应设置防静电接地，且其接地电阻不得>10Ω。站内氢气、仪表气、氮气吹扫、冷却系统管道上的法兰、阀门等可能存在静电处应采用金属线跨接。站内氢气运输装置的卸气场所、每个加氢机处均应设置静电接地报警装置。装置区的进出口、每个加氢岛、卸气柱等处均应设置静电触摸球。

站内的动力控制电缆均应选择阻燃 A 类电缆。路灯电缆应选择阻燃 A 类铠装电缆，直埋敷设，横穿车行道处应穿管保护。从配电室去现场设备的电缆应走排管敷设，中间设置电缆管井。电气电缆不得与仪控电缆、弱电电缆共管敷设。电气电缆与仪控、弱电电缆走同一电缆管井时，相互间距应满足相关规范。电缆管井内应做防水处理，且应充砂填实。爆炸危险环境区域内敷设的电缆，应在电缆引向电气设备插头部件前、相邻的不同环境之间位置做隔离密封。

6.6.3　建、构筑物安全设计

燃料电池加氢站宜为单层敞开式建筑，耐火等级不应低于二级，罩棚应采用不燃材料制作，当罩棚的承重构件为钢结构时，其耐火极限不应低于0.25h。

加氢站应设置罩棚，且罩棚为由内而外斜坡向上，避免氢气累积；或者遮篷内部最高处设有通风设施，避免死角，不得聚积氢气，必要时可增加强排风机。罩棚内部净空高度不应<3.5m，进出口有限高要求时，罩棚的净空高度不应小于限高高度。罩棚遮盖加油机、加氢机的平面投影距离不宜<2m。罩棚耐火等级不应低于二级，宜采用钢结构形式。钢结构要满足GB 50011—2010《建筑抗震设计规范》和GB 50017—2017《钢结构设计标准》的相关规定。

遮阳、防雨设施为敞开式，耐火等级不应低于二级，应采用不燃材料制作，当其承重构件为钢结构时，其耐火极限不应低于0.25h。遮阳、防雨设施内表面应平整，宜采用V或U字形顶棚形式，坡向外侧上部空间应保持通风良好，且避免死角，不得聚积氢气。遮阳、防雨设施内部净空高度不宜低于3.5m，遮盖设备的平面投影超出设备边缘不宜小于1.5m。

6.6.4　消防设施安全要求

加氢站内灭火器材及火灾报警系统的设置应符合GB 50016—2014《建筑设计防火规范》、GB 50516—2021《加氢站技术规范》、GB 50156—2021《汽车加油加气加氢站技术标准》的相关规定。加氢站内火灾报警系统的设置，应符合下列规定：

1）应设置火灾报警系统，并采用集中报警系统。

2）火灾报警系统机柜应设置在控制室内。

3）火灾报警系统应由不间断电源设备供电。

4）卸车区、储氢区、加压区、加氢区等具有爆炸危险场所应设置隔爆型火焰探测器，防爆等级 Exd Ⅱ CT6，不得有探测盲区。

5）站内应设置手动报警按钮、声光报警器、消防广播等，爆炸危险区域内应选用防爆产品。

6.6.5　加氢站安全监控

加氢站应建立中央监控和数据采集系统，且应可连接各加氢站的信息并向客户开放有关数据，数据采集与数据上传至数据分析资料库，结合大数据收集，建立优化管理体系以及客户端软件运用，提升加氢站的效率。针对加氢站的系统监控，建议满足以下要求：

1）对在加氢站及各类加氢合建站进出口、氢气储存区、卸车区、增压区、储氢区、加氢区、预冷区等装置的压力、温度等运行重要参数进行数据采集、处理及联锁控制，并对加氢站数据进行相应的备份。

2）在加氢站及各类加氢站的进口、出口、加注区、储氢区、主控制室及总配电室应设不间断视频监控，并把监控视频上传数据采集系统并做好数据备份。

3）压力监控分别检测管道与储氢瓶是否超压，以及判断储氢瓶的储氢量。

4）氢气质量监控。燃料电池电动汽车加注的氢气浓度必须满足 ISO 14687-2：2012《氢燃料-产品规格-第 2 部分：道路车辆的质子交换膜（PEM）燃料电池应用》要求。

5）氢气流速监控。

6）管道与储氢瓶的温度监控。

7）加氢机的加注次数、加氢量与金额的监控与分析。

8）车辆上储氢瓶的加注次数、加氢量等信息可回馈至加氢站管理中心。

9）实时传递安全信息，及时反应，降低安全风险。

10）加氢站及各类合建站周围宜设置周界报警装置，报警信号应纳入监控系统。

11）加氢站及各类合建站所有的报警信号及处理结果应进行记录和保存，结果记入监控系统数据库中。

12）加氢站及各类合建站安全监控系统还包括可燃气体探测器和火焰探测器，并完成对可燃气体泄漏检测、火焰探测及环境温度检测、区域和声光报警；具备报警、联锁关断控制功能。

13）加氢站及各类合建站监控及数据采集系统所有的核心单元应设有不间断备用电源，该备用电源可以在断电后 60min 内保持供电。

14）通过结合客户端软件应用，可实时提供客户加氢站加氢情况，减少加氢等待时间、自动计算距离加氢站的路程及时间，并适时提醒客户。

6.7　氢气加注基础设施建设

6.7.1　加氢站建设审批

（1）加氢站建设申报各职责部门职责

加氢站申报立项及建设过程中，主要的职责部门及其职责见表 6.2 及表 6.3。

表 6.2　立项环节

部门	受理环节	所需前置文件	出具文件
住建部门	项目选址	—	选址意见书
国土部门	用地证明	—	相关土地证书
发改部门	项目核准	选址意见书用地证明	项目核准意见
规划部门	—	项目核准意见用地证明	新建站：建设用地规划许可证、建设工程规划许可证 改建、合建站：建设用地规划书面意见、建设工程规划书面意见（无新构筑物）/建设工程规划许可证（有新构筑物）

表 6.3　报建环节

部门	受理环节	所需前置文件	出具文件
发改部门	节能审查	—	节能审查意见
消防部门	建筑消防设计	建设用地规划许可证（书面意见），建设工程规划许可证（书面意见）	建设工程消防设计审查意见书
气象部门	防雷装置审查	选址意见书用地证明	防雷装置设计审核意见书
人防部门	人防报建	—	人防工程报建审批表及凭证
环保部门	环境影响评价审查	—	环境影响评价报告批复
质监	特种设备资质审查	—	特种设备资质审查意见书
图审机构	施工图审查	—	施工图设计文件审查合格书
住建部门	施工图审查备案	施工图设计文件审查合格书	在合格书上盖章并备案

（2）加氢站建设申报环节流程

加氢站建设的申报环节流程如图 6.1 所示。需要说明的是，在此仅提供建站审批的参考模式，最终的审批报建以当地政府部门的要求为准。

6.7.2　加氢站建设安全要求

承建加氢站及各类合建站的施工单位应具有相应的资质。

加氢站、加氢加气合建站、加氢加油合建站的等级划分应符合 GB 50516—2021 有关规定。加氢站及各类加氢合建站的火灾危险类别应为甲类。加氢站及各类合建站内有爆炸危险房间或区域的爆炸危险等级应为 1 区或 2 区。加氢站及各类合建站内的建筑物耐火等级不应低于二级。

加氢站与充电站合建时，充电工艺设施的设计应遵循 GB 50966—2014 和 GB/T 29781—2013 的有关规定。

加氢站及各类合建站作业区域内不得种植树木、油性植物和易造成氧气聚积、易燃烧的各种植物。加氢站及各类合建站配套建设的环境保护设施、安全设施及职业病防护设施必须与主体工程同时设计、同时施工、同时投入生产和使用。

加氢站及各类合建站应优先选择环保的工艺与设备，配备可靠的环境保护设施。加氢站、油气氢合建站产生的废气、废水、噪声等污染物排放应满足国家及地方标准的要求。加氢站及各类合建站应当根据其储存介质的种类和危险特性，在作业场所设置相应的安全设施，以满足防火防爆及安全生产的要求。

加氢站及各类合建站的职业病防护设施应能满足职业卫生的要求，防止作业场所的职业病危害因素对劳动者产生健康损害。

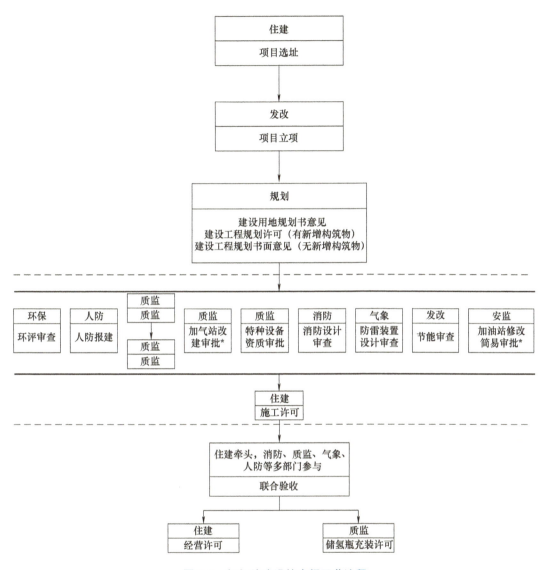

图 6.1　加氢站建设的申报环节流程

注：加气站改建审批和加油站改建简易审批只在加油站及加气站的设计发生改变时需要。

6.7.3　加氢站验收与安全评价

　　加氢站施工单位按照项目规定范围内的工程全部完成后，应及时进行工程竣工验收。工程竣工验收，应由建设单位负责，组织施工、设计、监理等单位共同进行，合格后即应办理竣工验收手续。工程竣工验收时，由施工单位提交的竣工验收文件是工程竣工验收的依据和工程质量"终身制"的依据，必要时应进行抽查检测或试验。施工单位应提交下列文件。

　　1）综合部分：竣工技术文件说明、开工报告、工程竣工证书、图样会审记录、设计变更清单及其相应签证文件，材料和设备质量证明文件及其复验报告。

2）建筑工程：工程定位测量记录、地基验槽记录、钢筋检验记录、混凝土工程施工记录、混凝土/砂浆试件试验报告、设备基础允许偏差项目检验记录、设备基础沉降记录、钢结构安装记录、钢结构防火层施工记录、防水工程试水记录、填方土料及填土压实试验记录、合格焊工登记表、隐蔽工程记录、防腐工程施工检查记录。

3）其他提交：合格焊工登记表、隐蔽工程记录、设备开箱检查记录、静置设备安装记录，设备清理、检查、吹扫、置换、封存记录，设备安装记录、设备单机运行记录、阀门试压记录、安全阀调整试验记录、管道系统安装检查记录、管道系统试验记录、管道系统吹扫/置换记录、设备及管道系统防静电接地记录、电缆敷设和绝缘检查记录、报警系统安装检查记录，接地体、接地电阻、防雷接地安装测定记录和电气照明安装检查记录、防爆电气设备安装检查记录、仪表调试及其系统试验记录。

4）竣工图。

5）观感检查记录表。

6）工程竣工验收：由建设单位负责并组织施工、设计、监理等单位共同进行，合格后即应办理竣工验收手续，并向主管部门申请进入投产环节（表6.4）。

表6.4　验收、投产环节

部门	受理环节	所需前置文件	出具文件
住建部门	综合验收	—	在各部门出具验收合格意见后进行工程竣工备案
	加氢站经营许可证	—	加氢站经营许可证
消防部门	建筑验收	—	建设工程消防验收意见书
气象部门	防雷装置验收	—	防雷装置验收意见书
人防部门	人防工程验收	—	人防工程验收备案意见书
质监部门	特种设备检验	—	特种设备使用登记证
	储氢瓶充装许可	各部门工程验收证书	储氢瓶充装许可证
	计量设备检定	—	计量设备检定合格证
安监部门	加氢合建站原有部分现状评价	—	—

注：根据《建设项目环境保护管理条例》修改案（国务院令第682号），环保验收改为建设单位自行验收。

6.8　氢气加注基础设施运营及管理

6.8.1　加氢站运行操作与维护

加氢站运营主体须持有效期内的相关证照，各种证照需分别按照规定年审（检），年审（检）不合格的，有相应的职能部门依法责令其整改，并按法律、法规予以处罚。

严禁伪造、涂改、出租、转让加氢站经营许可证。

加氢站运营主体应在聘用员工前向从业人员如实告知作业场所和工作岗位存在的危险因

素和防范措施。站内工作人员全员持证上岗，上岗资格证应专职专证，且每年由发证机构复查资格，资格复查不合格的应重新进行技术培训，直至合格为止。

加氢站发生转让、出售、变更场所、停业、复业等重大事项，须提前一个月向主管部门提出申请；因突发事件暂停营业的，自停业起7日内向主管部门申报。

6.8.2 加氢站站控系统

加氢站站控系统应对加氢站卸车、增压、储存等各种工艺过程，具有数据采集、控制、显示、报警、参数查询、历史记录查询等功能，同时在紧急情况下可控制实现紧急切断加氢站上的设备，保证人员和设备的安全。

站控系统应具有专门编制的控制和管理软件，具有远传接口，以实现系统的远程监控、诊断和数据传输。

6.8.3 加氢站质量管理体系

加氢站需满足 ISO 9001—2015 以及 IATF 16949—2016 质量管理体系中的相关规定。通过标准中常用的过程方法搭配应用，再加上计划-执行-检查-处理循环（Plan-Do-Check-Action cycle，PDCA）和基于风险的思维（图 6.2），使其质量管理体系与其他管理体系标准的要求保持一致或整合，从而有利于加氢站运营方吸引顾客、开发新产品和服务、减少浪费或提高生产效率。

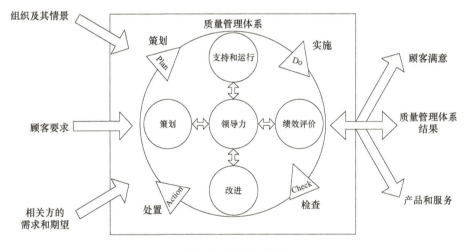

图 6.2 PDCA 体系

6.8.4 氢气质量管理

加强高纯氢产品在生产、充装、转运、加注全产业链环节的检验和监管应对。氢气的检测应考虑时间特性（如某月某日某时间某辆车在某压力下的气体样品）及加氢站的氢源品质，应结合加氢站的部件实际情况和燃料电池电动汽车用氢气标准，综合判断加氢站气源品质。

高纯氢长管拖车内部在充装前应进行充分置换吹扫和清洁度检测保证；严格禁止装载高纯氢产品的长管拖车混装其他氢气产品，甚至是非氢类产品；如果有过混装使用，在充装高纯氢之前，必须重新进行严的置换吹扫、清洁度检查及试装氢气样品的鉴定。

应采用隔膜式压缩机等设备向长管拖车充装高纯氢，氢气加注管路和充装口必须在使用前进行高纯氢吹扫置换，保证其清洁度和对高纯氢品质维持的可靠性。

加氢站设备施工安装过程中，应对施工质量进行控制管理，并保证设备清洁度；安装完成后应对整个系统充分高纯氢置换吹扫，检验合格后投入使用，同时要经常检查卸气柱连接口等处，防止污染；对系统设备、管路等进行任何敞开性维护保养和维修更换后，要重新进行必要的吹扫置换。

6.8.5　运行安全规定

加氢站运行管理应符合 GB 4962—2008《氢气使用安全技术规程》、GB 50516—2010《加氢站技术规范》、GB/T 34584—2017《加氢站安全技术规范》的相关规定。典型规定如下：

1）严格执行加氢站生产管理制度。作业人员应经过岗位培训、考试合格后持证上岗；特种作业人员应经过专业培训，持有特种作业资格证，并在有效期内持证上岗。

2）加氢车辆按照要求停靠在停车区域，关闭车辆电源，拉起驻车制动后方可加氢，防止因车辆未熄火或车身滑行造成事故。

3）非加氢操作人员严禁触碰岗位设备、阀门；如因检修需要，应征得操作人员同意，方可检修。

4）定期检查加氢枪，及时更换老化、磨损配件。维修作业人员应使用铜制工具且不得随意敲击加氢站中的设备；检修维护前应切断相应电源、气源，并经氮气吹扫置换合格后再进行检修，并不能带压维修和紧固；设备检修后，应用惰性气体吹扫、氢气置换，完成后用氮气或氦气按照 GB 50516—2010《加氢站技术规范》进行气密性试验和泄漏量试验。

5）加氢过程中严禁移动汽车，严禁在未回收、未放开的情况下点火启动汽车。

6）检查加氢车辆是否具有有效的充装许可证、储氢瓶是否在检验周期内，否则应拒绝充装加气，发现泄漏时应立即停止加氢，关闭相关阀门，严禁在漏气情况下加气。

7）停电时只能用安全防爆照明灯照明，严禁使用其他光源照明。

8）燃料电池电动汽车遇到故障不能启动时，应推出加氢站去适当位置修理，禁止在加氢站周围修理，以防发生事故。

9）加氢站设备进行日常维护和保养，应对异常情况及时处理并且记录。加氢站应配备检漏工具，定期对氢气易泄漏处进行人工检查。应严格按设备制造商提供的维护保养手册要求，定期检查或更换加氢站设备及控制系统零部件。

10）加氢站定期检验的压力表、安全附件、泄漏检测仪在有效期满前应提前向检验机构提出定期检验要求，校验期间为使加氢站不间断运营，定期检验的部件宜设置备用件。

11）加氢过程中若发生安全事故，应尽快疏散车辆和人群，以减少事故损失。

本 章 小 结

　　本章侧重于从应用、操作、维护及基础设施等角度来阐述燃料电池电动汽车相关的安全问题。介绍了燃料电池电动汽车日常使用安全注意事项，燃料电池运营车辆的管理技术；分析了燃料电池电动汽车加氢过程中的安全技术；介绍了燃料电池电动汽车紧急情况的处理措施，燃料电池电动汽车检修与维护注意事项；并从安全设计、建设过程、运营及管理等不同阶段，介绍了燃料电池电动汽车加氢基础设施的安全要求。

第7章 总结与展望

　　燃料电池电动汽车的安全性是燃料电池电动汽车产业发展的基础，目前各企业在燃料电池电动汽车上，从材料、关键部件、电堆、系统、氢系统等各方面采取的系统安全措施，经过多年的实际示范运营证明是可靠的。氢燃料电池电动汽车的安全性，不只是氢燃料电池安不安全的问题，实际上氢燃料电池电动汽车从设计研发到量产及应用运行，都需要建立一个较为完备的科学技术体系。

　　随着燃料电池成本下降和性能不断提高，各种性能指标已基本达到使用要求，燃料电池电动汽车商业化、规模化、产业化是必然趋势。而随着技术的发展，一些新技术，尤其是新型车载储氢系统及氢气的储运加技术将逐渐被应用到燃料电池电动汽车的开发与应用中，并会由此带来一些新的安全问题。

1. 新型氢气储运加技术

（1）液氢技术

　　2020年初，全国氢能标准化技术委员会已经报批了三项液氢标准，涵盖了液氢生产、储运等相关技术内容。我国液氢技术主要运用在航天领域，而民用实践经验不足，安全管理技术和水平比较有限。

　　随着液氢技术用于氢能储运，加氢站内可能会以低温液态的形式储存氢能，站场的运行机制会随之发生变化，会产生新的安全管理需求，相关技术、装备及标准规范都缺位。建议先借鉴发达国家实践经验，结合我国技术装备发展水平，引进转化部分标准法规。

（2）固态储氢技术

　　固态储氢加氢站具有压力低、成本低等优点，2019年7月，由北京有研集团、深圳佳华利道等在辽宁省葫芦岛市建成投产一座固态储氢加氢示范站。后续将跟踪示范站运行情况，适时总结实践经验，研究制定技术规范，提高站场安全管理水平。

　　目前，我国加氢站氢气供给以长管拖车为主。固态储运技术的应用，会改变氢气加注的部分流程，如增加了氢气析出过程。由于析出氢气压力小，不能直接加注，不能直接采用当前普遍采用的三级加注工艺，要增加一个低压增压过程（从析出压力增压至20MPa或以上），可能会带来成熟加注工艺的改变，并带来新的安全技术问题。

（3）管道输氢技术

管道输氢到站技术目前在上海金山站已有应用实践，工艺流程可以借鉴推广。

注意：管道输送过程可能会污染氢气，建议开展氢气品质对比分析。不定期同步抽检注入管道前和输送到站场的氢气杂质含量变化，建立基础数据库，为管道气进站后的纯化技术和工艺选择提供指导。

（4）有机液态储氢技术

有机液态储氢可能带来两个问题，一个是析出氢气压力低，跟固态储氢一样，需要增加一个增压过程，这可能会引起加注工艺的变化；另一个是析出氢的纯度问题，需要基于检验检测结果配套析出氢的纯化装置。

2. 车载储氢技术

目前车载储氢以压缩气态为主，国际以 70MPa 四型瓶为主，国内以 35MPa 三型瓶为主。随着技术进步以及终端应用的需求，车载储氢技术最主要的趋势如下：

① 压力等级与国际接轨，从 35MPa 提高到 70MPa，储氢瓶也可能从三型瓶向四型瓶过渡。

② 固态和有机液态储氢技术应用到车载氢系统，直接改变目前的气态储氢方式。

③ 深冷高压技术用于车载储氢。

关于车载储氢压力问题，2017 年发布的 GB/T 35544—2017《车用压缩氢气铝内胆碳纤维全缠绕气瓶》已经生效实施，对车载 70MPa 储氢三型瓶的技术指标做了明确要求。

2020 年 7 月，中国技术监督情报协会气瓶安全标准化与信息工作委员会（以下简称"瓶工委"）组织浙江大学等单位起草的团体标准《车用压缩氢气塑料内胆碳纤维全缠绕气瓶》，该标准已正式向社会公开征求意见。由此可见，四型瓶在车载储氢上的技术研发及应用开始得到越来越多的关注与重视。

北京有研集团和武汉氢阳分别在固态车载储氢和有机液体车载储氢方面做了探索和示范，但仍然缺乏相关技术标准规范的研究和制定。

3. 安全技术的需求及趋势

现有的燃料电池车辆安全设计已经可以较好地解决燃料电池电动汽车的氢电安全问题，并避免汽车剧烈碰撞等各种场合下发生氢气爆炸及高压电泄漏导致的安全问题。在未来新技术不断出现过程中，可以从以下几大方面提升燃料电池电动汽车安全技术。

1）对于燃料电池堆：优化关键材料、部件选型及设计，如要求燃料电池堆中应用的材料对工作环境有一定的耐受性，提升燃料电池堆的机械结构安全、气密性安全设计技术等。

2）对于燃料电池系统：优化热管理子系统、空气子系统、氢气子系统等设计，并引入功能安全等设计与管理流程，进一步提升电子电气系统对燃料电池工作状态监控的可靠性。

3）对于燃料电池电动汽车整车：要拥有严格的性能测试和严密的氢电安全监控体系，建立系统的整车结构可靠性及电气可靠性设计技术。

4）对于车载氢系统：需要考虑不同储氢形式，从设计与材料双管齐下，从预防与监控两方面入手设计安全措施，从而实现车载安全用氢多重保障。

5）对于基础设施：加氢站的安全设计需要根据加氢站自身的设备组成和加氢模式建立相应的技术规范。

参考文献

［1］全国汽车标准化技术委员会. 燃料电池电动汽车 安全要求：GB/T 24549—2020［S］. 北京：中国标准出版社，2020.

［2］全国汽车标准化技术委员会. 燃料电池电动汽车 整车氢气排放测试方法：GB/T 37154—2018［S］. 北京：中国标准出版社，2018.

［3］中国汽车工程学会. 燃料电池电动汽车 密闭空间内氢泄漏及排放试验方法和安全要求：T/CSAE 123—2019［S］. 北京：中国建筑工业出版社，2019.

［4］叶跃坤，池滨，江世杰，等. 质子交换膜燃料电池膜电极耐久性的提升［J］. 化学进展，2019，31（12）：1637-1652.

［5］全国气瓶标准化技术委员会. 燃料电池汽车氢安全全球技术法规：GTR 13［S］.

［6］王子乾，杨林林，孙海. 高温质子交换膜燃料电池性能衰减机理与缓解策略——第一部分：关键材料［J］. 化工进展，2020，39（6）：2370-2389.

［7］美国-美国机动车工程师协会. Recommended practice for general fuel cell vehicle safety：SAE J2578：2014［S］.［S. l.：s. n.］，2014.

［8］美国-美国机动车工程师协会. Standard for fuel systems in fuel cell and other hydrogen vehicles：SAE J2579：2013［S］.［S. l.：s. n.］，2013.

［9］全国汽车标准化技术委员会. 混合动力电动汽车 定型试验规程：GB/T 19750—2005［S］. 北京：中国标准出版社，2005.

［10］LIN P，ZHOU P，WU C W Mufti-objective topology optimization of end plates of proton exchange membrane fuel cell stacks［J］. Journal of Power Sources，2011，196：1222-1228.

［11］全国燃料电池及液流电池标准化技术委员会. 燃料电池电动汽车 燃料电池堆安全要求：GB/T 36288—2018［S］. 北京：中国标准出版社，2018.

［12］陈明. 质子交换膜燃料电池膜电极界面结构设计及其耐久性研究［D］. 北京：北京科技大学，2018.

［13］ASGHARI S，SHAHSAMANDI M H，ASHRAF K M. Design and manufacturing of end plates of a 5kW PEM fuel cell［J］. International Journal of Hydrogen Energy，2010，35：9291-9297.

［14］OLESEN A C，KAR S K，BERNING T. The effect of inhomogeneous compression on water transport in the cathode of a proton exchange membrane fuel cell［J］. Journal of Fuel Cell Science and Technology，2012，9（3）：1-7.

［15］KIM J S，PARK J B，KIM Y M，et al. Feel cell end plates：a review［J］. International Journal of Precision Engineering Manufacturing，2008，9：39-46.

［16］秦敬玉，徐鹏，王利生，等. 质子交换膜燃料电池（PEMFC）发动机循环水管理模型［J］. 太阳能学

报，2001，22（4）：385-389.

［17］周平，吴承伟. 燃料电池弹性体密封特性的若干影响因素［J］. 电池技术，2005（4）：236-240.

［18］章桐. 电动汽车工程手册：第三卷　燃料电池电动汽车设计［M］. 北京：机械工业出版社，2020：59-60.

［19］中国汽车工业协会，中国汽车动力电池产业创新联盟燃料电池分会，等. 氢燃料电池汽车安全指南（2019 版）［Z］. 2019.

［20］杨全勇，余意，詹志刚. 密封层厚度对国产材料燃料电池性能影响［J］. 电池工业，2011，16（3）：172-175.

［21］张志恒，刘杨. 质子交换膜燃料电池设计与制作［J］. 电力学报，2009，24（6）：498-501.

［22］全国汽车标准化技术委员会. 汽车正面碰撞的乘员保护：GB 11551—2014［S］. 北京：中国标准出版社，2015.

［23］全国汽车标准化技术委员会. 电动汽车碰撞后安全要求：GB/T 31498—2021［S］. 北京：中国标准出版社，2021.

［24］全国汽车标准化技术委员会. 汽车侧面碰撞的乘员保护：GB 20071—2006［S］. 北京：中国标准出版社，2006.

［25］全国汽车标准化技术委员会. 客车上部结构强度要求及试验方法：GB 17578—2013［S］. 北京：中国标准出版社，2014.

［26］全国燃料电池及液流电池标准化技术委员会. 道路车辆用质子交换膜燃料电池模块：GB/T 33978—2017［S］. 北京：中国标准出版社，2017.

［27］程思亮. 质子交换膜燃料电池温度控制研究［D］. 北京：清华大学，2017.

［28］中华人民共和国工业和信息化部. 电动客车安全要求：GB 38032—2020［S］. 北京：中国标准出版社，2020.

［29］衣宝廉. 燃料电池和燃料电池车发展历程及技术现状［M］. 北京：科学出版社，2018.

［30］HASAN K A，KUNAL K，BRANT P，et al. Experimental investigation of the role of a microporous layer on the water transport and performance of a PEM fuel cell［J］. Journal of Power Sources，2007，170（1）：111-121.

［31］拉米尼，迪克斯. 燃料电池系统：原理·设计·应用［M］. 朱红，译. 北京：科学出版社，2006.

［32］中国国家标准化管理委员会. 电动推进道路车辆-安全规范：CNS15499-2—2011［S］［S. l.：s. n.］，2011.

［33］全国汽车标准化技术委员会. 客车用安全标志和信息符号：GB 30678—2014［S］. 北京：中国标准出版社，2015.

［34］美国-美国机动车工程师协会. Electrically propelled road vehicles-Safety specifications-part 2：vehicle operational safety：ISO 6469-2：2022［S］.［S. l.：s. n.］，2022.

［35］南泽群，许思传，章道彪，等. 车用 PEMFC 系统氢气供应系统发展现状及展望［J］. 电源技术，2016，40（8）：1726-1730.

［36］中华人民共和国工业和信息化部. 道路车辆　电磁兼容性要求和试验方法：GB 34660—2017［S］. 北京：中国标准出版社，2017.

［37］全国汽车标准化技术委员会. 电动车辆的电磁场发射强度的限值和测量方法：GB/T 18387—2017［S］. 北京：中国标准出版社，2017.

［38］全国无线电计量技术委员会. Uniform provisions concerning the approval of vehicles with regard to electromagnetic compatibility：ECE R10.04［S］.［S. l.：s. n.］，2012.

[39] TIAGO S, FELIPE L, MARIO E, et al. Production, storage, fuel stations of hydrogen and its utilization in automotive applications-a review [J]. International Journal of Hydrogen Energy, 2017, 42: 24597-24611.

[40] 周崇波, 周宇昊. 汽车用质子交换膜燃料电池氢系统的安全性分析 [J]. 能源与环境, 2019 (4): 32-34.

[41] 全国氢能标准化技术委员会. 质子交换膜燃料电池汽车用燃料　氢气: GB/T 37244—2018 [S]. 北京: 中国标准出版社, 2018.

[42] 全国电工电子产品环境条件与环境试验标准化技术委员会. 电工电子产品环境试验　第2部分: 试验方法　试验Ka: 盐雾: GB/T 2423.17—2008 [S]. 北京: 中国标准出版社, 2009.

[43] LEE S J, HSU C D, HUANG C H. Analyses of the fuel cell stack assembly pressure [J]. Journal of Power Sources, 2005, 145 (2): 353-361.

[44] 全国汽车标准化技术委员会. 电动汽车用动力蓄电池系统通用要求: QC/T 1023—2015 [S]. 北京: 中国计划出版社, 2016.

[45] 全国燃料电池及液流电池标准化技术委员会. 质子交换膜燃料电池供氢系统技术要求: GB/T 34872—2017 [S]. 北京: 中国标准出版社, 2018.

[46] 姜国峰. 燃料电池客车氢系统碰撞安全性研究 [D]. 北京: 北京林业大学, 2009.

[47] 齐同仑, 梁焱财, 李仕栋, 等. 燃料电池车载氢系统结构强度及碰撞结果分析 [J]. 自动化应用, 2018 (6): 11-12.

[48] 全国燃料电池及液流电池标准化技术委员会. 质子交换膜燃料电池　第2部分: 电池堆通用技术条件: GB/T 20042.2—2023 [S]. 北京: 中国标准出版社, 2023.

[49] 全国燃料电池及液流电池标准化技术委员会. 道路车辆用质子交换膜燃料电池模块: GB/T 33978—2017 [S]. 北京: 中国标准出版社, 2017.

[50] 任润国, 尉庆国, 樊卓闻. 基于Hypermesh的发动机零部件网格划分 [J]. 内燃机与配件, 2014 (1): 28-31.

[51] 陈开源, 李柏青, 晏梦雪, 等. 基于Hypermesh的有限元网格处理优化 [J]. 轻工科技, 2014 (10): 59-60.

[52] 全国燃料电池及液流电池标准化技术委员会. 固定式燃料电池发电系统　第1部分: 安全: GB/T 27748.1—2017 [S]. 北京: 中国标准出版社, 2018.

[53] 全国燃料电池及液流电池标准化技术委员会. 工业起升车辆用燃料电池发电系统　第1部分: 安全: GB/T 31037.1—2014 [S]. 北京: 中国标准出版社, 2015.

[54] 林光典, 胡习之, 李彬, 等. 基于HyperMesh的网格质量优化分析 [J]. 机械工程师, 2013 (9): 71-74.

[55] 姜国峰, 成波, 金哲, 等. 燃料电池客车氢系统碰撞安全性仿真分析与评价 [J]. 汽车工程, 2010 (9): 774-777.

[56] 陶卓然. 基于AnsysWorkbench的支架静力学分析 [J]. 内燃机与配件, 2019 (14): 108-109.

[57] 何伟丽, 范雷云, 汪超, 等. 基于HyperMesh悬置支架强度分析 [J]. 农业装备与车辆工程, 2015 (3): 15-17.

[58] 中华人民共和国工业和信息化部. 电动汽车安全要求: GB 18384—2020 [S]. 北京: 中国标准出版社, 2020.

[59] 曾攀. 有限元基础教程 [M]. 北京: 高等教育出版社, 2009.

[60] 田千里. 模态分析与结构动力设计 [J]. 噪声与振动控制, 1983 (6): 3-7; 13.

[61] 黄秋瑾. 某SUV车型后背门的模态分析与结构噪声抑制 [D]. 广州: 华南理工大学, 2012.

［62］陈立. 车用纤维全缠绕氢瓶固定架的疲劳分析与优化［D］. 大连：大连理工大学，2013.

［63］刘智勇，李晓峰，朱冰冰，等. 基于功率谱密度的两瓶组车载供氢系统随机振动分析［J］. 包装工程，2019，40（1）：69-74.

［64］匡霞. CA6120U22D1 型客车车架的随机振动和疲劳分析［D］. 哈尔滨：哈尔滨工程大学，2010.

［65］陶孟章，余卓平，张觉慧. 燃料电池轿车储氢系统固定方式正面碰撞分析［J］. 上海汽车，2009（6）：6-9.

［66］PENG C，LIU W，YANG J. CAE benchmark analysis on vehicle side impact［J］. Computer Aided Engineering，2012，21（3）：29-33.

［67］陈浩，邹平. 某车型轮罩板开裂 CAE 优化分析［J］. 装备制造技术，2016（2）：146-148.

［68］XIE Y J，SHEN G L. Comparison and application of free modal and constraint modal in the vehicle CAE analysis［J］. Journal of Guangxi University of Science and Technology，2016（1）：24-26.

［69］ZHANG Z，YOUNG S. Low frequency transient CAE analysis for vehicle door closure sound quality［C］// SAE 2005 Noise and Vibration Conference and Exhibition.［S. l.：s. n.］，2005.

［70］何春辉，许春华，苏红艳，等. 车载供氢系统振动优化有限元分析［R/OL］.（2020-02-27）［2020-09-01］. http://www. paper. edu. cn/releasepaper/content/202002-145　atexp-comment.

［71］万茂林，王峰，王翠，等. 副车架后固定支架疲劳仿真分析及优化［C］//中国汽车工程学会. 中国汽车工程学会年会论文集. 北京：机械工业出版社，2015.

［72］郑强. 全缠绕复合气瓶有限元分析和优化设计［D］. 武汉：武汉理工大学，2008.

［73］全国汽车标准化技术委员会. 道路车辆　功能安全：GB/T 34590—2017［S］. 北京：中国标准出版社，2017.

［74］全国氢能标准化技术委员会. 加氢站安全技术规范：GB/T 34584—2017［S］. 北京：中国标准出版社，2018.

［75］中华人民共和国住房和城乡建设部. 加氢站技术规范（2021 年版）：GB 50516—2010［S］. 北京：中国计划出版社，2021.